MANESSE BIBLIOTHEK DER WELTGESCHICHTE

LUDWIG DEHIO

Gleichgewicht oder Hegemonie

Betrachtungen über ein Grundproblem
der neueren Staatengeschichte

Herausgegeben und
mit einem Nachwort versehen
von Klaus Hildebrand

MANESSE VERLAG
ZÜRICH

FRIEDRICH MEINECKE
in Ehrerbietung
dargebracht

EINLEITUNG

Tacitus kommt einmal auf das Ende der Schreckenszeit nach dem Tode Kaiser Domitians zu sprechen: die Hervorragendsten seien als Opfer des Tyrannen gefallen, die Überlebenden hätten in einem halben Menschenalter erzwungenen Schweigens die geistige Untätigkeit lieb gewonnen, es erweise sich als leichter, geistiges Leben zu unterdrücken, als wieder zu erwecken. Und doch heißt es dann: «Nunc demum redit animus.»

Wird dieser Satz auch uns gelten dürfen? Der Vorhang ist vor der Bühne des Krieges niedergegangen – um sich wann wieder zu heben? Zu einem fünften Akte? Oder wird die Pause, die uns zuteil geworden, zu einem echten Frieden überleiten? Gleichviel! Es ist unsere Pflicht, die Möglichkeiten des Augenblickes, ob groß oder klein, zu nutzen. Es gilt die Bewahrung vor einem Fellachendasein, das ohne Vergangenheit und ohne Zukunft allein im täglichen Kampfe ums Dasein aufginge. Es gilt die Rettung unserer geistigen Persönlichkeit, die seit einem halben Menschenalter tödlich bedroht ist.

Wir vermögen aber ihre zerstreuten und erschöpften Kräfte nicht besser zu neuem Beginne zu sammeln als durch Rückschau. Wenn je, haben wir heute der Geschichte unser Ohr zu öffnen. Nicht so sehr einer «historia contemplativa» – zu ihr fehlt die entspannte Muße – als vielmehr einer «historia activa», die uns deutet, wie es gekommen, und uns lehrt, welche Teile der Vergangenheit fortwirkende Kraft behalten sollen, welche ins Dunkel zurückgleiten dürfen: der Blick auf Vergangenes soll uns in Form bringen für Kommendes!

Auf welche Vergangenheit aber sollen wir blicken?

Mit elementarer Notwendigkeit zieht es uns zu den grellen und grausen Szenen, die soeben erst in betäubendem Rhythmus über die Bühne gegangen sind. Sie verstehend in uns zu verarbeiten muß Ziel sein. Aber auch Beginn? Es ist sinnlos, in die rauchenden, noch flammenden Trümmer einer Brandkatastrophe zu stürmen, ohne zuvor von außen her einen Überblick gewonnen zu haben. Wir gelangen nicht zur Klarheit um uns und in uns, nicht zum Abwägen von Schicksal und Schuld, wenn wir uns unvorbereitet dem Getümmel von Anklage und Entgegnung preisgeben.

So verspricht uns ein Zurücktreten in den weiteren Raum der deutschen Geschichte Abstand und Überblick. Aber wo wir einen festen Standort suchen, finden wir den Boden wanken, erschüttert bis weit zurück in die Jahrhunderte von derselben Katastrophe, die uns gegenwärtig erschüttert. Unsere Geschichte ist zweideutig, vieldeutig, wie kaum eine – die Deutung aber, die uns anvertraut worden und uns vertraut geworden, sie ist in sich zusammengestürzt. Wir besitzen nicht einmal eine geschlossene Darstellung unserer nationalen Vergangenheit von demselben Range, wie sie unsere Geschichtsschreiber der Vergangenheit anderer Völker gewidmet haben. Deutschlands größter Historiker hat den «patriotischen Gedanken» einer Geschichte seines Vaterlandes fahren gelassen, weil sie nur zu verstehen sei als Produkt der allgemeinen. Aber er ist dafür der Meister der allgemeinen Geschichte des Abendlandes geworden: insbesondere der Geschichte des abendländischen Staatensystems. Ranke hat sie so großartig und tiefsinnig aufgefaßt wie kein anderer!

Und eben zu diesem Thema, der Geschichte des Staatensystems, wollen wir ihm folgen. Denn erst bei dem Zurücktreten in diesen weitesten Raum dürfen wir Abstand und Überblick zu gewinnen hoffen, wie wir sie uns ersehnen, den breit gegründeten Standort, auf dem unser Urteil Posto fassen kann, ohne so leicht neuer Erschütterung zu erliegen.

Gewiß, eine politische Rückschau allein kann uns letztlich nicht befriedigen. Ist doch mit der politisch-materiellen Existenz auch unsere geistig-moralische in Frage gestellt. Auch sind wir nicht gemeint, dem Staate den göttlichen Nimbus zu belassen, den Rankes Zeit um ihn gewoben. Aber der zentrale Faktor geschichtlichen Lebens bleibt der Staat auch uns: Schnittpunkt seiner großen Linien, Sammelpunkt seiner großen Impulse, Hauptgestalter unseres Daseins durch Ordnung und Macht. So haben wir ihn erfahren! Und erfahren insbesondere auch, wie sich sein Lebenswille in der großen Krise am schicksalsvollsten im Bereiche der äußeren Politik auswirkt, ohne deswegen doch ursächlich notwendig von ihr bestimmt zu werden im Sinne eines dogmatischen Primates der Außenpolitik. Das Staatensystem aber ist ja das weiteste Kraftfeld für die Außenpolitik aller Staaten insgesamt, die Summe ihrer sich unablässig verändernden, bekämpfenden und wieder ausgleichenden Beziehungen zu einander. Indem wir die Hauptmomente seiner Geschichte aufzeigen, richten wir ein Gerüst auf, in dessen Fachwerk sich unschwer auch die anderen Erscheinungen des geistigmateriellen Daseins einordnen lassen.

Wir sind uns dabei bewußt, in einer Kerntradition deutscher Geschichtsbetrachtung zu verharren. Aus anderen Schicksalsbereichen heraus mögen sich andere Wege erproben. Genug, wenn wir am Ziele mit ihnen zusammentreffen. Auch werden wir die Auseinandersetzung mit fremder Sehweise zur rücksichtslosen Prüfung wie zur Bereicherung der eigenen in kommenden Jahren nachzuholen haben – vielleicht nur mit um so größerer Aufgeschlossenheit, wenn uns zuvor bereits unsere eigene Betrachtungsweise die tiefe Begründung der neuen Weltsituation gelehrt hat. Aber in Enge und Angst unserer heutigen Lage sollten wir nicht freiwillig in einer Art von Panikstimmung mehr von unseren Denkgewohnheiten preisgeben als gewissenhaftes Wahrheitsstreben erfordert. Würden wir doch damit auch manches preisgeben von der Überzeugungskraft der zu gewinnenden Erkenntnis, die in der wissenschaftlichen Muttersprache am sichersten zum Herzen dringt.

Inwiefern ist aber in etwas eine Preisgabe nun eben doch unter dem Druck neuer Erfahrungen erforderlich? Darüber belehrt am nachdrücklichsten eine Auseinandersetzung mit demselben Ranke, dessen Vorbild dies Büchlein ermutigt hat. Sie darf freilich hier nur so weit angedeutet werden, wie es zu unserem Thema gehört.

In zwiespältiger Weise scheint uns heute Ranke zugleich näher und ferner gerückt zu sein als ehemals: so nämlich wie der Morgen vom Abend durch den ganzen dazwischenliegenden Tag entfernt ist und ihm doch zugleich näher zugeordnet, als jeder anderen Tageszeit. Mit Zuversicht begrüßt Ranke den Aufgang des Tages der großen Politik, in dessen Abenddämmerung wir heute eintauchen. Seine fromme Weltbejahung stattet das Bild der Geschichte mit perlmutterhaftem Schmelze aus. Seinem begeisterten Auge erscheinen ihre harten Konturen abgemildert wie durch den Duft der Frühe, und aus seinen Reflexionen glänzen Sätze metaphysischen Tiefsinnes hervor wie Tautropfen, die die stechende Sonne des Realismus bald aufzehren wird. Aber diese morgendliche Stimmung des optimistischen Panentheismus kontrastiert grausam mit unserer abendlichen Trübe. Und wir verkennen auch nicht die Keime des Unheils, die sie in Rankes Gedankengänge eingesät hat – in der Verherrlichung, Vergeistigung, ja Vergöttlichung des neuentdeckten Staates und in der Nachsicht für seine Lenker, Keime, die freilich erst in gründlich gewandelter Atmosphäre in die Halme schießen konnten.

Doch wie groß auch immer unsere Vorbehalte sein mögen: noch größer bleibt der Gewinn an Einsicht in das reale Getriebe der Politik auf dem Hintergrunde des geistig-politischen Lebens, wie wir ihn Ranke verdanken, und diesen Gewinn festzuhalten hindert uns nichts, auch wenn wir die Erscheinungen des staatlichen Lebens mit solchen anderer Lebensgebiete, die Ranke ferner lagen, kombinieren und wenn wir das gewonnene Gesamtbild anders beleuchten und beurteilen als er.

Die Einsicht Rankes nun, die es hier zu nutzen heißt, ist die von der politisch-kulturellen Einheit des Abendlandes, von der Völkerwanderung an bis zu unseren Tagen. Vor ihm ist diese Einheit nie so klar und vielseitig angeschaut worden, weil auch nie ihr

Wesen – in Freiheit zusammengestimmte Vielheit – so vollständig in Frage gestellt worden war wie eben noch durch Napoleon. Und gerade dies Erlebnis des Scheiterns des großen Kampfes um die Hegemonie, das das Sprungbrett für den Hochhistorismus überhaupt abgab, – gerade dies Erlebnis ist es, das Ranke uns näher bringt als den Generationen unmittelbar vor uns. Haben wir doch ein entsprechendes Erlebnis selbst gehabt, freilich mit entgegengesetztem Vorzeichen versehen: das unsere leitet zu nächtlichem Düster über, das seine zur aufsteigenden Tageshelle.

Es ist nun aber so, daß das Glücksgefühl, das Ranke beflügelte, ihn bisweilen hinwegtrug über Schranken, deren Bedeutung wir inzwischen anzuerkennen gelernt haben. Wir deuteten soeben bereits einen allgemeinen Vorbehalt an und wir heben hier noch zwei besondere heraus.

Einmal: Ranke wertete den Untergang Napoleons vornehmlich als das Ergebnis der nationalen Erhebungen der abendländischen Völker insgemein. Daß die Flügelmächte England und Rußland, daß durch sie repräsentiert die Einwirkung des überseeischen und des eurasischen Raumes erst die Voraussetzungen für diese Erhebungen geschaffen hatten, das stellt er nicht heraus. Er würdigt Rußland nur insofern, als es in die Verhältnisse des Abendlandes verflochten ist, aber ohne ein instinktives Gefühl für die riesigen Möglichkeiten des außerabendländischen

Wesens und Raumes des Zarenreiches zu besitzen. Und England? Es war ihm wohl unvergleichlich vertrauter als die östliche Flügelmacht. Aber von seiner Verwobenheit mit den ozeanischen Interessen besaß der Binnenländer nur mittelbare Kunde und von der Ausbreitung des Angelsachsentums in Übersee keine lebendige Anschauung. Es kam ihm nicht in den Sinn, vorausschauend die Gefahren ins Auge zu fassen, die von den weiten Neuländern der Peripherie her für das alte Abendland heraufzogen. Seine Aufmerksamkeit verweilte vielmehr rückschauend auf den vergangenen Gefahren, die dem System durch das Hegemoniestreben einzelner seiner Glieder erwachsen waren und die es alle überwunden hatte. Er war überzeugt, daß es sie auch in Zukunft überwinden werde: er vertraute dem Genius Europas!

Und ferner: Wie ihn kaum Sorge anwandelte um die Folgen der abendländischen Expansion für das europäische Staatensystem, so wandelte ihn auch keine Sorge an um die Folgen der Zivilisation für die europäische Kultur, diesem geistigen Korrelate des politischen Systems und, in Rankes Augen, seiner Rechtfertigung. In der großen französischen Revolution wollte er keineswegs den Beginn eines neuen Zeitalters anerkennen, keine Erschütterung tausendjähriger Fundamente, keine Weltkrise. Er vertraute vielmehr, daß die individuellen Gewächse der Großstaaten durch alle horizontalen Schichtungen des allgemeinen Zeitgeistes hindurch wie bislang so auch künftig weiter emporstreben und sich behaupten würden. Wie er als mitteleuropäischer Binnenländer keine Witterung für die kommende Bedeutung der Neuländer besaß, so besaß er als Bewohner eines vom Westen her gesehen wirtschaftlich und sozial rückständigen Raumes auch keine Witterung für die Dynamik der kommenden gesellschaftlichen und wirtschaftlich-technischen Gewalten. Die Begrenzung seiner historischen Themen, zeitlich mit Vorliebe auf das sechzehnte und siebzehnte Jahrhundert, sachlich auf den politisch-religiösen Sektor des Geschehens, hängt mit der Begrenzung seines wesentlich vormärzlichen Blickfeldes in Ursache und Wirkung zusammen. So vermochte seine Anschauungsweise wohl für eine bestimmte europäische Problematik als Wegweiser in die Zukunft zu dienen. Aber für eine andere und an Weltbedeutung zunehmende Problematik bedarf sie durchaus der Ergänzung. Ranke hat einen in sich soliden Bau errichtet, in dem aber unsere neueren Erfahrungen nur noch zu einem Teile Platz finden. Es gilt nicht diesen Bau einzureißen, sondern zu erweitern.

Aber haben das die ihm folgenden Generationen versucht? Sie schoben den Altmeister in der Epoche der Reichsgründung beiseite, nicht weil sein Blick zu begrenzt war, sondern im Gegenteil, weil er ihrer begrenzten nationalen Leidenschaft allzu universal erschien. Das änderte sich freilich in gewissem Sinne in Bismarcks Spätzeit. Angesichts des meisterhaften diplomatischen Spieles des Kanzlers im Rahmen der großen Mächte erinnerte man sich auch wieder des Verfassers der «großen Mächte» und erläuterte den europäischen Politiker durch den europäischen Historiker. Bismarcks erster bedeutender Biograph war zugleich so etwas wie das Haupt einer Neu-Rankeschen Schule. Aber eine Ergänzung der Rankeschen Konzeption in der oben bezeichneten Richtung wurde nicht unternommen. Sie wurde der Gegenwart angepaßt, ohne daß nüchtern jene Gefahren abgeschätzt worden wären, die aus den unter einander verwandten Bereichen von Expansion und Zivilisation aufstiegen. Der optimistische Lebensdrang der geeinten Nation, bei den Jüngeren weit über die kühle Zuversicht des Meisters hinaus gesteigert, bemächtigte sich seiner Vorstellungen vom Staatensysteme gerade deswegen, weil sich in ihnen die nationalen Hoffnungen verankern ließen. Wohl erkannte man die Bedrohlichkeit der Zivilisation, jedoch nur im nationalen Rahmen, und glaubte ihrer in einem starken Staate am sichersten Herr bleiben und gleichzeitig die modernen Wirtschaftsformen zur Machtsteigerung verwerten zu können. Wohl richtete sich das Augenmerk auf die Expansion Europas in der weiten Welt. Aber diese Aufmerksamkeit diente wiederum nur den nationalen Zielen: man verlangte an der Expansion teil zu haben. Nun konnte aber der ersehnte nationale Staat von Weltgeltung ja nur gedeihen inmitten eines Systems von ähnlichen Weltmächten! So gab man sich denn gerne der Vorstellung hin, daß aus dem europäischen Systeme der Großmächte organisch ein solches von Weltmächten hervorwachsen müsse und daß dieses ebenfalls die magische Eigenschaft des älteren erben werde, jedes Hegemoniestreben aus dem Kreise seiner Glieder heraus abzuwehren; ferner, daß Deutschland dank seiner militärischen und wirtschaftlichen Tüchtigkeit ebenso berufen sei, unter straffer Führung in den globalen Mächtekreis einzutreten, wie einst im 18. Jahrhundert das eingeengte Preußen in den europäischen Kreis eingetreten war. Statt also Rankes Glauben an die Stabilität des europäischen Systems auf Grund erleichterter Weltkenntnis und fortschreitender Weltentwicklung zu überprüfen, projizierte man vielmehr diesen Glauben unbedenklich in den globalen Raum hinein und ließ sich in demselben Augenblicke von Vorstellungen kontinentaler Herkunft leiten, indem man imperialistisch in die Welt hinausgriff. Es war nicht anders: Unsere historische Publizistik fand sich in der Welt am wenigsten zurecht, als wir uns in die Weltpolitik wagten, und ließ das Ahnungsvermögen vermissen, das Ranke zum Freunde der Könige und gelegentlich zum Ratgeber der Kabinette gemacht hatte. Wir wollten hastig die Stunde nutzen und als Spätgekommene die glücklicheren Vorgänger in der Welt ebenso einholen, wie uns das durch die Reichsgründung in Europa gelungen war. Daß aber die Entwicklung auf dem Globus eine entgegengesetzte Richtung nehmen könnte wie die europäische, nicht auf die Vielheit, sondern auf die Einheit zu, wer mochte das sehen?

Auch im Weltkriege verblieb Deutschland im Bannkreis der Rankeschen Vorstellung von den großen Mächten. Das Streben nach Hegemonie, napoleonische Triebe waren uns damals noch ebenso fremd, wie im Innern die jenen entsprechenden revolutionären Triebe. Erst die deutschen Jakobiner des Dritten Reiches haben beide zugleich bei uns zur Entfaltung gebracht. Damals aber erblickten wir im Gegenteil in der englischen Seeherrschaft eine Parallele zu Napoleons Oberherrschaft zu Lande und hofften, indem wir sie bekämpften, dem Gleichgewichte freier Weltmächte vorzuarbeiten. Nicht anders hatten schon die Franzosen des 18. Jahrhunderts ihren Kampf gegen die englische Übermacht auf den Meeren publizistisch begründet. Wir waren nun freilich ehrlich erstaunt keine Bundesgenossen zu finden. Es überraschte uns, sich die Seesuprematie so ganz anders auswirken zu sehen als die Landsuprematie. Auf dem Gebiete maritimer und weltpolitischer Problematik verwandelten sich eben die alten Erfahrungen aus der Kontinentalpolitik in ebenso viele tückische

Irrlichter, die den triebhaften Optimismus erst recht in die Kluft zwischen Wunsch und Wirklichkeit hineinlockten.

Gleichwohl wurde nicht einmal die Katastrophe von 1918 Anlaß zu gründlicher Revision des Rankeschen Gedankenerbes. Die Kriegsschuldfrage erschwerte jede unbefangene Selbstbesinnung und stellte die Wissenschaft in den Dienst eines Plädoyers. Die demokratisch-marxistischen Versuche litten an forcierter Ideologie. Die anschwellende Bismarckforschung führte ja gerade zurück in eine Ära kontinentaler Politik und scheute zudem die Kritik des Großen, an dessen Bilde unser Selbstgefühl sich zu erholen strebte. Endlich, das Verschwinden der beiden Weltmächte des kommenden Schicksals aus dem deutschen Blickfelde des Nachkrieges, Rußlands wie Nordamerikas, täuschte den Blick in die Zukunft. Der Horizont verengte sich aufs neue. Im Rheinkampf gegen den Vordergrundsieger Frankreich lebten in Jahrhunderten eingefressene Ressentiments kontinentaler Kämpfe von neuem auf, und der Stolz auf unsere militärischen Kriegsleistungen vergaß allzu leicht ihre festländisch beschränkte Reichweite, auch wenn er sich nicht von dem Mythos der Marneschlacht oder des Dolchstoßes verführen ließ. Der historische Gedanke wurde von genialischen Außenseitern aufgegriffen: wohl empfanden sie die Brüchigkeit des Staatensystems, aber kontinental verhaftet, wie auch sie waren, benutzten sie ihre Erkenntnis nicht um zu warnen, sondern im Gegenteil, um phantastische Möglichkeiten auszumalen. Unerfüllt durch die deutsche Geschichte und durch das deutsche Geschick ungebrochen erwartete der deutsche Lebensdrang noch immer alles von der Zukunft: noch immer fühlten wir uns jung. Es ist etwas Ungeheures um die Denkgewohnheiten eines Volkes. In der Zeit des Historismus wird aus einem gewohnheitsmäßig wiederholten Geschichtsbilde selbst eine historische Kraft.

Die Erneuerung des Geschichtsbildes – sie ist eine der großen Aufgaben der Gegenwart. Die nachfolgende Skizze möchte dazu beitragen, indem sie die Folgerungen aus der bisherigen Betrachtung zieht: behutsam zurückkehrt zu dem universalen Beginn unserer politischen Geschichtsschreibung, zu Rankes Konzeption des Staatensystems, dabei aber die von ihm gezogenen Linien bis zu uns her verlängernd, die abendländische Expansion und Zivilisation belichtet und das von jenem hinterlassene europäische Bild zu einem globalen ausweitet – unbesorgt, ob darüber seine vormärzlichen Wunschbilder zerflattern und sich eine Diagnose ergibt, der er nie ernsthaft ins Auge geblickt hat.

Und doch ließ sich eine weit andere Diagnose als die seine bereits zu seinen Lebzeiten stellen, und die nüchterne Anwendung seiner eigenen Methodik hätte Deutschland genügend Anlaß zur Warnung geboten. Das lehrt das Beispiel eines der Wegebereiter des neueren englischen Imperialismus, Robert Seeleys. Dieser bemächtigte sich eines Lieblingsgedankens Rankes, daß aus der auswärtigen Politik der Staaten das oberste Prinzip ihres Handelns herstamme, und gewann von ihm geleitet einen Aussichtspunkt über die aktuellen weltpolitischen Tendenzen, der ihm einen prophetischen Blick in die Zukunft gestattete. Wir sind gewohnt, von einer weltgeschichtlichen Ära Bismarcks für die beiden Jahrzehnte nach 1870 zu sprechen. Seeley aber erwähnt Bismarcks Namen nicht einmal und sieht über Deutschland, ja über den alten Kontinent wie über ein Mittelgebirge hinweg zu den beiden sich auftürmenden Riesenmächten: Rußland und der Union. Diese ist durch die technische Zivilisation ermöglicht worden, durch Dampf und Elektrizität. Jene wird um 1920 ihre Einwohnerzahl von 80 Millionen auf 160 Millionen verdoppelt haben und wie ein Alpdruck auf Mitteleuropa lasten, sobald sie ihr Regime konsolidiert und ihre Rüstung und Verkehrsmittel vervollkommt hat. Die größten Staaten Alteuropas, Frankreich und Deutschland, werden alsdann zu relativer Zwerghaftigkeit eingeschrumpft und auf eine zweite Klasse herabgedrückt sein. Überhaupt werden jene beiden Riesenmächte als Vertreter einer neuen staatlichen Größenordnung die anderen sogenannten Großmächte so weit hinter sich lassen, wie im Altertum Mazedonien den athenischen Stadtstaat hinter sich ließ, oder im 16. Jahrhundert Spanien und Frankreich den florentinischen Stadtstaat. England möge sich entscheiden, ob es auf das Niveau einer europäischen Macht absinken oder als dritte Weltmacht sein hingestreutes Empire unter Auswertung der technischen Zivilisation zu einer inneren Einheit zusammenschweißen wolle. Kann bei solcher Perspektive noch von einem Staatensystem im Sinne Rankes gesprochen werden? Befinden sich doch nach Seeleys Überzeugung die beiden angelsächsischen Mächte in einem so nahen Verhältnisse zu einander wie nicht zwei andere große Staaten, von denen die Geschichte meldet. Von ihnen aber wird die ganze Zukunft des Planeten abhängen! Ein Ausruf, der um so unmißverständlicher ist, als Seeley das künftige Empire allein schon für stärker hält denn das ganze russische Völkerkonglomerat. Kein Zweifel, ihm schwebt als Vision die angelsächsische Weltführung vor Augen, nicht aber ein System konkurrierender und national differenzierter Weltstaaten. Er denkt nicht daran, das europäische Staatensystem in die Welt hinaus zu projizieren! War doch England seit zwei Jahrhunderten wohl der beredte Beschützer des Gleichgewichtes auf dem Festlande gewesen – zugleich aber im Stillen Verfechter des eigenen Übergewichtes in der Welt. Von der Insel aus ließ sich die europäische Problematik gemeinsam mit der Weltproblematik überschauen.

Wieviel schwerer mußte das ja wohl uns Deutschen fallen! Daß wir nicht über dieselbe anschauende Kenntnis des Globus verfügten, war noch nicht das schwerste Hemmnis, vielmehr daß der Lebensdrang unserer Nation von derselben Einsicht niedergedrückt werden mußte, die den der Insularen ermutigte. Der Wille zum Leben ist – so sagt Schopenhauer – stärker als der Intellekt; jener aber legte vor 1914 seine Hand auf die Stelle, von der er nicht wünschte, daß dieser sie untersuche. Er muß heute die Untersuchung freigeben.

ERSTES KAPITEL

Das Staatensystem bis zum Scheitern
des spanischen Hegemonialstrebens
unter Philipp II.

Entstehung des Staatensystems.
Karl V.

Es ließe sich wohl eine Geschichte des Abendlandes denken, die alles Geschehen in Zusammenhang brächte mit den beiden formalen Prinzipien der Einheit und der Vielheit. Könnte man doch sagen, daß seit über einem Jahrtausend ein Hin- und Herpendeln statthabe zwischen der Tendenz zur Vereinheitlichung, die aber nie zur völligen Einheit führt, und der Tendenz zur Aufsplitterung, die aber nie zur völligen Auflösung fortschreitet. Beide Tendenzen verbinden sich in verschiedenen Epochen mit verschiedenen Umständen und Kräften.

Werfen wir zunächst einen Blick auf das Mittelalter, um dadurch zugleich eine Einleitung zu unserem eigentlichen Thema zu gewinnen. Damals wurde die Tendenz zur Einheit von zwei Strömungen getragen, die beide im späten Altertume entsprungen waren: der gläubigen Sehnsucht nach Erlösung der Seele und der Erinnerung an das politische Imperium. Ihre Exponenten wurden Papsttum und Kaisertum. Sie hingen wurzelhaft zusammen, mochten sie nun gegeneinander oder miteinander wirken.

Das frühe Mittelalter sah sie überwiegend miteinander wirken: bei der Bekämpfung des barbarischen Chaos, das von innen her das höhere Dasein bedrohte, und ebenso bei der Bekämpfung der Ungarn, Normannen, des Islam, der äußeren Feinde des christlichen Abendlandes. Die geographische Geschlossenheit der Halbinsel, während im Altertume doch eigentlich das Mittelmeer das Zentrum des orbis terrarum eingenommen hatte und gedehnte Landgrenzen die Folge gewesen waren, erwies sich dabei als das natürliche Gefäß für den geistig-politischen Zusammenschluß. Denn im Mittelalter konzentrierte sich das Geschehen auf den Kontinent.

Aber dies Zusammenwirken zwischen *imperium* und *sacerdotium* lockerte sich mit der Abschwächung seiner Ursachen. Die äußere Bedrohung ließ so weit nach, daß ihre Abwehr lokalen Gewalten überlassen werden durfte; die innere schwand, je fester der religiöse Geist bei den jungen Völkern Fuß faßte.

Augenscheinlich schlug nun diese glückliche Konsolidierung des Abendlandes für das Imperium zum Unheil aus. Sie beraubte es seiner «raison d'être». Sein universales Wesen verflüchtigte sich zu einem leeren Anspruche. Seine ideologische wie materielle Verflechtung mit der Kirche verhinderte die Festigung seiner eigenen Basis. Der träge wirtschaftliche Blutumlauf, das erstarrende soziale Leben gewährten keinen Antrieb. Und nicht einmal die imperialistische Willensbildung bei dem imperialen Volke der Deutschen hielt sich bei Kräften.

Das *sacerdotium* wurde durch dieselbe Entwicklung emporgetragen. Es repräsentierte die Tendenz zur Einheit immer ausschließlicher. Seine Kraftquelle war die Sehnsucht des Menschen nach Erlösung. Da dies Anliegen aber das vornehmste war, das das Abendland anerkannte, so wurde die Kirche, die es zu befördern allein in der Lage war, die wichtigste Organisation unter allen – *vor* den politischen. Das heißt aber, sie wurde selbst politisiert in eben dem Maße, in dem die Gläubigen bereit waren ihrem Geheiße zu gehorchen, ja ihr Leben für sie einzusetzen. Nach dem Siege über das weltlich-geistliche Kaisertum schien das geistlich-weltliche Papsttum in der Ära der Kreuzzüge auf dem Wege, das Abendland in einen heiligen Gesamtstaat zu verwandeln. Die Kirche führte beide Schwerter, das geistliche wie das weltliche. Der Staat war bei Erfüllung ihrer übernatürlichen Aufgabe nur ihr Gehilfe im natürlichen Bereiche, der Mond, der das Licht erborgte, ohne eigenes zu entsenden. Der Begriff Politik hatte in dieser Welt der Introvertierung keinen Inhalt. Einen echten Krieg gab es nur als Kreuzzug gegen die Ungläubigen. Die Versenkung in die jenseitigen Wahrheiten entspannte den Willen zum diesseitigen Leben und versetzte ihn in einen Dämmerzustand. Der Puls der Wirtschaft im privaten Dasein schlich ebenso matt daher, wie im öffentlichen der der Politik. Auf jedem Gebiete, das wir anschauen mögen, finden wir die Dynamik bestrebt, sich der Statik anzunähern.

Aber nur Augenblicke duldete der Strom des abendländischen Lebens eine Eisdecke, wie sie die Kulturen Afrikas und Asiens Jahrhunderte und Jahrtausende trugen. Der historische Sinn wird nie aufhören, über dem Geheimnis dieser Lebensfülle des Abendlandes nachzusinnen, die sich heute über den Globus ausbreitet. Es überkommt ihn nun wie ein Ahnen, wenn er den Ablauf vom frühen Griechentum her an sich vorübergleiten sieht. Dieser Ablauf setzt ein mit der fruchtbaren Reibung zwischen den kleinen freundfeindlichen Gebilden des hellenischen Staatensystems, die in Kürze eine fast unvorstellbar weite Entwicklung zustandebringt, wie sie den gewaltigen und einheitlich organisierten politisch-kulturellen Körpern des Nil- und Zweistromlandes nicht gelingt. Die alternde Antike bringt dann selbst immer umfangreicher und endlich den gewaltigsten Körper der alten Geschichte hervor, in dem die griechisch-römische Zivilisation sich ausbreitet und schließlich, mit orientalischem Erbgute durchsetzt, im Aggregatzustande der Heiligkeit den jungen Völkern des Westens überliefert wird. Die Kirche unterwirft die Familie der germanisch-romanischen Nationen einer Schulung, die das Erdreich der Seele mit der scharfen Pflugschar der Askese aufbricht. In die

Furche aber fällt nun verschiedenartiger Samen, entsprechend dem Reichtum der Überlieferungen, die die Kirche in sich vereinigt. Das keimt und wächst neben- und durcheinander in den verschiedensten Stadien der Entwicklung, und an Stelle der antiken Städte mit ihrer dünnen über unfreie Arbeit gebreiteten Kulturschicht treten als Kulturträger große und freie Völker in reicher ständischer Gliederung. Welch ein unermeßliches Gewimmel, welche Unzahl individueller Möglichkeiten zu Reibung und Zusammenschluß hinüber und herüber, ohne Egalisierung durch niederstampfende Invasion von Barbaren wie im Orient, durch defensive Erstarrung wie in Byzanz, durch offensive fanatische Bewegung wie im Islam! Wahrlich, die Ahnung überkommt uns, daß dieser Boden die Elemente fast unablässiger Bewegung in sich berge, daß hier der Brennstoff zu einer Flamme aufgehäuft sei, die in Renaissancen und Reformationen, in Expansionen und Revolutionen sobald nicht erlöschen werde.

Und diese Flamme züngelt empor, wenn der Wille zum Leben, der starren autoritären Resignation müde, in die unter der Asche glimmende Glut bläst, wenn der Wühler Geist neue, sich verzweigende Wege sucht und sein Verhältnis zur Welt revidiert, wenn die verschiedensten Formulierungen zwischen Ja und Nein sich bekämpfen, um nach verwirrend strudelnder Bewegung und Gegenbewegung immer offensichtlicher die Gesamtrichtung zur Macht über die Außenwelt einzuschlagen.

Der politische Generalnenner dieser vielfach geteilten Dynamik ist nun das neue Staatensystem mit dem *perpetuum mobile* seiner Kämpfe, in denen wiederum wie im hellenischen aus fruchtbarer Reibung eine immense Steigerung aller Lebensenergien erwächst – nur daß die Entwicklung in noch kühnerer Kurve aufsteigt als die des ersten Staatensystems, einer Kurve, die zugleich die antike Entwicklung in einer zweiten und erweiterten Spiralwindung fortsetzt, mit rückwärts weisenden Analogien und mit vorwärts weisendem Eigenem. Man glaubt so etwas wie einen Spiralnebel im weiten Raume der Geschichte wahrzunehmen.

Die Entstehung des neuen Staatensystems ist nun zwar das Ergebnis einer jahrhundertelangen komplizierten Erosion der mittelalterlichen Formation. Aber ins Leben tritt das neue Gebilde deswegen doch in einem ganz bestimmten Augenblicke, nämlich bei Beginn des Kampfes der Großmächte um Italien im Jahre 1494. So sammelt wohl eine Brunnenschale langsam Tropfen auf Tropfen, bis sie in einem bestimmten Augenblicke zu reich wird und in einer zweiten Schale Rund überfließt: ein neues Geschehen nimmt seinen Anfang. Wir selbst haben einen solchen Anfang, der gleichwohl die Summe langer Entwicklung zog, 1917 erlebt, als der Kriegseintritt der

Vereinigten Staaten zum ersten Male die Welt in eine einzige Aktion einspannte und in zwei Lager schied.

Wie aber ging es zu, daß 1494 eine einzige Aktion die damaligen Großmächte in zwei Lager schied? Und wie ging es zu, daß gerade Italien Kampfobjekt und Kampfpreis dieser Aktion wurde?

Beantworten wir die zweite Frage zuerst. Italien war im frühen und hohen Mittelalter Schauplatz der Auseinandersetzung von *imperium* und *sacerdotium* gewesen – einer Auseinandersetzung, die sich an dem großen geistlichen Anliegen der Zeit entzündet hatte. Im späteren Mittelalter aber war die Halbinsel Stätte reichster und fortgeschrittenster weltlicher Kultur geworden. Jene Eisdecke asketischer Weltflucht war hier am frühesten aufgetaut in einem Klima politischer Desorganisation, in dem sich die christlichen Ideale zerrieben, die heidnischen aus dem alten Kulturboden ans Licht drängten, die wirtschaftliche Entwicklung anstieg, begünstigt durch die Herzlage im Körper des Abendlandes, die Monopolbeziehung zum Orient, das Nachwirken antiker Zivilisation. Der entfesselte Wille zum Leben mußte logischerweise seinen gesammelten Ausdruck in dem Aufstieg der verfemten Politik zu souveräner Geltung finden. Da es angesichts des Verfalls des Kaisertums und der Ermattung des Papsttums einen übergeordneten

Rechtszustand nicht gab, entstand ein recht- und ruchloser Kampf der politischen Einheiten gegeneinander, begleitet von dem Auftreten cäsaristischer Tyrannen. Und aus diesem furchtbaren Ausleseprozesse gingen fünf größere Staaten hervor, die sich auf keine Art wechselweise zu vernichten vermochten und sich in einem Gleichgewichtszustande mit ihrer Existenz abfinden mußten: das erste Staatensystem seit dem Untergange des hellenischen oder allenfalls des hellenistischen war entstanden – ein Vorläufer des europäischen, dessen erste Aktion eben der Vernichtung dieses Vorläufers gelten sollte, selbst stets in Gefahr, in die Welthändel verflochten zu werden, eben nur ein Teil eines größeren Ganzen und doch geographisch und kulturell hinreichend geschlossen, um in kleinem Maßstabe zu erproben, welche Lebenssteigerung ein Staatensystem herbeizuführen vermag. So haben wir denn in die Dankbarkeit, mit der wir ewig auf die Blüte der Renaissancekultur zurückblicken werden, auch die Erinnerung an das, relativ kurze, Funktionieren dieses italienischen Staatensystems einzuschließen, ohne das jene Blüte nicht zu denken wäre.

Inmitten der Individualitäten der italienischen Staaten trägt nun Venedig eine Note hervorstechender Art, die anzudeuten zur Vorbereitung späterer Gedankengänge erlaubt sei. Venedig ist der insulare Staat des Systems neben den kontinentalen! Ist das italienische System im Ganzen Vorläufer des europäischen, so Venedig im besonderen Vorläufer Englands.

Worauf beruhte Dauer und Glanz der *dominante*? Auf der Insellage zunächst. Sie reichte hin, um schon von dem Versuch einer Eroberung von der Landseite her abzuschrecken und ein gesichertes Gemeinwesen von mehr oder weniger weitreichender lokaler Bedeutung zu begründen. Aber das weltgeschichtliche Glück Venedigs war, daß diese Insularität ergänzt wurde durch eine zusätzliche Chance. Die Lagunenstadt war ja nicht nur eine Insel am Rande des italienischen Festlandes, an seinem ärmeren zwar. Es war ja auch eine Insel zwischen zwei oder zeitweise drei Kulturkreisen. Wie England später Vermittler zwischen Übersee und Europa wurde, war Venedig Vermittler zwischen Orient und Okzident. Das waren nun freilich auch seine Konkurrenten an der tyrrhenischen Küste. Aber diese fielen einer nach dem anderen ab, weil sie der Insularität ermangelten und kontinental verletzlich waren wie später Portugal und Holland. Und ein reiches Hinterland wiederum ermangelte den örtlich wohl beschützten Konkurrenten der adriatischen Felsen- und Inselwelt, wie später etwa den Norwegern.

So vermochte denn Venedig auch ein, im Verhältnis zur Größe der Mutterstadt gewaltiges, Imperium aufzurichten und eine italienische Expansion über das Meer zu tragen. Sein See-Imperium setzte sich, vergleichbar dem englischen, aus weit hingestreutem Besitz zusammen, von Stützpunkten anfangend bis aufwärts zu den Flächenkolonien dreier Königreiche, deren Flaggen an den Bronzemasten Leopardis vor der Markuskirche hochstiegen. Ja, der Gedanke an Verlegung des Zentrums nach Übersee, nach Konstantinopel, soll im vierten Kreuzzuge aufgetaucht sein, was denn nicht nur Ausbreitung, sondern bereits Auswanderung der Macht bedeutet hätte.

Freilich, in Übersee bekam es der venezianische Löwe anders als später der englische mit einer überlegenen Weltmacht zu tun. Die Türken sorgten schon im 14. Jahrhundert dafür, daß das Inselreich nicht in die Weltweite des Ostens wuchs, und im 16. Jahrhundert wurde zwar die Weltweite des Westens eröffnet, aber ohne daß die Italiener anders als mit ihrem Geiste und im Dienste Fremder dabei mitspielen durften.

Und doch hat der venezianische Seestaat im Mittelmeer und hinauf bis zum Kanal eine Weltstellung besessen, die die Athens und Karthagos schon an Dauerhaftigkeit weit hinter sich läßt. Die antiken Vorläufer entbehrten eben der gesicherten Insellage, aber sie besaßen auch nicht in demselben Maße eine große Vermittlerrolle zwischen zwei sonst wesentlich getrennten Kulturkreisen.

Und stark genug war die Position Venedigs, um nun auch rückwirkend im italienischen Staatensystem eine ausgezeichnete Rolle zu spielen. Es breitet sich im 15. Jahrhundert auf der terra ferma aus, um Ersatz für die Verluste in der Levante und ein sicheres Vorfeld zu gewinnen. Aber auch als Landmacht behielt es seinen besonderen Stil. Die Blüte seiner Jugend diente auf der geliebten Flotte: im Landheere behalf man sich mit beargwöhnten Söldnern. Bewundernswert, wie trotzdem die Seestadt mit geringstem eigenen Einsatze von Erfolg zu Erfolg schritt, diplomatisch überlegen das *divide et impera* spielte und eine Fähigkeit bewies, mit lockerer Zügelführung zu regieren, wie sie den festländischen Stadtstaaten so ganz und gar abging. Das macht: der gesicherte Inselstaat war nicht durch einen Kampf ums Dasein von alters her in die kontinentalen Leidenschaften verstrickt und die kühle Erbweisheit seines Regimentes legte sich wie eine lindernde Salbe auf die brennenden Wunden der Untertanenstädte. Hatten diese doch, wie etwa Verona, furchtbare Zeiten der Agonie ihrer Staatswesen hinter sich. Mit den verruchtesten Mitteln hatten ihre Tyrannen sich gegen den überlegenen Druck ihrer größeren Nachbarn gesträubt, wenn nicht im Innern Adelsfehden das Mark auszehrten: Erscheinungen eines überreifen, untergehenden Staatensystems im Kleinen! Diese Untertanenstädte, ausgebrannte Krater, kehrten gerne unter das ausgleichende Regiment der Seestadt zurück, als sich zu Beginn des 16. Jahrhunderts der Kaiser einiger von ihnen bemächtigt hatte. Ja, in Treviso fand eine Volkserhebung gegen die fremden Eroberer statt – wie denn das Inselreich gelegentlich damals sogar nationale Töne anschlug und die Hoffnungen der Patrioten der ganzen Halbinsel auf sich lenkte. Überaus lehrreich bleibt es doch, wie hoch trotz aller Hemmungen bereits im Rahmen des italienischen Systems der Stern des insularen Prinzips steigen konnte.

Aber noch haben wir nur Umrisse der äußeren Machtentfaltung Venedigs gezeichnet: ihr entsprach die Eigenart des inneren Wesens, das sich in Verfassung, Gesellschaft, Wirtschaft, Kunst, Geistesleben, im ganzen Menschentum und jeder Geste seiner Äußerung kristallinisch scharf absonderte von dem kontinentalen Wesen – hochmütig, aristokratisch, traditionsgebunden und gleichfließend, ohne hervortretende soziale Spannungen, ohne Revolutionen und selbstherrliche Persönlichkeiten, von erbweisen Greisen bestimmt, immer konventionell, rituell, typisierend. Und schließlich brachte dies Wesen die süßeste und späteste Frucht der italienischen Kultur hervor, während Florenz, der Prototyp des festländischen Stadtstaates, sich längst in revolutionären Eruptionen und in einem Funkenregen einmaliger Persönlichkeiten erschöpft hatte und dem Dämmer der Fremdherrschaft anheimgefallen war.

Was aber lockte die Fremden nach Italien? Nicht

mehr die Schirmherrschaft über Rom als den geistlichen Mittelpunkt des Abendlandes, vielmehr Reichtum und Glanz dieses allenthalben ausgestreuten weltlichen Renaissancelebens, wie es von dem italienischen System entwickelt, nicht beschützt werden konnte. Die kulturelle Stärke und die politische Schwäche, Licht und Schatten hingen tragisch zusammen. Die Vielheit freier Staaten hätte sich der Hegemonie eines unter ihnen beugen müssen, um die politische Schwäche dem Auslande gegenüber zu überwinden – und an Plänen dazu fehlte es nicht, als es zu spät war, wie im alten Hellas. Aber dann wäre auch die stärkste Sprungfeder der kulturellen Entwicklung geknickt worden.

Wollte man schon ein Land Europas von fern mit Italien an Reichtum und Glanz vergleichen, so konnte es nur das kleine Flandern sein. Es wuchs in die Rolle des Kampfpreises künftiger großer Kriege des europäischen Systems. Ihr erster aber fand keinen lockenderen, als den unbeschirmten Kulturgarten Italiens.

Wie aber kam es dazu, daß die vier Großmächte Europas, Frankreich, Spanien, England und Habsburg, sich erstmalig in einer gemeinsamen Kampfaktion um diesen Garten stritten? Jede von ihnen hatte soeben eine neue Stufe innerer Konsolidierung und äußerer Sicherheit erklommen und also die Arme frei für ein neues und größeres Spiel!

Frankreich hatte mit der Beendigung des hundertjährigen Krieges und der Vertreibung der Engländer vom Festlande die ganze mehrhundertjährige Auseinandersetzung mit der Insel zu siegreichem Abschlusse gebracht. Seine Außenpolitik konnte einen epochalen Szenenwechsel vornehmen und sein Energieüberschuß war um so größer, als der lange Kampf die Kräfte der Monarchie konzentriert und modernisiert hatte. Die Krone war hoch emporgestiegen, der Feudalismus zurückgedrängt, die Stände bedeutungslos, der *tiers état* an den neuen Zuständen interessiert, ein stehendes Söldnerheer begründet, das Finanzwesen entwickelt und ergiebig. So war Frankreich der Prototyp des absoluten festländischen nationalen Machtstaates im Gewande der Zeit geworden, reich, wohlabgerundet, über sechzehn Millionen Einwohner verfügend; und nur seine Marine war auf beiden Meeren charakteristisch zurückgeblieben. Von Frankreich ging die erste Initiative zu dem großen Drama aus, das die Geschichte des Staatensystems heißt. Und nun England! Es war besiegt, hatte aber aus der Niederlage eine neue festumrissene Staatspersönlichkeit heimgebracht. Seit Wilhelm dem Eroberer war es ein Meerengenstaat gewesen, wie Dänemark oder das Königreich beider Sizilien. Der Szenenwechsel seiner Politik war nun erst recht epochal: es entdeckte die Glücksgabe der Insularität. Noch war sie keine vollständige. Aber das souveräne

Schottland war trotz der Verbindung mit Frankreich keine ernsthafte Rückenbedrohung, Irland noch weniger eine solche der Flanke. Freilich fehlte noch viel, daß die Insellage bereits die großen Aussichten gewährt hätte wie hundert Jahre später. Venedigs Größe stammte aus der Insellage, aber wohlverstanden in Verbindung mit seiner Mittlerrolle zwischen Orient und Okzident. Eine solche Mittlerrolle war dem damaligen England noch nicht zugewiesen. Sein Fernhandel blieb hinter dem holländischen weit zurück, unentwickelt war das Exportgewerbe, unbedeutend dementsprechend auch noch Handels- und Kriegsmarine. Aber der Verzicht auf die alte Festlandspolitik erlaubte bereits das wirtschaftliche Leben, zumal Wollindustrie und Schiffahrt, ohne kostspielige Rüstung in defensiver Sicherheit zu pflegen, aufzuräumen wie in Frankreich mit dem raufslustigen Feudaladel und wie dort ohne viel Rücksicht auf das Parlament ein volkstümliches Königtum aufzurichten als Wegebereiter einer neuen Gesellschaft in Stadt und Land. Im Zurücktreten des militärischen Elementes kündigt sich freilich schon ein anderes Entwicklungsgesetz an als bei dem alten festländischen Gegner. – Wie groß aber konnte die offensive Kraft dieser neuen Politik des kleinen Viermillionenvolkes sein und ihre Einflußnahme auf das große Geschehen jenseits des Kanals? Sammelte sich auch hier ein Kraftüberschuß?

Und wieder eine andere Variante paralleler Entwicklung in Spanien! Auch hier Emporstieg des volkstümlichen Absolutismus und Herabdrückung des großen Adels. Mit diesen modernen Zügen aber verbinden sich altertümliche. Der ritterliche Glaubenskampf von Jahrhunderten hat den Volksgeist geprägt, und wenn das introvertierte Mittelalter in Kreuzzügen und Ritterorden eine religiös gerechtfertigte Dynamik entwickelt hatte, so verbanden sich hier ihre Ausläufer mit der Dynamik eines mit der Kirche eng verbündeten nationalen Machtstaates zu explosiver Mischung, die in dem anhebenden Zeitalter der Glaubenskämpfe – nur in ihnen – das spät antretende Volk zur Schicksalsmacht des Kontinents prädestinierte. Handel und Gewerbe freilich, überhaupt das moderne Arbeitsethos konnten hier nicht gedeihen, und daher die Rolle von Juden und Moriskos. Dieselbe Wesensart, die die Nation emporführte, begrenzte scharf ihre Entwicklungsmöglichkeit. Ihr raketenhafter Aufstieg wurde nun aber vor allem ausgelöst durch die dynastische Vereinigung der beiden Königreiche Kastilien und Aragon zu einem Großreiche von sieben Millionen, das freilich immer erst halb so volkreich war wie Frankreich. Hier bildete sich erst recht eine neue Staatspersönlichkeit, bestrebt, das geographische Gefäß der Halbinsel auszufüllen. Die Vertreibung der Mauren war wichtigste Etappe zu diesem Ziel und ein ähnlicher

Abschluß jahrhundertelanger Kämpfe wie die Vertreibung der Engländer vom Boden Frankreichs. Nur Portugal stand fortan noch abseits.

Aber neben der Tendenz zur Konzentration fehlte bereits nicht die zur Expansion über die Halbinsel hinaus. Die welthistorisch wichtigste Unternehmung führte in die unbekannte Ferne der westlichen ozeanischen Peripherie und eröffnete der Abenteuerlust des kriegerischen Volkes neue Wege, ohne es in seinem kontinentalen Wesen zu beirren und in der Richtung einer See- und Handelsmacht zu entwickeln. Der zufällige Erfolg, wie ein Gewinn des großen Loses im Lotteriespiel, stand in keinem Verhältnis zu der aufgewandten Energie. Seine Bedeutung trat erst nach Jahrzehnten hervor und braucht uns in diesem Abschnitte noch nicht zu beschäftigen. Hingegen hatte Aragon seit Jahrhunderten systematisch nach Osten in das tyrrhenische Meer mit seinen lokkenden nahen Zielen hinausgegriffen, das getreidereiche Sizilien, Sardinien erobert und auch das Königreich Neapel gehorchte einer Bastardlinie des Hauses Aragon. Hier im Süden der Apenninenhalbinsel zeichnete sich, nicht zum ersten Male, eine Bedrohung der Freiheit Italiens deutlich ab. So standen denn auch Spaniens Kräfte, wie die Frankreichs, nach Abwehr von Gefahren am äußeren Rande zu einer Aktion in der Mitte des Kontinents zur Verfügung.

Überblicken wir aber noch einmal die drei Westmächte insgesamt, so erhellt, wie sich der Akzent der Machtentwicklung deutlich zu ihnen hin verlagert hat in Fortführung einer Tendenz, die schon im hohen Mittelalter mit dem Abstiege der zentralen Gewalten, von Kaisertum und Papsttum, einsetzt. Die Entdeckungen werden dieser Entwicklung einen neuen Antrieb hinzufügen.

Aber noch hat unsere Betrachtung nicht den deutschen Raum betreten. War aus ihm heraus der ausgleichende Aufstieg neuer mitteleuropäischer Kräfte zu erwarten? Am frühesten unter den großen Nationen in Form, war die deutsche freilich längst einer chaotischen Lähmung verfallen. Aber auch hier regten sich neue Energien, die bei einer glücklichen Synthese vielleicht doch auch zur Gewinnung einer verjüngten und festumrissenen Staatspersönlichkeit hätten führen können. Wenn seit der Abwehr der Ungarn kein äußerer Feind gemeinsame Anstrengungen erzwungen hatte, so konnten jetzt die Türken einen ähnlich heilsamen Anstoß zur Sammlung geben, wie die Mauren in Spanien, in Frankreich die Engländer. Die kontinentalen Reiche erstarken an einem kontinentalen Gegner. Dem Kaisertum eröffneten sich zudem aus dem tiefsten Wellental seiner Verkommenheit heraus unter Maximilian neue Aussichten durch die Verbindung des alten Hausmachtkomplexes mit Burgund. Kündigte sich von ferne ein nationales Habsburgerreich an, im Osten und Westen die Grenzen beschirmend? Sollte sich die dynastische Hausmachtpolitik mit den Interessen der Nation vereinen, den geographisch zerfließenden Raum politisch formen, der vorschreitenden Territorialisierung Einhalt gebieten und die verschwommene universale Kaisertradition fest im Boden einer deutschen Monarchie verankern? und dieses so rechtzeitig, daß der Sturmwind der kommenden kirchlichen Reform dem neu gefestigten Reiche nichts mehr anhaben konnte? Der Weg Preußens zum Zweiten Reiche erscheint paradoxer, als damals der Habsburgs zu einem nationalen Reiche gewesen wäre. Aber ganz andere und noch viel paradoxere Möglichkeiten sollten sich bald verwirklichen, als die spanische Erbschaft dem Erzhause neue Perspektiven eröffnete! Vorerst aber war unter dem schwankenden Maximilian alles noch in der Schwebe. Seine sprunghaft geschäftige Außenpolitik entsprang nicht echter Kraft. Das Reich war eine schwer einzukalkulierende Figur auf dem Schachbrette Europas. Und aus den habsburgischen Ländern mit ihren unzusammenhängenden Gebieten, ihrer grundverschiedenen politisch-sozialen Struktur ließ sich trotz ihrer hohen Bevölkerungsziffer von 9 Millionen, dem einzigartigen Reichtum der Niederlande, der Wohlhäbigkeit Österreichs, trotz der zum Teil wohlausgebildeten Beamtenorganisation keine ansehnliche, einsatzbereite Macht destillieren. Dem standen allein schon die außenpolitische

Verletzbarkeit und die divergierenden Interessen der Länder entgegen.

Und doch wurden sie auch wieder zusammengehalten von einer Kraft ganz anderer Art, als wie sie sich in den drei Nationalstaaten abzeichnete, einer Kraft, die in dem noch weichen und knetbaren Zustande des frühen Staatensystems zu ungeheuren Wirkungen hinreichte. In den weiten, kernlos zerfließenden Gebieten des mittleren und südöstlichen Europas hatte die dynastische Erbpolitik, auf der Grenze zwischen privater und staatlicher Sphäre gedeihend, von je ihren klassischen Schauplatz besessen. Hier hatten die Luxemburger rasch ihre große Hausmacht zusammengerafft, die burgundischen Herzöge über Nacht ihr glanzvolles Zwischenreich aufgerichtet, das nun Habsburg als dem Haupterben zufiel. Hier sollten auch in den folgenden Jahrhunderten immer neue Länderkombinationen, zusammengehalten allein durch das dynastische Band, sich knüpfen und lösen. Hier verblieb der Staat noch für lange Zeit in einem Jugendstadium, das im Westen längst überwunden war, und je weniger die volkreichste Nation Europas (20 Millionen Deutsche um 1500) zur einheitlichen Expansion in der Lage war, um so expansionslüsterner wucherte die Hauspolitik ihrer Dynastien. Wie keine andere aber entwickelte die habsburgische Hausraison an großen Gelegenheiten wachsend eine geheimnisvolle Energie, um als schweifende Gegenkraft gegen die ortsgebundene der Nationalstaaten eine welthistorische Rolle zu spielen. Wie ein riesiges Schlinggewächs sandte sie ihre Ranken aus, um einen Baum nach dem anderen in ihren Bereich zu ziehen. Gestärkt und geweiht wurde sie dabei durch das natürliche Bündnis, das sie mit den alten universalen Ideen von *imperium* und *sacerdotium* abschloß, die immer wurzelloser über dem Abendlande schwebten.

Diese vier Großmächte waren es, die bei dem Ringen um Italien als Gegner oder Verbündete in nächste Beziehungen traten. Die Hauptkämpen waren zunächst Frankreich und Spanien. Ihre Kräfte balancierten sich nach heftigen Ausschlägen der Waage, so daß eine Teilung der Halbinsel zwischen ihnen sich ergeben zu wollen schien.

Aber ein ganz neues Gesicht erhielten die Dinge durch die Wahl des spanischen Herrschers zum Kaiser! Das Gleichgewicht, das sich soeben eingespielt hatte, wurde nicht nur in Italien in Frage gestellt, sondern im Abendlande überhaupt. Kaum, daß das System den ersten Schritt ins Leben getan, wurde es schwerster Belastungsprobe unterworfen: es wurde von dem Gespenst der Hegemonie bedroht, das als *revenant* in den folgenden Jahrhunderten so oft wiederkehren sollte.

Die Tendenz zur Einheit wurde nunmehr durch das Haus Habsburg neu aktiviert und vorangetrieben mit Hilfe überragender Diplomatie und des einheitlichen Einsatzes aller Machtmittel jener heterogenen Ländermasse, die sich in einer Lawine von Erbschaften überraschend zusammengefunden hatte und bald auch noch durch Ungarn und Böhmen vermehrt wurde. Die Methode, die sich im Reiche erprobt hatte, durch Gewinnung einer dynastischen Hausmacht der Aufsplitterung entgegenzuwirken, wurde auf das ganze Abendland übertragen, und im ersten Anlaufe trotz des Widerstandes des Papstes und Frankreichs ein Erfolg erzielt, der nach dem Ausbau des Gleichgewichtssystems in späteren Jahrhunderten undenkbar gewesen wäre. Sollte der Tag für ein modernisiertes Karolingerreich anbrechen, dem es gelänge, die aufschießenden Kräfte der neuen Zeit sich anzugleichen? Im Westen hatten sie sich freilich bereits in den Dienst des Nationalstaates begeben. Aber der spanische Staat mit seiner religiösen Färbung war ja wohl geeignet, einen tragenden Hauptpfeiler eines religiös geheiligten Imperiums abzugeben. Und in Mitteleuropa, in Deutschland und Italien, war die nationale Kristallisierung ja noch nicht vor sich gegangen! Gelang es hier dem Erzhause, zu der Herrschaft nördlich der Alpen auch die südlich des Gebirges zu gewinnen, so war im Verein mit Spanien die gigantische Hausmacht zusammengebracht, die als solide Basis imperialer Hegemonie erscheinen konnte. 1494 hatte es wohl dem angreifenden französischen König vorgeschwebt, die Eroberung Italiens seinerseits zur Gewinnung der Kaiserkrone und damit der dauernden Hegemonie über das Abendland zu benutzen. Nun schien an dem Besitz Italiens die habsburgische Hegemonie zu hängen! Wie es kam, daß zwar die Vorherrschaft in Italien dem Hause zufiel, dafür aber die transalpine Ausgangsbasis zerbröckelte, das bedarf hier im Ganzen keiner Rekapitulation. Wohl aber sei es erlaubt, einige Momente hervorzuheben, die im Zusammenhang unserer späteren Betrachtung von Gewicht sein werden.

Der Kampf um Italien war ein Kampf Habsburgs mit Frankreich, zugleich aber der Todeskampf des freien italienischen Staatensystems. Und dieser Todeskampf muß uns heute tiefer ergreifen als je. Wir sehen jene kulturell glänzenden, sittlich korrupten und politisch ohnmächtigen Kleinstaaten zusammenprallen mit Flächenstaaten einer anderen Größenordnung und in unvergeßlichen Katastrophen zu Bruche gehen, wie der Eroberung von Florenz durch die Medici im Bunde mit Spanien, wie vor allem dem *gran sacco di Roma*. So war einst die überreife Freiheit der glänzenden, korrupten und ohnmächtigen Poleis beim Vordringen des macedonischen Flächenstaates zusammengesunken. Und wenn im Altertum der Niedergang des hellenischen Staatensystems die Edelsten zur Apolitie, zur großen introvertierten Philosophie führte, so erwuchs aus den Trümmern des

Renaissancesystems die große Ein- und Umkehr, die so mißverständlich als Gegenreformation bezeichnet wird. Um so rascher aber erfolgte der Umschlag, als ja die Masse des Volkes der christlichen Lebenshaltung nicht untreu geworden war und auch die Kultur der Oberschichten auf einem wenn auch oft verdeckten Grunde christlicher Überlieferung ruhte. Heilige Asketen standen auf, die metaphysische Moral stellte sich her und die Kunst lernte es, trotz der Beibehaltung antiker Formen das erneuerte christliche Innenleben auszudrücken. Der Geist Italiens zerbrach nicht, er verwandelte sich: er blieb Lehrmeister Europas. Und indem er zurückkehrte zu den universalen Idealen der Kirche, bereitete er nun allerdings den kämpferischen Katholizismus vor, der in der zweiten Hälfte des Jahrhunderts der Einheitstendenz innerhalb des Staatensystems gewaltigen und gewaltsamen Auftrieb verleihen sollte. Für das imperiale Streben Karls V. freilich zu spät! Ein Hauptfaktor seines Mißerfolges war ja der kurzsichtige Argwohn der Päpste, der immerhin in dem natürlichen Gegensatze von *sacerdotium* und *imperium* eine auch später nie ganz versiegende Quelle besaß, war vor allem die Verkommenheit dieser verweltlichten Kirchenfürsten, die der Verantwortlichkeit für die großen Interessen der Christenheit so oft vergaßen über den kleinen Interessen ihres italienischen Staates, wenn nicht gar ihrer Familie.

Nur ein italienischer Staat bewahrte seine Freiheit, und Zeitereignisse haben uns gelehrt, die glückliche Verteidigung der insularen Freiheit Venedigs nicht weniger unmittelbar nachzuerleben wie jenen Zusammenbruch der festländischen Staaten. Gewohnt, das «divide et impera» zu spielen, sah sich das Inselreich schon in dem ersten Abschnitte des Kampfes um Italien und noch vor der Kaiserwahl Karls V. plötzlich einer furchtbar geschlossenen Phalanx festländischer Staaten gegenüber, als sich in der Liga von Cambrai Frankreich, Spanien, der Kaiser, der Papst, dazu kleinere italienische Staaten gegen es verschworen hatten. Welch ein Aufgebot gegen einen Stadtstaat von noch nicht 2 Millionen Einwohnern! Seine volkreichsten Provinzen fielen alsbald in Feindeshand, sein wie immer schlechtes Landheer und wie immer von einem ausländischen Condottiere geführt, wurde zusammengehauen. Panik auf der terra ferma – aber Kaltblütigkeit auf der Insel! Nach wenigen Monaten war die Krise in Ausnutzung der inneren Spaltungen im Lager der Gegner beschworen, wurde das Festland zurückgewonnen, und noch fast 300 Jahre durfte sich Venedig des farbigen Abends seiner über tausendjährigen Geschichte erfreuen, noch auf lange im Mittelmeer die erste christliche Seemacht, Hauptsieger in der Schlacht von Lepanto, die 1571 die Flottenmacht des Großherrn brach, und oft genug auch später noch in heroischen Kämpfen

Vormauer des Abendlandes gegen die Ungläubigen. Aber wenn es Venedig allein war, das sich der spanischen Oberherrschaft zu entziehen vermochte, und wenn Frankreich vergeblich versuchte, die italienische Libertät im eigensten Interesse zu verteidigen, so hat nördlich der Alpen die entgegengesetzte Entwicklung sich durchgesetzt: die deutsche Libertät hat sich dank dem Bunde der Fürsten mit Frankreich nicht nur erhalten, sondern festigen können! In Italien sank ein Staatensystem unter, in Deutschland zeichneten sich die Umrisse eines neuen ab. Und wurde die Vernichtung des italienischen eingeleitet durch das Aufkommen des europäischen Systems, so war die Auflösung des Reiches in einen flüssigen Aggregatzustand halbsouveräner Staaten nicht weniger ein Werk des europäischen Systems. War doch der habsburgische Imperialismus zugleich der Feind der deutschen Libertät wie der europäischen Freiheit.

Karl V. war angewiesen auf das Bündnis mit dem universalen kirchlichen Gedanken. Wurde dieser in Italien durch die Verweltlichung des Papsttums zeitweilig geschwächt, so wurde er in Deutschland durch die Reaktion auf jene Verweltlichung für immer zerrissen. Die Reformation gab der fürstlichen Opposition die religiöse Weihe und leitete den endgültigen Zerfall des Reiches ein. Sie zerstörte die alte Ausgangsbasis imperialer Hegemonie gerade in dem Augenblick, als der erschöpfte Kaiser sie gefestigt wähnte. Das Schicksal Deutschlands als politischer Nation führte freilich ins Dunkel so oder so. Der Sieg des Kaisers drohte Deutschland universalen Zielen unterzuordnen als ein Instrument zu ihrer Erreichung neben anderen und also über das deutsche Interesse hinauszugehen; der Sieg seiner Gegner blieb hinter den deutschen Interessen zurück und ordnete das Reich territorialen Zielen unter.

Dieser späte Sieg der Fürsten und seine nachhaltige Auswirkung ist letztlich nur zu begreifen, wenn man all die verschiedenartigen Gegengewichte in Rechnung stellt, die das Schicksal des Kaisers in empfindlicher Schwebe hielten und irgendwie mit der französischen Politik zusammenhingen als dem natürlichen Mittelpunkt aller Widerstände. Eine solche Gesamtrechnung hätte sich eng an Ranke anzuschließen. Er hat bei der Durchleuchtung dieses ersten Hegemonialkampfes, eben weil es ein Kampf wesentlich innerhalb des alten Kontinentes war, seine ganze Meisterschaft bewiesen. Uns muß es genügen, zwei Posten dieser Rechnung anzukreuzen, die Rolle Englands und die der Türkei, der beiden Randstaaten des alten Festlandes.

Englands klassische Politik in den jüngeren Jahrhunderten besteht in der Balancierung der jeweils stärksten Kontinentalmacht. Setzt diese Politik damals bereits ein? Versucht das Inselreich das Zünglein an der Waage zu spielen oder Partei für den

Schwächeren zu ergreifen, um die Waage in die Schwebe zurückzubringen? Es fehlt nicht an Anzeichen, daß Kardinal Wolsey die englische Politik anfänglich in diesem Sinne verstand und Heinrich VIII. hörte man sagen: *cui adhaereo praeest*. Aber das war mehr Wunsch als Wirklichkeit! Das damalige Schwergewicht der Insel, die noch nicht im Besitz der Vermittlerrolle zwischen zwei Welten war, reichte nach der Wahl Karls V. zu erfolgreicher Balancepolitik nicht hin und eben daher war ihre konsequente Anwendung von den leitenden Männern auch nicht zu verlangen. Wolsey besaß sehr charakteristischer Weise von der Bedeutung einer Kriegsflotte für England noch keine Vorstellung. Und Heinrich VIII., dem ein heller Instinkt für Englands Zukunft eignete, war seinem Temperament nach nicht dazu angetan, das Steuer der Außenpolitik mit ruhiger Hand zu lenken. Er fiel in kontinentale Eroberungspläne zurück und statt etwa Frankreich gegen die Übermacht des Kaisers zu stützen, träumte er zeitweise von der Erwerbung der französischen Königskrone. Erst mußte die englische Insularität durch ganz neue Umstände gestärkt werden, ehe das Inselreich ein entscheidender Faktor auch im kontinentalen Geschehen werden konnte. Bis dahin fehlte dem System die Hauptsprungfeder, die seine Elastizität in künftigen Hegemonialkämpfen ausmachen sollte.

Um so wichtiger, daß eine Sprungfeder auf dem Festlande selbst in Funktion trat: es waren die Türken. Sie bildeten in ähnlicher Weise ein Gegengewicht gegen die von Kaiser Karl vertretene Einheitstendenz, wie im Altertum die Perser seit dem Endstadium des peloponnesischen Krieges abwechselnd gegen das Hegemonialstreben Athens oder Spartas. Beide, Perser wie Türken, vereinigten die Herrschaftsmittel orientalischer Despotie mit rezipierter Kriegstechnik des Westens. Beide eigentlich Todfeinde des jeweiligen Kulturkreises, wurden zu Bürgen seiner politischen Form. Ein Glück nur, daß beide Male die kurzlebige und auch in anderen Erdteilen gebundene Kraft der barbarischen Außenmacht nicht entfernt hinreichte, um die Garantie in Herrschaft zu verwandeln. Aber der Verlust weiter Kulturgebiete an die Barbaren war immerhin der Preis, den die Staatensysteme für ihr Fortbestehen entrichteten. Und dieser Preis war gerade im 16. und 17. Jahrhundert ein gewaltiger.

Zur Zeit der Kreuzzüge bot die abendländische Offensive gegen den Islam Gelegenheit, die Einheit des Christentums zu erweisen. Jetzt vermochte nicht einmal die Offensive des Islams gegen die Christen deren einheitliche Defensive herbeizuführen! Das Bündnis des allerchristlichsten Königs von Frankreich mit dem Großherrn ließ die Schwächung der universalen religiösen Gesinnung in besonders unheimlicher Weise hervortreten. Gleichwohl: Für die Bewahrung der Freiheit des Staatensystems war diese Einbeziehung der türkischen Macht in das diplomatisch-militärische Spiel von größter Bedeutung. Karl V., dessen Lande die des französischen Gegners auf zwei Fronten bedrohten, wurde nunmehr selbst in einen jahrzehntelangen Zweifrontenkrieg verwickelt. Sein abendländisches Kaisertum gewann zwar aus dem Kampf gegen die Ungläubigen eine moralische Rechtfertigung, die sich auch praktisch – etwa in der Hilfe der deutschen Protestanten – zu seinen Gunsten auswirkte. Aber noch viel ernster war doch die Schädigung, die ihm dieser Kampf eintrug. Man denke sie hinweg – und es läßt sich vorstellen, daß er mit Italien und Frankreich weit früher und nachdrücklicher hätte fertig werden können, um sodann seine Autorität in Deutschland durchzusetzen und die Neuordnung des Abendlandes durch ein Konzil als Abschluß seines Werkes zu versuchen. So aber begann er den deutschen Feldzug erst mit dem letzten Reste seiner Kraft und vermochte den Rückschlag nicht mehr auszugleichen, den Moritz von Sachsens Abfall herbeiführte. Und schließlich hat ja damals nicht allein Frankreich, sondern auch die Türkei ihre Heere marschieren lassen, um dem Kaiser die Hegemonie streitig zu machen, die er bei Mühlberg gewonnen zu haben glaubte. Damit sei nicht gesagt, daß die Türken in erster Linie die

Entscheidung gegen den Kaiser herbeigeführt hätten – sein Unternehmen war in allzu vieler Beziehung auf brüchigen Voraussetzungen aufgebaut –, aber beigetragen zu der Entscheidung haben sie gewiß.

Die geographische Geschlossenheit der abendländischen Halbinsel war eine natürliche Unterstützung für alle Einheitstendenzen gewesen. Nun aber hatte sich ihr geschlossener Raum gegen Südosten weit geöffnet, und durch die Einbeziehung der Türkei in das politische Spiel war die Aufsplitterungstendenz gestärkt worden. Das französisch-türkische Bündnis blieb fortab für Jahrhunderte ein Requisit im Kampfe Frankreichs gegen die Habsburger. Aber eine solche Bedeutung, wie im 16. Jahrhundert sollte die alternde Osmanenmacht doch nicht wieder gewinnen. Vielmehr trat an ihrer Stelle später eine jugendfrische Macht aus der Tiefe des Ostraumes hervor und wurde ihrerseits in das System einbezogen. Die Wirkung war eine ähnliche: Das orthodoxe Zarenreich ist dem französischen Vormachtsstreben so abträglich geworden wie der Halbmond dem habsburgischen.

Um die Bedeutung dieser Entwicklung abzuschätzen, brauchte man nur in der Phantasie die relative Geschlossenheit des Abendlandes zu Beginn der Neuzeit in eine absolute verwandelt zu denken. Kann es dann einem Zweifel unterliegen, daß – einen weiteren Anstieg der Zivilisation angenommen – die hegemoniale Einheitstendenz über die Aufsplitterung Herr geworden wäre, irgendeinmal und unter irgendeinem Vorzeichen? Wie gewaltig waren nicht die Kräfte der Vereinheitlichung, die Napoleon I. zur Verfügung standen! Wenn im Gegenteil die staatliche Zusammenfassung von Europa immer wieder scheiterte, so wesentlich deswegen, weil regelmäßig dicht vor ihrem Zustandekommen neue Räume in das Spiel einbezogen wurden und als Gegengewichte dienen konnten: unter Karl V. im Osten des Kontinents die islamischen Gebiete, unter Philipp II. im Westen die überseeischen Gebiete und ihre europäischen Exponenten, die Seemächte.

Philipp II.

Bevor wir an die Begründung dieser letzteren Behauptung herantreten, wäre freilich erst aufzuzeigen, inwiefern überhaupt Philipp trotz des Rückschlags, den sein Vater erlitten, in die Lage gelangte, den Kampf um die Hegemonie zu erneuern und mit besseren Aussichten als jener.

Verengte nicht die Schwächung der habsburgischen Positionen im Reiche und die Teilung des Hauses in eine deutsche und spanische Linie das Machtfundament Philipps in einem Maße, daß die Errichtung einer soliden Vormachtstellung auf ihm unmöglich wurde? Da ist nun zu sagen, daß der spanische König, wenn er aus Deutschland auch keinen Kraftzuwachs erwarten durfte, doch auch von da her nicht jene Hemmungen zu befürchten brauchte, die seinem Vater so oft das Spiel verdorben hatten. Denn angriffslustiger Ehrgeiz lag den protestantischen Fürsten fern, und in Ruhe gelassen traten sie aus dem Rampenlicht der großen Politik gleichmütig in die Dämmerung des lethargischen deutschen Kleinlebens zurück. Ihre gefährliche Bindung an Frankreich lockerte sich, zumal die französischen Religionskriege die Lage verwirrten. Und die deutsche Linie des Hauses? Sie wurde zwar zunächst von derselben Lethargie ergriffen und statt ihre Macht durch Erbpolitik zu steigern, schritt sie zu Erbteilungen, ja ließ sich in bedenklicher Weise mit den Ketzern selbst ein. Aber dies Wellental wurde überwunden! Mit Rudolf bestieg ein Zögling des spanischen Hofes den Thron, und die Gegenreformation bemächtigte sich in systematischem Angriffsverfahren einer wichtigen Position nach der anderen. Durch neue Deichbauten engte sie abschnittsweise die Auswirkung des großen Dammbruchs der fünfziger Jahre ein, gerade auch im Westen des Reiches, wo jeder ihrer Erfolge unmittelbar auch als ein solcher Spaniens gelten durfte. Wurde doch durch sie am Rhein die Kette der spanischen Besitzungen gefestigt, die nach wie vor fast lückenlos von den Niederlanden bis nach Italien hinabreichend die französische Machtentwicklung einschnürten.

Der Aufschwung, den diese mit der Gewinnung der drei Bistümer genommen, war ja nicht von Bestand. In Italien vermochte Frankreich nichts mehr. Und in den Feldschlachten war es zu Zeiten Philipps den Spaniern so wenig gewachsen wie zur Zeit des Kaisers. Es wurde zu einem unvorteilhaften Friedensschluß genötigt. Und weit schlimmer als das: es verfiel der inneren Krise eines dreißigjährigen religiösen Bürgerkrieges. Die kirchlichen Wirren, die die Stellung Karls V. in Deutschland unterhöhlt hatten, kamen damit indirekt in Frankreich seinem Nachfolger zugute; unterhöhlten sie doch die Macht seines kontinentalen Hauptgegners. Sie bewirkten, was kein Schlachtensieg vermocht hatte, das Eindringen der spanischen Diplomatie und der spanischen Heere in das Herz des Landes. Ja, das Schlinggewächs habsburgischer Heiratspolitik sollte mit seinen Ranken zeitweise nach dem Throne eben des Reiches greifen dürfen, das der Vorkämpfer für die Freiheit des Kontinents gegen habsburgische Übermacht de facto gewesen war.

Und England? Hier hatte diese Heiratspolitik sogar noch zu Lebzeiten des Kaisers und zu seiner freudigen Genugtuung ihr Ziel tatsächlich erreicht, wenn auch nur für kurze Jahre. Wie war doch die Ehe Marias der Katholischen, der Tochter einer habsburgischen Prinzessin, mit Philipp der polare Gegensatz zu dem, was die klassische Politik des späteren Englands vorschrieb! Wie weit war die Insel noch davon entfernt, ihre weltgeschichtliche Rolle ergriffen zu haben! Zwar warf sie die Fessel bald wieder ab, die ihr die spanische Diplomatie angelegt, aber nicht ohne zuvor den spanischen Triumph über Frankreich in Cateau-Cambrésis erleichtert zu haben. Und lange Jahre mußte Elisabeth noch überaus kunstvoll lavieren, da die Verbindungen der Gegenreformation mannigfach über den Kanal hinüberreichten nach Irland, Schottland und nach England selbst und auch die Insel mit den Schrecken der festländischen Religionskriege bedrohten.

Wenn aber England im europäischen System auch zu Zeiten Philipps zunächst noch nicht als Hauptgegengewicht gegen dessen Hegemoniestreben zu wirken vermochte, so waren andrerseits die Türken, die als solches unter dem Vater gedient hatten, jetzt dazu nicht mehr imstande. Die östlichen Despotien überschreiten rasch die Höhe ihrer Geltung. Der Seesieg von Lepanto verlieh dem spanischen Könige die Gloriole des abendländischen Vorkämpfers gegen die Ungläubigen und leuchtete voran zu dem schon fast greifbaren Ziel der Zusammenfassung der europäischen Halbinsel zu einer politisch-geistigen Einheit.

Ja, gerade auch zu einer geistigen! Das Wunschbild des großen Kaisers schien vor der Verwirklichung, obschon in anderer Form als sie ihm vorgeschwebt. Karl V. war vornehmlich gescheitert an den Türken, den Franzosen, den Protestanten und – am Papst. Wir sahen die drei ersten Gegner von Schwäche befallen: wir finden den vierten gestärkt, aber zum Verbündeten Spaniens geworden. Nicht als ob der Papst sich der Rolle gefügt hätte, die ihm des Kaisers Konzilspolitik zugedacht, aber der alte Antagonismus zwischen beiden Gewalten verlor seine Schärfe. Die neue Cluniazenser Reform, die Gegenreformation, bestieg endlich den päpstlichen Thron – hervorgewachsen aus der Vereinigung der italienischen Frömmigkeit, die aus der Katastrophe der Renaissance zu dem alten Wege zurückgefunden, und der spanischen Devotion, die ihn nie verlassen hatte. Ungehemmt von den provinziellen kirchenstaatlichen Ambitionen umspannte nunmehr der Blick des Papstes das Abendland, ja die weite Welt. Die große geistliche Aufgabe der Bekämpfung der Ketzer, früher ärmlichen weltlichen Nahzielen geopfert, rückte zugleich den Träger der geistlichen Macht so nahe an den der weltlichen heran, wie es geschehen konnte, ohne die Andersartigkeit des verjüngten religiösen Prinzips zu kompromittieren. Wie in Paris, so kam erst recht in Rom die protestantische Drohung indirekt der spanischen Macht zugute. Die Segel ihrer universalen Politik blähten sich in dem günstigen Winde einer machtvollen universalen geistigen Bewegung, wie sie der Politik des Kaisers nur allzusehr gemangelt hatte.

Und es war ja eine Bewegung, die der spanischen Seele wesensverwandt, zum guten Teile aus ihr erwachsen und von ihr genährt, die tiefsten Kräfte der Nation zu entflammen vermochte, um in einem weltumspannenden Missionsauftrage die nationalen und die universalen, die politischen und die religiösen Antriebe zu einer nicht zu scheidenden Einheit zusammenzuschmelzen; und dies in dem Augenblicke, in dem Mitteleuropa in Unfreiheit oder Lethargie versank und die Mächte Westeuropas um die Neuformung ihres Wesens rangen. Unter Karl V. war diese Einheit noch nicht voll empfunden worden. Wie gradweise alle seine Untertanen fühlten sich unter ihm auch die Spanier für eine letztlich fremde Idee in Dienst genommen. Erst Philipp mit seiner Würde, Konsequenz und Devotion wurde ihr nationaler Heros. Er war nicht auf Reisen wie der Kaiser; er galt nicht als Fremder. Unter ihm, durch ihn fand die schweifende habsburgische Macht eine feste nationale Basis. Ein Monarch bedarf keiner reichen Begabung, um eine reiche Wirkung auszuüben, zumal wenn er mit der religiösen Weihe der Krone die felsenfeste Überzeugung von seiner Mission und eine absolute Herrschaft über den Geschäftsgang verbindet: Philipp II. wurde mit ähnlicher Hingabe gedient und aus ähnlichen Gründen, wie dem Zaren Nikolaus I. im 19. Jahrhundert. Die Achillesferse Spaniens blieb seine konstitutionelle wirtschaftliche Rückständigkeit. Die populäre Vertreibung der Juden und der Moriskos konnte ihr gewiß nicht abhelfen: sie beseitigte wohl die Konkurrenten der christlichen Gewerbe, aber nicht deren altertümliche Wirtschaftsgesinnung. Da war es eine phantastische Chance, daß seit Beginn der Regierung des Königs die überseeischen Edelmetalle einzuströmen begannen, um als Kampferspritze für die Leistungsfähigkeit des Staates zu wirken. Daß sie die der Wirtschaft erst recht unterhöhlten, trat noch nicht sofort zutage.

PHILIPP II. 65

Auf nahe Sicht stellten sie einen gewaltigen Aktivposten des Reiches dar – und tatsächlich stand die weltgeschichtliche Entscheidung über seine künftige Geltung ja nahe bevor! Der Kaiser hatte über die überseeischen Schätze bei dem unentwickelten Stande der spanischen Kolonien noch nicht verfügen können. Jetzt waren diese Kolonien nicht nur hinreichend entwickelt; Philipp fügte ihnen obendrein auch noch nach der Einverleibung Portugals die sämtlichen portugiesischen hinzu, das heißt, er vereinigte den totalen überseeischen Besitzstand der weißen Rasse unter seinem Zepter.

Wahrlich, schon dieser flüchtige Rundblick mag uns lehren, daß er das Spiel des Vaters mit ganz neuen Trumpfkarten wieder aufzunehmen in der Lage war. Welche Umstände haben es erneut und diesmal so nachhaltig zum Mißlingen gebracht, daß an einen dritten Anlauf Spaniens nicht mehr ernstlich zu denken war?

Wir haben nunmehr von der zweischneidigen Bedeutung der überseeischen Gebiete zu reden und von der Art, wie sie sich schließlich zum Verhängnis ihrer spanischen Beherrscher in dem Aufstiege der Seemächte auswirkte.

Inwiefern hängt der Aufstieg der Niederlande mit Übersee zusammen? Wir lernten sie bereits in der Zeit vor den Entdeckungen als das nächstreichste Land Europas dicht hinter Italien kennen; im Süden mehr durch Gewerbe begünstigt, in dem ärmeren Norden durch die Entwicklung von Fischerei, Schiffahrt, Seehandel. Während nun im Laufe des 16. Jahrhunderts die Gewerbe z. T. infolge der englischen Konkurrenz zurückgingen, gewann das maritime Element des Landes einen mächtigen Aufschwung, und zwar gerade durch die Entdeckungen. Nicht, daß die Niederländer an ihnen teil hatten oder daß auch nur ihre Schiffe und Kapitalien sich in den neuen ozeanischen Bereichen betätigt hätten. Aber wenn sie schon zuvor mit ihrer allen anderen überlegenen Handelsflotte von den entferntesten Winkeln der Ostsee bis hinab zu den iberischen Küsten in einem gewaltigen Fernhandel die Produkte von Ost und West, von Nord und Süd miteinander ausgetauscht hatten, so gewann diese Vermittlerrolle ein neues Gewicht, seit es darum ging, die in den Häfen Portugals und Spaniens gestapelten Schätze der Kolonialwelt den nördlicheren Küsten Europas zuzuführen. Der niederländische Handel blieb freilich vorerst nur ein indirekter Nutznießer des jungen Ozeanhandels. Blickt man nur auf die anwachsende Überlegenheit seiner Tonnage über jede Konkurrenz, auf die sich nun erst recht befestigende Vorzugsstellung in den westlichen und nördlichen Gewässern Europas, so fühlt man sich wohl zum Vergleich mit Venedig gemahnt. Setzt man jedoch die Rolle Niederlands im eigentlichen Welthandel in

Parallele zu der Venedigs im Orienthandel, so empfindet man sofort, woran es noch gebricht: die Niederländer waren auf die mittlere, die europäische Fahrt beschränkt und besaßen noch keinen Anteil an der großen Fahrt zu den außereuropäischen Küsten.

Wie weit aber war nun jene besondere Vorzugsstellung innerhalb der europäischen Gewässer gegen Erschütterung vom Kontinente her hinreichend geschützt, um die Basis zu einem politisch selbständigen Staatswesen abzugeben? Das erprobte sich im niederländischen Unabhängigkeitskriege. In ihm erlagen die überwiegend dem Festlande verhafteten südlichen Provinzen einschließlich Antwerpens den Heeren der kontinentalen Vormacht; die nördlichen Provinzen jedoch behaupteten sich, von Wasser umzogen und durchzogen, bedroht von ihm und geschützt, wie sie waren. Wieder werden wir an Venedig gemahnt. Wie sich das eine Element der venezianischen Größe auch in Holland findet, freilich noch erst abgeschwächt, nämlich die seemächtige Vermittlerrolle zwischen weit auseinanderliegenden Gebieten, so erprobte sich nun auch das andere Element der venezianischen Größe, die Gunst der Delta-Lage, der amphibischen Landschaft; aber auch sie war abgeschwächt, insofern es an einer eigentlich insularen Zitadelle fehlte, wie sie durch die Inseln der venezianischen Lagune gebildet wurde.

Die religiöse Bewegung kam hinzu. Aber sie hätte

ohne jene beiden Umstände Holland nicht lange Jahre vor dem spanischen Zugriffe sichern können. Sie war der Blasebalg, der die Massen erhitzte, verflüssigte, so daß sie sich in die Form eines neuen Staatswesens gießen ließen. Sie entzündete aber nicht primär den Aufstand, der vielmehr weltlichen, überkonfessionellen Antrieben seine Entstehung verdankte. Sie war eher Reflex des spanischen Systems, in dem sich ja politische und religiöse Impulse untrennbar verschmolzen hatten. Gegner gleichen sich im Kampfe an. Sobald der spanische Gegner aufhörte gefährlich zu sein, entwickelte sich denn auch die holländische Toleranz, während in Spanien selbst trotzige Intoleranz nun erst recht ihre Orgien feierte.

Aber reichten alle Umstände zusammengerechnet dazu hin, um den Endsieg den Aufständischen zu sichern? Sie vermochten wohl das Vordringen der Spanier aufzuhalten, die ohne Flotte gegen das flüssige Element ankämpften, mit der besten Infanterie gegen ein Volk von Schiffen, das gerne wie das venezianische den Kampf zu Lande fremden Söldnern überließ. Das langsame Vordringen des gewaltigen Gegners konnten sie jedoch nicht verhindern. Gewiß, die Kraft Hollands erinnert an die Venedigs, aber sie bleibt hinter ihr zurück. Es fehlte die volle Insularität, es fehlte die große Fahrt zu den überseeischen Küsten, so viel Nutzen indirekt der Ozeanhandel auch bereits dem Schiffervolke abwarf.

PHILIPP II.

Die Endentscheidung brachte erst England: dank seiner Insellage, dank aber auch seiner ozeanischen Macht, die es soeben erst im Kampfe um die Zufahrtsstraßen nach Übersee hinzugewonnen hatte. Wir haben es verlassen, bereits vom Kontinente zurückgezogen, aber noch unsicher schwankend in seinem äußeren Auftreten wie in seinem inneren Wesen – bereits den Gewerben und der Schiffahrt zugeneigt, aber ohne einen Fernhandel, der sich mit dem holländischen hätte messen können, seemächtig erst in den heimischen Gewässern. Nunmehr aber, unter Elisabeth, straffen sich wunderbar Volk und Staat und strahlen schließlich eine Kraft aus, die dem kleinen Lande gestattete, zum ersten Male eine weltgeschichtliche Rolle zu spielen und eine Entwicklung einzuleiten, die seitdem nicht mehr abgebrochen ist.

Wir haben darzulegen, inwiefern dieser Aufstieg ebenfalls mit Übersee zusammenhängt, und noch viel deutlicher als der holländische. Noch waren die sämtlichen kolonialen Niederlassungen der Europäer in der Hand der beiden iberischen Nationen, ja seit 1580 in der alleinigen der Spanier – und trotzdem bewirkten die ozeanischen Bereiche eine entscheidungsvolle Kräftigung der Insel!

Die überseeische Expansion und das Staatensystem sind gleichzeitig geboren worden, und der gleiche Lebensdrang hat die Grenzen des Abendlandes gesprengt wie seine Einheit. Die Türken sind in den einen wie in den andern Vorgang verflochten. Wir sahen sie durch ihr Bündnis mit Frankreich der Einigung Europas unter Habsburg entgegenwirken, in der ersten Hälfte des 16. Jahrhunderts. Schon im 15. Jahrhundert aber gaben sie durch die Behinderung des Fernosthandels den Anstoß zur Erforschung neuer Wege nach Indien und damit zu den Entdeckungen, die schließlich ebenfalls zuungunsten Habsburgs in die Waagschale fallen sollten.

Die Entdeckungen wurden zuerst von den Portugiesen vorangetragen. Sie verknüpften die alte Kreuzzugsdynamik mit modernen Machttendenzen so wie die Spanier, nur daß sich das kleine Volk, das auf Ausdehnung auf dem Kontinent nicht hoffen durfte, auf die See verwiesen sah. Als seine Lehrer wirkten die italienischen Seemächte, deren Schiffe den besten ozeanischen Hafen der Halbinsel Lissabon so oft anliefen und ihrerseits bereits bis zu den Azoren vordrangen. Ihr Händlergeist, ihre renaissancehafte Entdeckerfreude und wissenschaftliche Methode verquickte sich nun auf das eigentümlichste mit der einheimischen, ritterlichen Kampftradition. Als Lohn kühner und konsequenter Anstrengungen dreier Generationen entstand jenes Netz von Stützpunkten rings um den fernen Indischen Ozean, das Mameluken und Türken vergeblich zu zerreißen strebten und in dessen Maschen sich die fabelhaften Reichtümer des Ostens verfingen. Die Verbindung mit Europa wurde durch eine Kette von Niederlassungen an den weitgedehnten Etappenstraßen sichergestellt. Das Unerhörte war gelungen: dank seiner Seefahrt, einer Technik also, hatte sich ein europäisches Volk in die Weite des globalen Raumes ausgedehnt, so wie sich eine Pflanze dank ihres geflügelten Samens auf weite Entfernung aussät.

Aber Portugals Märchenglanz war flüchtig wie der eines Meteors. Nicht zwar das phantastische Ausgreifen in die Ferne bestrafte sich. Das Kolonialreich blieb fest in der Hand des Mutterlandes, wie ein bunter Ballon an langer Schnur in der Hand eines Kindes. Aber das Mutterland selbst erwies sich als verletzlich. Wohl vermittelte Portugals Fernhandel zwischen zwei Welten wie nur je der Venedigs. Aber dem Lande fehlte jede insulare oder auch nur amphibische Sicherheit. So mußte es denn zuerst, 1494, dem konkurrierenden Spanien eine Demarkationslinie zugestehen, die den Globus in zwei Hälften zerschnitt, um dann 1580 auf zwei Generationen seine Selbständigkeit samt seinem überseeischen Besitz an den großen festländischen Nachbarn zu verlieren.

Dieser hatte inzwischen sein eigenes Kolonialreich machtvoll aufgebaut als rechtes Gegenstück gegen das portugiesische – das paradoxe Bild einer Festlandsmacht, die über Nacht und fast zufällig zur Überseemacht wird.

Denn verglichen mit den systematischen Fahrten

der Portugiesen geschah die Entdeckung Amerikas allerdings fast zufällig. Schon daß die Initiative eines Ausländers eine so entscheidende Rolle bei ihr spielte, ist charakteristisch. Der Genuese Kolumbus hatte seine Lehrzeit im italienisch-portugiesischen Entdeckermilieu absolviert. Er verließ es, weil seine visionären Projekte in den Rahmen systematischer Unternehmungen nicht einzufügen waren. Wilder Seitensproß aus lusitanischer Wurzel, wandte er sich nach Spanien. Aber dort fand er festländisches Milieu vor, fast ohne ozeanische und händlerische Überlieferung. Er sollte warten, bis die große festländische Aufgabe des Staates gelöst wäre, die Vertreibung der Mauren, und ungeduldig darüber richtete sich sein Blick bereits nach England, nach Frankreich. Da endlich fiel Granada. Unter kastilischer Flagge segelte er ab. Und mit diesem ersten Unternehmen zog Spanien bereits das große Los! Erntete, was Portugal gesät! Vermochte es aber auch den ihm in den Schoß gefallenen Schatz zu verwerten? Gewiß nicht in der Weise der portugiesischen Seehelden und Händler, – aber in der eigenen, der von Soldaten und Mönchen. Nicht ein weitmaschiges Netz von Stützpunkten entstand, keine punktweise Kolonisation, aber ein überseeisches Festlandsreich, ganze Kontinente und Millionen von Einwohnern umfassend, durchweht von Kreuzfahrergeist, regiert in dem politisch-kirchlichen Stil des Mutterlandes. Hier wurde Ernst gemacht mit der Ausbreitung des Reiches Christi und also Achtung bewiesen vor seinen farbigen Bürgern, ihre Vermischung mit den Weißen begünstigt. Die wirtschaftliche Ausnutzung aber begnügte sich wesentlich mit der Ausbeutung der Edelmetalle.

Dies spanische Kolonialreich nun vereinigte Philipp seit 1580 mit dem portugiesischen in mächtiger Hand. Sah es da nicht so aus, als ob sein koloniales Monopol den Gewinn europäischer Hegemonie vorausverkünden wolle, als ob die letzte Stunde der Freiheit des Staatensystems geschlagen habe?

Um seine Rettung zu verstehen, kehren wir nach England zurück und geben uns von der Verwandlung Rechenschaft, die die Insel unter der Einwirkung von Übersee erfuhr, noch bevor sie dort einen Fuß breit Landes besaß. Die Kunde von der Entdeckung erregte sie sofort tief. Nur waren es noch nicht Engländer, sondern auch hier Italiener, die die ersten Entdeckungsfahrten leiteten, Venezianer. Die abtretende Seemacht hielt der kommenden den Steigbügel. Aber weder im Nordwesten, noch später im Nordosten ließen sich Ergebnisse erzielen, die sich mit den in den südlichen Breiten gewonnenen vergleichen durften. Diese waren es denn auch, die auf die Länge, wie der Magnet das Eisen, alle Unternehmungslust an sich zogen. Der Führung von seiten des Staates bedurfte es dabei nicht. Der gesicherte insulare Bereich gewährt der privaten Initiative andere

Entfaltung als der festländische. Aus der alten Gilde der *merchant adventurers* wuchsen die Helden des damaligen Englands empor, die *buccaneers* – Seeräuber, Schmuggler, Händler, kapitalistische Unternehmer, endlich Entdecker in jeder Mischung, Wegbereiter der großen ozeanischen Geschichte ihrer Heimat. Vom rechtmäßigen Handel in Übersee durch die merkantilistischen Monopole der Iberer ausgeschlossen, brachen sie in die weitgedehnten Zufahrtswege der fremden Kolonialreiche ein, erzielten phantastische Beute und entwickelten in Schiffbau und Seefahrt eine Überlegenheit als echte Nachfahren der Wikinger. Elisabeth verleugnete sie, vorsichtig lavierend, nach Bedarf und förderte sie im stillen, wie sie denn mit zunehmender Bestimmtheit die Tudorpolitik des Vaters fortführte und Gewerbe, Handel, Schiffahrt, auch die Kriegsflotte voranbrachte. Sie dachte nicht an Verzicht, und so rückte der Zusammenstoß näher, obgleich weder sie noch Philipp dem offenen Kriege zusteuerten. England und Spanien bezogen allmählich auf allen Fronten entgegengesetzte Positionen. Die religiöse Differenz wirkte in ähnlicher Weise, wenn auch schwächer, erhitzend auf alle anderen wie in den Niederlanden, mochte sie Elisabeth auch von Haus aus so wenig voranstellen wie Wilhelm der Schweiger. Die Königin half den französischen Calvinisten, vor allem aber nach der Ermordung Wilhelms den niederländischen; sie führte so zum ersten Male England an die Spitze einer Art von festländischer Koalition gegen eine festländische Hegemonialmacht. Zugleich trat in dieser Konstellation Englands vitales Interesse an der Kontrolle der großen Strommündungen zum ersten Male hervor: sie bilden das Glacis der englischen Insel gegen Angriffe einer kontinentalen Vormacht. Frankreichs Niedergang schob der Insel die vornehmste, die weltgeschichtliche Rolle als Widerpart Spaniens zu. Die Balancepolitik, Velleität unter Wolsey, wurde Realität. Schon damals aber bestand sie nicht allein in der Verteidigung des europäischen Gleichgewichts, sondern notwendigerweise zugleich in dem angriffslustigen Streben nach dem eigenen ozeanischen Übergewicht. Und dies Streben war so erfolgreich, die spanische Einbuße im Freibeuterkriege so furchtbar, daß Philipp keine Wahl blieb, sollte der Stein all seiner festländischen Anstrengungen nicht zurückrollen, als noch vor der Unterwerfung Hollands dessen englischen Hintermann zu stellen, um beide mit einem gigantischen Schlage zu zerschmettern. Die Hinrichtung Maria Stuarts, ihrerseits von den Machenschaften der Gegenreformation heraufbeschworen, erzwang den letzten Entschluß, indem sie offen die spanische Ehre herausforderte, während sie die geheime Hoffnung Philipps auf die innere Aufspaltung des insularen Gegners in der Weise der kontinentalen zerstörte.

So trat denn die auf scheinbar stolzester Höhe befindliche festländische Vormacht gegen die schmächtige und unerprobte der Insel in die Schranken, Goliath gegen David. Es maßen sich zwei Lebensformen, deren letzte Ableitungen bis auf den heutigen Tag sich gegenüberstehen, zum ersten Male im europäischen Rahmen. Denn Venedigs insulare Lebensform hatte sich ja in dem beschränkteren Rahmen des italienischen Systems auskristallisiert.

Es ist die Eigentümlichkeit des Seekriegs, auf Tage und Stunden Krisen zusammenzudrängen, die sich zu Lande über Jahrzehnte hinziehen mögen: *eine* Schlacht brachte die weltgeschichtliche Entscheidung. Und bis in die Einzelheiten besitzt sie symbolhafte Bedeutung.

Die Spanier waren stolz darauf, daß unter ihrer Leitung der größte Seesieg des bisherigen Jahrhunderts erstritten worden war. Aber Lepanto war eine Mittelmeerschlacht gewesen, durchgefochten zwischen Rudergaleeren, im Nahkampf mit blanker Waffe und Kleinkaliber. Die ozeanische Schiffahrt Spaniens war von je zurückgeblieben; und nun hieß es zum ersten Male und gleich im gigantischen Maßstabe eine Flotte von 132 Kriegsschiffen für den Atlantik ausrüsten! Wie sollten da nicht die Schiffsmodelle und die aus allen Mittelmeerhäfen zusammengelesenen Seeleute – ihrer ungefähr 10000 – den Mangel an ozeanischer Tradition spüren lassen?

PHILIPP II. 77

In ihrer Art vollkommen waren die Kampfbesatzungen, 22000 Mann, die tapfersten, die es geben konnte, unter einem Offizierskorps von großer Haltung – vollkommen aber nur für den Nahkampf bei Anwendung einer Taktik, die tunlichst die Bedingungen des Kampfes zu Lande auf den zur See übertrug, wie es einst Duilius im Ringen mit den Karthagern gelungen war. Es waren diese Besatzungen gleichsam ein Stück Festland auf hoher See, Fremdkörper auf den Planken.

Dagegen die Engländer. Sie verfügten nur über 34 eigentliche Kriegsschiffe mit 6000 Mann Besatzung, aber klein, wendig, dem Atlantik angepaßt, mit weittragender Artillerie versehen, die Breitseiten aus Luken feuerte; Geschützbedienungen, Soldaten, Matrosen mit dem Schiffe selbst zu einer lebendigen Einheit zusammengewachsen; das Verhältnis von Untergebenen und Vorgesetzten geschmeidig, nicht starr autoritär in festländisch feudalem Stile. Neben den eigentlichen Kriegsschiffen und an Zahl ihnen fast um ein fünffaches überlegen, eine Schiffsgattung, der die Spanier nichts an die Seite stellen konnten, jene privaten Freibeuter mit ihren in hundert Abenteuern zusammengeschweißten Besatzungen in Höhe von 10000 Mann: der Vortrupp des neuen ozeanischen Englands, Francis Drake an seiner Spitze als Verkörperung des Übergangs vom Freibeutertum zur großen Seemacht.

Es bedurfte nur noch des Sturmes, um die Katastrophe zu vollenden, die die auf sichere Entfernung abgefeuerten Breitseiten inmitten der unbehilflichen, menschenüberfüllten Kolosse der Spanier bereits eingeleitet hatten. Die Armada teilte das Geschick der persischen Flotte bei Salamis und nahm das der russischen bei Tsushima vorweg: von weither anmarschierende Geschwader riesiger Kontinentalmächte gingen jedesmal in den Heimatgewässern kleiner seemächtiger Gegner auf den Grund. Auch an jenes gepanzerte Ritterheer Österreichs mag man denken, das bei Sempach den plebejischen Spießen der Schweizer erlag. Aber die Taktik dieser ließ sich allenfalls ablernen. Schiffsbesatzungen jedoch wie die englischen konnte Spanien nicht zu beschaffen hoffen, selbst wenn es die Geldmittel für eine neue Armada hätte erschwingen können: es fehlte ihm die ganze Menschengattung ozeankundiger wagemutiger Kaufleute. Es besaß keinen Francis Drake. Der kann uns so recht lehren, woher England die Kraft zuwuchs, um in einer der großen Schicksalsstunden der europäischen Geschichte mit seiner eigenen Freiheit die des Staatensystems zu retten. Schon der bloße Wettbewerb im Vorfelde der Kolonien hatte die maritimen Energien der Insularen so rasch entwickelt, daß sie denen ihrer Gegner überlegen wurden, die eben trotz ihres kolonialen Monopols festländischem Ethos verhaftet blieben. *Afflavit et dissi-*

pati sunt: es ist der Anhauch von Übersee, der die Armada zerstreut hat. Es sind die neu in das Spiel einbezogenen Räume, die ozeanischen diesmal, die auf dem Höhepunkte des Hegemonialkampfes als entscheidendes Gegengewicht wirkten – noch nicht direkt, aber bereits indirekt, indem sie England und Holland, die Seemächte, die insulare Lebensform zur Weltbedeutung emporhoben.

Holland jedoch paradoxerweise früher als England, obgleich dieses die Schlachtentscheidung für sich zu buchen hatte. England war vergleichbar einem Schiff mit ungefügem Rumpf, das sich so rasch nicht auf neuen Kurs bringen ließ. Agrarisch-aristokratische Lebensformen und Interessen behaupteten sich neben gewerblichen, händlerisch-städtischen, der freie Geist Shakespearescher Spätrenaissance am Hofe neben dem religiösen der Menge. Die Insel besitzt im Verhältnis zum Kontinent ihren eigenen Entwicklungsrhythmus. Die Monarchin blieb vorsichtig auch nach dem Siege und versagte sich der Kriegspartei, die sich zutraute, aus der Seemacht alsbald zur Kolonialmacht vorzustoßen und den massiven Block der spanischen Überseebesitzungen anzugreifen. Nur in der Nähe bereitete Elisabeth noch eine Machterweiterung vor: die Personalunion mit Schottland versprach einen wertvollen Ausbau der englischen Insularität. Mehr als ein Menschenalter sollte vergehen, bis nach dem großen Abwehrsiege über den auswärtigen Feind England die retardierenden Momente in seinem Innern überwunden hatte und zum ersten Male unter Cromwell angriffsweise mit gesammelter Kraft in die ozeanische Welt hinausgriff.

Wie anders das kleine Holland. Hier lag längst das unzweifelhafte Schwergewicht bei Handel und Schiffahrt. Sobald daher die Kanalschlacht sich auswirkte, die Wucht des schwer getroffenen Spaniens sich auf Frankreich verlagerte, warf sich Holland mit allem Schwung nun seinerseits in die große Fahrt auf den Ozeanen – dem englischen Beispiel folgend. Besaß es ja doch ein viel gewaltigeres maritimes Potential in seiner die englische weit übertreffenden Handelsflotte: durch England gerettet ließ es den Retter hinter sich. Dem festgefügten Block der großen alten Kolonien wich es zwar ebenfalls aus. Aber die kleinen Stützpunkte der früheren portugiesischen überwältigte es kühn und in stattlicher Anzahl, um als Erbe der händlerischen Lusitanier ein wesensverwandtes Handelsimperium zu begründen. Verwandt auch in seiner Verletzlichkeit: nur daß ihre Gründe anders gelagert waren als dort. Bot doch die amphibische Landschaft Hollands wirksamere Verteidigung gegen das Festland, wenn auch keine so vollkommene wie eine Insel. Aber in anderer Beziehung war Holland benachteiligt. Die nahe englische Seemacht mit ihrer größeren und rein insularen Basis mußte sich als furchtbarer Konkurrent auf den Meeren erweisen, sobald erst Cromwell jene retardierenden Momente ausgeschaltet hatte, die ihrer Entfaltung vorher noch entgegenstanden. Zwar fehlte es auch nicht in den Generalstaaten an inneren Friktionen. Auf der einen Seite repräsentierten die Oranier die Landfront und strebten nach festländisch-monarchischer Stellung, gestützt auf das Heer und auf die niedere, fanatisch calvinistische Bevölkerung der Städte. Auf der anderen Seite repräsentierten die Hochmögenden, die kapitalistischen Großbürger, die Seefront, Schiffahrt, Handel, Seemacht. Sie neigten im Religiösen zur Toleranz. Sie erblickten im privaten Reichtum die Grundlage des öffentlichen Gedeihens, die Oranier in der Steigerung der militärisch-politischen Macht des Staates. Aber so heftig diese Gegensätze das Volk bewegt haben: die ozeanische Hauptrichtung seiner Energie wurde nie in Frage gestellt und dementsprechend blieben auf die Länge die Hochmögenden im Vorteil. Trat doch mit dem Absinken Spaniens die Bedeutung des Heeres zurück, während der neu ausbrechende Krieg wesentlich als Seekrieg geführt wurde und sich für die großbürgerlichen Interessen als unvergleichliches Geschäft erwies: «Landkrieg verzehrt, Seekrieg ernährt.» Wohl verstanden: es handelte sich um einen Seekrieg gegen einen maritim schwachen und kolonial reichen Gegner. Ein kommender Seekrieg gegen das maritim starke England wird sich ganz anders auswirken!

Aber bis dahin liegt Sonnenglanz auf dem Lande. Selbstbewußt und urwüchsig bildet es sein besonderes insulares oder genauer amphibisches Wesen aus, das sich wie das venezianische ein unvergängliches Denkmal in der Kunst setzt. Die Formlosigkeit des politischen Daseins (die Generalstaaten hat man einen Gesandten-Kongreß von 2000 Souveränen genannt), abstechend von der kristallinischen Machtorganisation der führenden absoluten Festlandsstaaten, ist von der Formlosigkeit Deutschlands oder Polens doch grundsätzlich verschieden, nämlich durchpulst von stärkstem modernen Leben. Volk und Gesellschaft mit ihren unsichtbaren Kraftreserven sind in der insularen Welt allemal bedeutsamer als der sichtbare Staat. Mit mitleidiger Verachtung sieht der freie Bürger des holländischen Wohlfahrtsstaates, der reiche Herr des Meeres, auf die Machtstaaten des Festlandes, ihre Tyrannen, ihren Gewissenszwang, ihren Militarismus. Er glaubt sich im Besitze höherer politischer Moral, als Anwalt einer vernünftig-aufgeklärten Weltordnung friedlichen Rechtes gegen rohe Gewalt widersinniger Kriege – festländischer Kriege nämlich: Seekriege freilich, geführt für die Freiheit der Meere, d. h. für die Brechung des spanischen Überseemonopols zu Hollands Gunsten, sie stehen auf einem anderen Brett!

PHILIPP II.

Genug: das Geheimnis der seemächtigen Weltstellung Hollands wie Englands beruht auf dem Anhauche aus Übersee. Aus den neuen ozeanischen Räumen saugen diese schmächtig-elastischen Gebilde jene Kraft, die hinreicht, um während des Absinkens der Osmanen deren Rolle als Gegengewicht gegen jede festländische Hegemonie weiter zu spielen, nur mit noch weit größerer Konsequenz und Wirkung. Und England wird diese Rolle durch die Jahrhunderte auch festzuhalten wissen.

Aber Spanien? Sein Stern umflort sich in Auswirkung der Kanalschlacht mit logischer Konsequenz immer mehr. Mit dem Mißerfolge den Seemächten gegenüber hatte es sein Bewenden nicht. Vergeblich sucht Philipp einen Ausgleich im Ausbau seiner eigentlich festländischen Position. Er betreibt ihn mit verdoppelter Energie und Hast, wie es in analoger Lage auch seine Nachfolger im Kampf um die Hegemonie immer wieder tun werden. Er verlagert den Druck von Holland nach Frankreich hinüber. Es kommen noch hoffnungsvolle Augenblicke für ihn, wo seine Truppen gleichzeitig in Paris, der Provence, der Bretagne stehen, wo seine Gesandten mit den französischen Ständen im Interesse seines künftigen Schwiegersohnes über die Besetzung des Thrones verhandeln. Aber gerade die Sichtbarkeit seiner Erfolge beschwört seinen Mißerfolg herauf. Sie weckt das schlummernde Nationalgefühl des Gegners auf, wie es einst der Triumph seines Vaters nach der Mühlberger Schlacht getan, und wie es später in dem wechselvollen Ringen der großen kontinentalen Mächte sich noch so manches Mal ereignen sollte. Selbst die mit ihm verbündeten französischen katholischen Ultras schämen sich ihres Bündnisses. Auch englische Gegenwirkung macht sich bemerkbar. Vor allem aber räumt Heinrich von Bourbon durch seinen Übertritt die Barriere aus dem Wege, die ihn von der Mehrheit seiner Landsleute abtrennt, und diese, satt endloser Anarchie und des Hochmutes der Ausländer, erblicken in der Wiederaufrichtung eines starken Königtums die Rückkehr zu der nationalen Lebensform. Der dreißigjährige französische Religionskrieg endet mit dem polar entgegengesetzten Ergebnisse, das der dreißigjährige deutsche Religionskrieg zeitigen sollte. Der Papst selbst schloß seinen Frieden mit dem Renegaten, allen spanischen Mahnungen zum Trotz, und gewann seine volle Bewegungsfreiheit zurück mit der Möglichkeit, wiederum zwei katholische Mächte gegeneinander auszuspielen. Vorüber war die große Stunde Spaniens! Von Glück und Freund verlassen, erfüllt sich an ihm zum ersten Male, wenn auch in schleppendem Tempo, das Schicksal einer erschöpften Hegemonialmacht. Die heroische, verzweifelte Anstrengung, die große heilige Aufgabe dennoch zu meistern, dennoch das zum Greifen nahe Glück zu erjagen, hatte zum rücksichtslosen Raubbau der Substanz verleitet. In der Wirtschaft zeigte er sich am deutlichsten. Immer häufiger blieben zudem die Silberflotten als Opfer des Seekriegs aus. Auch konnten Kampferspritzen den heruntergewirtschafteten Organismus nicht mehr hochreißen. Schuldzinsen fraßen im voraus die Einnahmen und dreimal wurde unter dieser Regierung der förmliche Staatsbankerott angemeldet. *Sint ut sunt aut non sint.* Der glaubenseifrige Kriegerstolz hatte Spanien emporgeführt, er beschleunigte seinen Abstieg in seiner Auswirkung auf die Wirtschaftsgesinnung. Noch hielt sich das Reich durch die Masse seiner Länder wie die Tapferkeit seiner Heere an der Spitze der Kontinentalmächte, wie ein gewaltiges Kriegsschiff, das im Gefecht einen Teil seiner Beweglichkeit eingebüßt hat, aber durch seine Feuerkraft ein ernsthafter Gegner bleibt; oder wie es Sully ausdrückte, ein Ringkämpfer mit riesigen Muskeln, dessen Herz schwach geworden.

ZWEITES KAPITEL

Das Staatensystem bis zum Scheitern des französischen Hegemonialstrebens unter Ludwig XIV.

Das Staatensystem bis zum Antritt der Selbstregierung durch Ludwig XIV. 1661

Bei einer Bewässerungsanlage genügt Verschließen oder Öffnen einer hochgelegenen Schleuse, um hier weite Ländereien trocken zu legen, dort andere mit Feuchtigkeit zu befruchten. So ließ die Armadaschlacht das Geäder der spanischen Länder austrocknen, das der Gegner anschwellen. Nur war das Gefälle in Politik und Wirtschaft ein so sachtes, daß über zwei Generationen vergingen, angefüllt noch immer mit spanischen Ruhmestaten auf den Schlachtfeldern und erst recht auf den Feldern des Geistes, bis die alternde Hegemonialmacht in die zweite Reihe zurücktrat, um ihrem festländischen Hauptgegner den Platz zu überlassen. Erst mit dem Pyrenäenfrieden von 1659 und dem Regierungsantritte des Sonnenkönigs von 1661 schwillt eine neue europäische Dünungswelle majestätisch empor, die französische, und erreicht ein Jahrhundert nach der Kanalschlacht ihre stolze Scheitelhöhe.

Das breite Tal zwischen beiden Wellen ist erfüllt mit vielgeteilten, vielgestaltigen Vorgängen. Aber die Bedeutung jenes höchsten Ranges geht ihnen ab, auf die es unsere Betrachtung abgesehen hat: sie bereiten eine weltgeschichtliche Entscheidung vor, enthalten sie aber nicht unmittelbar. Flüchtigste Charakteristik muß genügen.

Der Mangel eines großen zentralen Themas führt zum Auseinanderfallen der insularen und der kontinentalen Welt. Spanien vermag zu Lande Holland nicht mehr ernstlich zu bedrohen, zur See sieht es sich zumeist in die Defensive geworfen. Und so verlieren die niederländischen Kämpfe die überragende Bedeutung, die sie zur Zeit Philipps II. als gruppierendes Element für alle anderen besessen hatten. England darf sich seinen inneren Auseinandersetzungen hingeben, ohne in äußere hineingezwungen zu werden. Es darf sich endlich unter Cromwell an der überflügelten holländischen Konkurrenzmacht kriegerisch messen, ohne befürchten zu müssen, dadurch die gemeinsamen insularen Interessen dem Kontinente gegenüber zu gefährden. Erst die Bedrohung durch die aufsteigende französische Hegemonie wird die Erneuerung des Bündnisses der Seemächte herbeiführen, das die Abwehr der spanischen Hegemonie erstmalig zusammengefügt hatte. Aber bis dahin wenden die Seemächte dem Festlande gleichsam ihren Rücken zu.

Hier auf dem Festlande wird nunmehr Deutschland zum Hauptkriegsschauplatz. Denn die beiden habsburgischen Linien finden sich wieder zueinander; die spanische bedarf des deutschen Rückhalts, die deutsche, die so lange beiseite gestanden, erwacht aus ihrer Lähmung, und das alte Ziel Karls V., die Unterwerfung des Reiches, leuchtet wieder auf neben Philipps Ziel, der Unterwerfung der Niederlande. Schon langt die Hand des Kaisers nach dem entscheidenden Erfolge, da setzt der Rückschlag ein. Schweden greift ein, Frankreich wirft das Gegengewicht seiner unter Richelieu aufsteigenden Macht in die Waagschale. Das Ergebnis: Deutschland wird nun erst recht in den flüssigen Zustand eines Staatensystems versetzt, zu dem der Augsburger Religionsfrieden den Grund gelegt hatte. Das Reich bezahlt mit seiner Ohnmacht den Preis für die Abwehr der habsburgischen Hegemonie. Bildete doch schon seit 100 Jahren die Freiheit Europas und die deutsche Libertät ein System kommunizierender Röhren.

Der Preis war um so furchtbarer, als die Gefahr einer habsburgischen Hegemonie im 17. Jahrhundert längst nicht dieselbe war wie im 16. Jahrhundert. Spaniens Abstieg und der Aufstieg der Seemächte und Frankreichs hätten einem Siege des Kaisers in Deutschland kaum eine große Auswirkung nach Westen gestattet, d. h. nicht in die Zone der weltgeschichtlichen Entscheidung hinein. Was konnte es schon im atlantischen Bereiche bedeuten, wenn Österreich in dem des baltischen Binnenmeeres Fuß faßte? Wie sollte sich von dem abgelegenen Wien aus eine Hegemonialmacht erheben?

Und ähnliches gilt für Schweden. Seine Macht reichte nicht bis zum Ozean, auch nicht in die Tiefe Eurasiens – weder in die maritimen noch die kontinentalen Großräume der Zukunft.

Während nun die deutsche Linie des habsburgischen Hauses erschöpft in den Westfälischen Frieden willigt, um doch schon eine Generation später aufs neue emporzusteigen, setzt die spanische Linie isoliert den verbissenen Kampf fort, obgleich ihre Schwäche durch den Abfall Portugals und den Verlust aller portugiesischen Kolonien der Welt offenbar geworden war. Vielleicht waren die Bedingungen des Pyrenäenfriedens, in den es endlich 1659 einwilligen mußte, nicht allzu hart und doch fiel mit ihm hinter einer wunderbar großartigen Geschichte von 1½ Jahrhunderten das Tor endgültig ins Schloß. Unablässige Anstrengungen hatten die moralische Substanz wie die materielle verbraucht. Aber auch der beschleunigt sich fortsetzende Abstieg blieb noch Gleitflug, wie sich erweisen wird, wurde nicht Absturz.

In dem Maße wie Spanien zurückwich, breiteten sich seine Gegner aus, auf dem Festlande Frankreich, die Seemächte auf den Meeren.

Die französische Krone überwand unter den beiden Kardinälen die Widerstände, die ihr auch nach dem Abschlusse der Religionskriege durch Heinrich IV. der Adel doch immer wieder noch zu bereiten imstande war. Auf der Linie des Absolutismus allein vermochte sich im Gedränge der festländischen Gegensätze ein mächtiges Staatswesen zu entwickeln. Die Revolution von oben trug zwar noch nicht die verschnörkelten Bauten der feudalen Gesellschaft ab, schleifte aber ihre Befestigungen, so daß sie niemals mehr zu Schlupfwinkeln des Widerstandes gegen den Staat dienen konnten. Inmitten ihres stehenbleibenden altfränkischen Gemäuers wuchs dominierend der regelmäßige Bau der modernen Armee und Bürokratie empor, ohne doch in dieser Epoche bereits seine letzte Aufstockung zu erfahren. Straffe royalistische Staatsgesinnung bemächtigte sich zunehmend der Mittelklasse und drängte in den oberen die Residuen älterer Haltung zurück.

Und nun die Seemächte. Holland war bereits in das Stadium der Vollreife eingetreten, England aber erst wie Frankreich im Begriffe, aus inneren Kämpfen zu neuer Höhe äußerer Geltung emporzusteigen. Wenn Frankreich auf der seit Jahrhunderten beschrittenen Bahn des kontinentalen Machtstaates voran eilte, so England nunmehr auf der Bahn zur großen insularen Seemacht. Was Holland bereits vor Jahrzehnten geglückt war, vollbrachte es jetzt erst: es wandte sein Gesicht voll dem Ozean zu.

1588 war doch nur ein kühner Vortrupp des ozeanischen Englands ins Gefecht getreten, und unter der besonnenen Leitung Elisabeths machte das Land nur eben eine ozeanische Lehrzeit durch. Dann erfolgte sogar ein scharfer Rückschlag. Denn mit den zwei ersten Stuarts gelangten Persönlichkeiten an die Staatsführung, die von ozeanischer Luft keinen Hauch verspürt hatten. Es war der Absolutismus des Kontinents, der Glanz seiner großen Höfe, die sie magisch anzogen. Nicht sie allein: überhaupt diejenige obere Gesellschaft, die von Seehandel und Industrie noch nicht berührt war, der grundbesitzende Adel von altem Schrot und Korn, eng mit ihm verbunden die anglikanische Kirche, die alten Bischofsstädte. Dagegen sammelten sich um das opponierende Parlament alle Kräfte der Bewegung: Teile des Adels auch hier – war doch der Adel schon dank seines Erbrechtes vom bürgerlichen Kapitalismus nicht scharf abgetrennt –, überhaupt das flache Land mit seiner Schafzucht, die es am Export interessierte, und zunehmend auch bereits Gewerbe beherbergend, endlich die jungen Städte, bei denen Tuchmacherei, Handel und Schiffahrt dominierten. All diese Gruppen der Bevölkerung waren für ihr Gedeihen auf die Seegeltung hingewiesen und empfanden bitter deren schmählichen Verfall, die Vorteile, die der holländische Konkurrent aus ihm zog, den Rückgang des Ansehens ihrer Heimat in der Welt angesichts der Unfähigkeit, dem deutschen und dem französischen Protestantismus wirksam beizuspringen. In diesen Kreisen breiteten sich die militanten Formen des Calvinismus und Täufertums aus, und mit insularer Verspätung erlebte England in den Bürgerkriegen die religiöse Erhitzung gleichzeitig mit der politischen.

Unter den Tudors hatte sich der Absolutismus durch die Niederwerfung des Feudalismus und die Einleitung zu insularer Politik nationale Berechtigung erworben. Aber je vollkommener er seine Aufgabe gelöst, um so mehr hatte er sich selbst entbehrlich gemacht. Jetzt verfügte das Land über selbstbewußte Schichten, die auf dem eingeschlagenen Wege aus eigener Initiative weiterzugehen verstanden: und gerade jetzt erwies sich das Königtum der Stuarts auf diesem Wege als ein Hemmschuh. Wohl setzte damals die folgenschwere Kolonisation Nordamerikas ein. Aber die Krone ließ sie mehr geschehen als daß sie sie förderte. Im kontinentalen Bereich beruhte die Größe des Staates auf dem monarchischen Absolutismus, auf seiner Armee und Bürokratie, auf seiner großen Außenpolitik. Umgekehrt im insularen Bereich. In England wie in Holland führte der Aufstieg zu ozeanischer Geltung über die Zurückdrängung des monarchischen Elementes, entwickelte sich die Flotte statt des Heeres, die Selbstverwaltung statt der Bürokratie. Freilich: der im Verhältnis zum holländischen große und komplizierte Volkskörper Englands verbrauchte mehr als zwei Generationen in inneren Kämpfen, bevor er sein neues Wesen auszudrücken und zu festigen vermochte. Nach der Enthauptung Karls I. erfolgte ein Ausschlag in der entgegengesetzten Richtung, der Ausschaltung der legitimen Monarchie die Aufrichtung der revolutionären. Der gewaltig schäumende Durchbruch in die Stromrichtung, in der die englische Geschichte so majestätisch und ruhig weiter fließen sollte, wie ehemals die venezianische, führte doch auch einmal auf der Insel einen cäsarischen Menschen an die Spitze des Staates wie noch so oft auf dem Festlande. Cromwells Tyrannis, auf das Heer der Revolution gestützt, bedrohte das englische Wesen in anderer Art als das Königtum der Stuarts, aber nicht weniger nachdrücklich. Und doch überwogen auf die Dauer die in die Zukunft weisenden, gesunden Faktoren seines Regimes. Die Formlosigkeit seiner Gewalt war ihm Antrieb, sich nach außen zu wenden, um sich vor der inneren Opposition zu rechtfertigen. Er führte England erfolgreich auf die Bahn des ozeanischen Imperialismus, während seine widerspruchsvollen Pläne zu einer ausgreifenden Politik auf dem Festlande zum Heile der Insel nicht zur Entfaltung gelangten. Er entwickelte die vernachlässigte Flotte, und die Elisabeths steckte in den Kinderschuhen verglichen mit der seinen. Sie war wesentlich dem Parlamente, dem Anwalte der ozeanischen Politik, treu geblieben; und er setzte sie nun gegen Holland ein, den Konkurrenten auf den Ozeanen, mochte er auch ein Religionsverwandter sein. Wie wohl waren dem Handel der Generalstaaten die langen Kriege gegen das festländische Spanien bekommen! Aber in dem kurzen Kriege gegen die Insel, die seinen Handel zermürbte, fand Holland seinen Meister. Es fügte sich der Navigationsakte und sank als Seemacht auf die zweite Stelle. Aber auch gegen Spanien, den alten Gegner, führte Cromwell einen gewaltigen Schlag und besiegelte zur See die Niederlage, die ihm Frankreich zu Lande beibrachte. Er vollendete offensiv, was die Armadaschlacht defensiv eingeleitet hatte. Als ob man das Schleusentor eines Stauweihers geöffnet hätte, so stürzten sich die in 45jähriger Stuartherrschaft angesammelten Energien des ozeanischen Englands, die bisher allenfalls in der Auswanderung nach Nordamerika einen bescheidenen Abfluß gefunden hatten, hinaus in die weite Welt. Im überseeischen Handel und in der Seemacht gewann jetzt England die klare Suprematie, wie Venedig begünstigt durch zwei Momente, die zusammenwirkten: seine Insellage und die ihm zufallende Vermittlerrolle zwischen zwei Welten. Indem es anders als die großen Festlandsmächte seine ungeteilte Kraft dem Meere zuwenden durfte, ohne daneben wie der holländische Konkurrent eine Landfront besetzen zu brauchen, indem er diesen an Größe und nachhaltiger Wucht weit überragte, ohne fortan im Innern noch eigentlich gefährliche Hemmungen bekämpfen zu müssen, gewann es die Anwartschaft auf Weltmacht! Damit erreichte das insulare Prinzip im Ganzen gesehen, trotz Hollands langsamem Abstiege, einen neuen Grad der Stärke neben dem kontinentalen.

Freilich brachte die Restauration der Stuarts erneut für eine Generation Unsicherheit in die englische Außenpolitik. Denn auch die beiden letzten Monarchen des Hauses verstanden im Grunde die insulare Seele ihres Landes ebensowenig wie die beiden ersten. Aber sie sollten mit ihren festländischen Tendenzen nur ihren eigenen Thron gefährden, nicht das ozeanische Streben der Nation aus seiner Bahn drängen.

Ludwig XIV.

Das erwies sich in dem neuen Hegemonialkampf, der sich vorbereitete. Ein Jahr nach der Restauration der Stuarts ergriff Ludwig XIV. die Zügel der Selbstregierung. Ein Jahrhundert nach der spanischen Dünungswelle stieg die erste französische empor. Stellen wir diejenigen Momente des neuen Hegemonialkampfes heraus, die seine Strukturverwandtschaft mit dem vorhergehenden wie den nachfolgenden hervortreten lassen: *eadem sed aliter*!

Ein Vergleich der Aussichten Ludwigs XIV. mit denen Philipps II. ist umso aufschlußreicher, als beide Herrscher nicht nur ein verwandtes Ziel angestrebt haben, sondern auch mit verwandten Mitteln. Gehörten doch ihrer beider Reiche dem Typus der militärisch-bürokratischen Festlandsmacht an, wenn auch in örtlicher und zeitlicher Abwandlung.

Was zunächst die äußere Lage angeht, so ist augenfällig, daß die festländische Ausgangsstellung Frankreichs eine weit bescheidenere war als die spanische, zu schweigen von der überseeischen, die überhaupt keinen Vergleich zuließ. In dem verflossenen Jahrhundert hatte eben die Tendenz zur Aufsplitterung gewaltige Fortschritte gemacht, gekennzeichnet durch den Aufstieg der Seemächte, Frankreichs selbst, Schwedens, durch die fortschreitende Auflösung des Reiches, durch Spaniens Niedergang. Gegen diese reich entfaltete Staatengesellschaft die Tendenz zur Einheit voranzutragen, war ein weit schwierigeres Unterfangen als in den Anfängen des Systems. Doch auch bei Betrachtung seiner inneren Hilfsmittel erweist sich Frankreich in einer Hinsicht als benachteiligt. Ihm steht keine universale Geistesmacht zur Seite wie die Gegenreformation, die im 16. Jahrhundert Spaniens eigene Kräfte angespornt, die seiner Freunde gleichgeschaltet, die seiner Feinde verwirrt hatte. Die mittelalterlichen Universalismen haben ihre staatenbildende Kraft eingebüßt.

Aber neben diesem Zurückbleiben – wieviel eigenartige Zukunftsmöglichkeiten birgt doch das neue Frankreich! So locker hingestreut und inhomogen der spanische Bereich sich ausnimmt, so festgefügt und gleichartig der französische, im Besitz der inneren Linien und einer der nationalspanischen doppelt überlegenen Bevölkerung. Und er wird durchpulst von einer weltlichen Dynamik, die allein auf Macht und Glanz der nationalen Krone ausgerichtet ist, die die gallikanische Kirche in ein politisches Machtinstrument verwandelt, die nach außen vor keinem Bunde mit Türken oder Ketzern zurückscheut, entsprechend der seit Franz I. gepflegten Tradition – einer Dynamik, die aber nun auch der Wirtschaft ein ganz anderes Leben einhaucht als es das spanische System vermochte. Was hatten Spanien die Reichtümer seiner Bergwerke gefruchtet? Colbert lernte die modernen Methoden der Reichtumsgewinnung bei Spaniens Gegner, bei Holland! Was dort im Seebereiche an neuen Formen der Wirtschaft aus wilder Wurzel emporgeschossen, das soll nun in Frankreich in durchdachter Planung mit Hilfe des bürokratischen Apparates von obenher eingepflanzt werden. Zum ersten Mal nimmt der festländische Machtstaat mit rationaler Energie die Konkurrenz mit der Seemacht auf. Dem freien insularen Unternehmergeiste stellt er die Phalanx seines staatlich disziplinierten Menschentums entgegen. Wenn zwei dasselbe tun, ist es dasselbe nicht. Nicht als Selbstzweck ruft er mit seinen Machtmitteln den Wohlstand herbei, sondern um mit ihm wiederum diese Machtmittel zu vermehren. Das erste stehende Heer Europas, Ludwigs Schöpfung, ruhte auf der von Colbert merkantilistisch entwickelten Steuerkraft. Ein zentraler Programmpunkt in diesem System der Reichtumsgewinnung war aber die Ausdehnung in Übersee. Ein koloniales Frankreich schiebt sich mit gewaltigem Schwung zwischen die älteren Kolonialreiche! An Anläufen dazu hat es seit Franz I. nicht gefehlt. Besaß doch Frankreich mit seiner gedehnten atlantischen Küste einen weit größeren ozeanischen Sektor als Spanien. Wenn er sich nicht entwickelt hatte, so aus zwei Ursachen: er lag einmal im Schatten der äußeren Auseinandersetzungen mit Spanien und mußte vor den näheren festländischen Belangen zurücktreten; er lag aber zugleich auch im Schatten der inneren Auseinandersetzungen und wurde von den Religionskriegen so grausam in Mitleidenschaft gezogen, wie kaum ein anderer Teil Mitteleuropas. Beide Ursachen schienen bei Beginn des neuen Regimes ausgeschaltet. Werden sie es bleiben? Oder hängen sie mit der Konstitution des französischen politischen Körpers zusammen?

Zunächst aber ist das verjüngte Staatswesen unter seinem jungen Monarchen von einem triebhaften Selbstvertrauen, einem ganz einhelligen nationalen Kraftgefühl geschwellt, das wohl Ersatz bieten könnte für jenen Missionseifer der Spanier. Und wenn Frankreich auch nicht im Bunde mit einer eigentlich universal werbenden Geistesmacht die Bühne der Weltpolitik betritt, so entwickelt dafür der Glanz seines nationalen Geistes doch ebenfalls eine werbende Kraft, die keine Grenze anerkennt. Frankreich steuert in sein *grand siècle*. Wer will voraussagen, was ihm in seinem Kairos unmöglich sein sollte?

Die erste kriegerische Aktion Ludwigs richtete sich gegen Spanien. Selbst von der Mutter her spanischen Geblütes, hat sein starrer Stolz diese Herkunft nie verleugnet. Sein Geltungsbedürfnis kleidete sich von vornherein in den Anspruch, es käme ihm zu, den Platz der katholischen Majestät in der Welt einzunehmen. Und schon ließ sich voraussehen, daß der letzte Habsburger auf dem spanischen Throne kinderlos sterben werde. Es hieß für Frankreich in diesem Augenblicke stark genug zu sein, um mit den wichtigsten Stücken der spanischen Erbmasse seine eigene Basis entscheidend auszuweiten und eine Wendung herbeizuführen, wie sie einst die Vereinigung so vieler Kronen auf dem Haupte Karls V. bedeutet hatte. Aber das war nur das Fernziel. Inzwischen galt es, dem ohnmächtigen Gegner an der Klinge zu bleiben und die Ostgrenzen auf Kosten der spanischen Habsburger, aber auch der deutschen und des Reiches, ruckweise vorzuschieben – in Fortführung längst eingespielter Ausdehnungstendenzen.

Doch Ludwigs Einbruch in die spanischen Niederlande zeitigte nur einen begrenzten Erfolg. Nicht militärischer Widerstand hielt ihn auf, aber diplomatischer.

Die Machtverschiebung, die sich in Ludwigs Aktion ankündigte, bedrohte erstmalig seit 1588 das Gleichgewicht im großen, und damit gewannen für die Dauer dieses Regimes die Vorgänge im Staatensystem wieder ein zentrales Thema. Die Seemächte, die so lange dem Kontinent den Rücken zugewandt hatten und eben zum zweiten Male ihre Kräfte in einem Kriege miteinander maßen, sie vertrugen sich und wandten ihre Front gemeinsam der neu heraufkommenden Vormacht zu, indem sie ihr die Schonung der alten aufzwangen. Denn die Generalstaaten betrachteten das spanische Belgien ja längst nicht mehr als Ausfallspforte gegen ihren Besitzstand, vielmehr als vorgelagerten Puffer. Und jede Bedrohung Hollands wiederum bedrohte in Wahrheit in den Augen jedes Weitsichtigen auch Englands wohlverstandene Interessen. Die Niederlande sind seit Philipp Wetterwinkel des Systems bis zu seinem Untergang geblieben, so wie es unter Karl V. Italien gewesen war. Im Mündungsgebiet von Schelde und Rhein war der Schlüssel zu der Welthegemonie zu finden, die Ludwig erstrebte. So prallte er denn bereits bei seinem Vorgehen auf der kontinentalen Linie unvermutet mit den Interessen der Seemacht zusammen und schwor ihr Rache.

Aber auch auf der maritimen Linie bereitete sich der Zusammenprall vor. Das merkantilistische Frankreich hatte noch seinen besonderen Grund, nach der «Zerstörung Karthagos» zu rufen. Es wollte seinen Lehrmeister im Handels- und Kolonialwesen beerben. Colbert baute hastig eine gewaltige Kriegsflotte.

So war denn Holland, weil es den Frieden vermittelt, zum Objekt des nächsten Krieges ausersehen, und wie zur Zeit Philipps stand und fiel die Freiheit des Staatensystems mit der Freiheit der Niederlande.

Aber nur durch diplomatische Vorbereitung konnte Holland für den militärischen Angriff sturmreif gemacht werden. *Divide et impera:* erst wenn Ludwig die beiden Seemächte voneinander trennte, die vereint ihm soeben seine Beute streitig gemacht hatten, durfte er hoffen, das dann isolierte Holland auszulöschen, dem Frankreich allein schon bevölkerungsmäßig um das sechsfache überlegen war, von der Vernachlässigung der holländischen Rüstung zu Lande zu schweigen. Die Vernichtung Hollands aber – sie schloß den weltgeschichtlichen Erfolg sowohl auf der festländischen wie auf der ozeanischen Linie in sich. Denn einem Frankreich, das über das holländische maritime Potential voll verfügte, konnte auf die Dauer wohl auch England nicht mehr die Ausbreitung über die Ozeane streitig machen.

Und das Unwahrscheinliche gelang: die französische Diplomatie trennte die Seemächte. Mehr als das: sie erlangte ein Bündnis mit der englischen gegen die niederländische. Zwei Umstände halfen ihr dabei. Einmal hatte die öffentliche Meinung auf der anderen Kanalseite die so plötzlich heraufziehende französische Gefahr noch nicht allgemein erkannt, nicht erfaßt, daß sich die Rollen von Freund und Feind vertauschten. Die Aussicht, in einem dritten Kriege mühelos den Handelskonkurrenten endgültig zu vernichten, hatte ihr Lockendes. Sodann aber, und dies war Ludwigs verdeckte Trumpfkarte: der

Stuartkönig selbst war persönlich in das französische Interesse herübergezogen. Er war bestochen durch die Hoffnung auf spätere Unterstützung seiner absolutistischen und katholisierenden Pläne, bestochen aber auch im massiven Wortsinne durch sofortige Subsidien. Ein groteskes, verkommenes Intrigenspiel! Der Monarch, auf dem Festlande Mittelpunkt, ja Schöpfer des Staates, hier auf der Insel der gefährlichste Feind seiner wahren und wesenhaften Zukunft, seiner inneren Freiheit und Selbständigkeit. So hofft denn Ludwig beide Seemächte auf einmal auszuschalten – Holland, indem er es offen bekämpft, England, indem er sich mit ihm zu diesem Kampfe insgeheim verbündet.

Und dennoch, der Durchbruch zum großen Erfolge blieb ihm versagt. Es erwies sich, daß auch das isolierte Holland eben noch stark genug war, um den Überfall abzuwehren! Angesichts des drohenden Unterganges verteidigte sich das amphibische Staatswesen zu Lande mit dem Wasser, indem es die Deiche durchstach und in seiner Verlassenheit das befreundete Element zu Hilfe rief; und zur See hielt seine heldenmütige Flotte die vereinte der Angreifer in Respekt. Der eigentliche Retter des Gemeinwesens aber wurde ein Oranier, wie einst ein Oranier sein Mitbegründer gewesen war. Die Stunde dieses Hauses schlug allemal bei Bedrohung der Landfront. Ihr war die Plutokratie nicht gewachsen. Die Zügel wurden ihr aus der Hand gerissen, ohne daß sich deswegen die Republik zur Monarchie gewandelt hätte. Die Generalstaaten blieben Ellipse mit zwei Polen, und der Patriotismus Oraniens fand sich mit dem Schwebezustande ab. Umsonst führte Ludwig den 22jährigen Wilhelm in Versuchung. Er war kein Stuart und nicht bereit, ein eigenes souveränes Zwergfürstentum mit dem Untergang des Vaterlandes zu erkaufen.

So überstand denn Holland heroisch die Stunde der Panik, wie sie in der Geschichte der inselhaften Staaten immer wieder dann auftritt, wenn ihre Insularität plötzlich in Frage gestellt wird. Hätte Holland aber auf die Dauer allein Widerstand leisten können? Wohl so wenig, wie die Niederlande ein Jahrhundert zuvor. Jedoch, *fortes fortuna adjuvat*: Englands öffentliche Meinung begriff die Lage. Das Parlament erzwang die Friedensvermittlung, Holland war vorerst gerettet.

Woher aber, so fragen wir, stammte die Festigkeit des holländischen Deiches, die eben zur Not noch die französische Überflutung Europas in vorderer Linie abgewehrt? Doch durchaus aus der Verbindung des Landes mit Übersee. Als Exponent der neuen transozeanischen Räume entwickelte es noch einmal die Kraft zu einer letzten weltgeschichtlichen Leistung.

Aber freilich, nun trat ein neues typisches Stadium der Dinge ein. Nach dem Mißerfolge gegen die Seemacht verlagerte sich Frankreichs noch ungebrochene Energie, wie einst die Philipps II. und später die Napoleons und Hitlers, nach dem Innern des Kontinentes, und dem Rüstungsvorsprung seiner stehenden Heere konnten selbst die zusammengerafften Kräfte einer Koalition der beiden Habsburger Reiche, des Deutschen Reiches und einzelner seiner Fürsten, die Spitze nicht bieten. Um so weniger, als sich der alte Verbündete Franz I., die Türkei, von neuem erhob und der Kaiser einem furchtbaren Drucke zugleich von Ost und West ausgesetzt wurde. Während Europas sich das ohnmächtige Gefühl des Ausgeliefertseins ältester Besitzverhältnisse an provozierende Rechtsbrüche Ludwigs bemächtigte und die französische Grenze sich systematisch weiter nach Osten vorschob, währenddem setzte Frankreich auch in Übersee seine Expansion fort. Mit pfauenhafter Gespreiztheit genoß der Sonnenkönig Triumph auf Triumph und mit jedem wuchs sein hybrides Machtgefühl noch rascher als seine Macht selbst. Konnte er den Sprung an die holländische Gurgel nicht einmal wiederholen wollen? *Reculer pour mieux sauter?* Wer weiß, ob die plutokratische Verfettung Hollands eine neue heroische Anstrengung zugelassen hätte. Auch unter Philipp war es ja doch erst durch das wirkliche Eingreifen der rückwärtigen englischen Macht gerettet worden.

Auf die Länge betrachtet hing die Zukunft des Systems eben doch von England ab. Sie war verloren, und die Zukunft der Insel mit ihr, wenn die Stuarts die Hand am Steuer behielten und die äußere Selbständigkeit des Landes zugleich mit seiner inneren Freiheit herabwirtschafteten. Die Widerstände im Lande und im Parlament schwollen freilich an. Aber würden die Fluktuationen der insularen öffentlichen Meinung rechtzeitig zusammentreffen mit den Bedürfnissen der kontinentalen Lage, rechtzeitig aus sich eine aktionsfähige und weitblickende neue Staatsleitung gebären?

Da war es nun das Glück des Systems, daß der Genius Europas sich in einer Persönlichkeit verkörperte, die hinausgewachsen war aus dem Egoismus eines einzelnen Staates und für alle von Frankreich bedrohten Staaten plante und wirkte. Immer wieder hat im Verlaufe der großen Hegemonialkämpfe das Solidaritätsgefühl der Bedrohten die Schranken ihrer Sonderinteressen niedergerissen: aber vielleicht nie so vollkommen, wie in der Person Wilhelms von Oranien. Monarch in Holland durfte er nicht werden; so wurde er europäischer Staatsmann. Seine zarte geduldige Diplomatenhand knüpfte Masche für Masche das elastische Netz, in dem sich der von dem Sonnenglanz eigener Macht verblendete Sonnenkönig ermatten sollte. Auf dem Kontinente hatte bereits Wilhelms diplomatische Feinarbeit zu ansehnlichen Erfolgen geführt. Die seit 1588 vorschreitende

Parzellierung hatte so umfangreiche Koalitionen erlaubt, wie sie vor 100 Jahren noch nicht möglich gewesen. Aber ihr Bau blieb schütter, solange er nicht durch das Gold der vereinten Seemächte und also auch Englands zementiert war. Erst auf der größeren Bühne Londons konnte Wilhelm seine Rolle als die des ersten Einkreisers weltgeschichtlichen Formates zu Ende spielen, die er auf der kleinen Bühne des Haag kreiert hatte.

Welche Ironie, daß gerade ein Oranier von beiden Parteien des Parlamentes herbeigerufen wurde, um den englischen Thron zu besteigen! Hatte doch Cromwell einst die Ausschließung der Oranier von allen Ämtern ihrer Heimat durchgesetzt, um Holland zu schwächen. Aber derselbe Cromwell hatte auch bereits an verfassungsrechtliche Vereinigung der beiden Seemächte gedacht, und insofern erfüllte sich sein Wunsch in der glorious revolution. Nicht als ob bei ihr außenpolitische Rücksichten im Vordergrunde gestanden hätten. Aber sie schwangen mit und verquickten sich mit dem innerpolitischen Machtkampfe, und die Spannungen beiderlei Art erreichten ihren kritischen Höhepunkt durch das Hinzutreten des religiösen Momentes, das in dem Spätklima nördlich des Kanals länger Bedeutung behielt, als südlich desselben. Die Aufhebung des Ediktes von Nantes führte eine protestantische Kampfstimmung herbei, die an die zu Philipps Zeiten gemahnte.

Und um so einhelliger geriet die öffentliche Meinung in Harnisch gegen den letzten Stuart, als Jacob ganz unverblümt im Bunde mit Frankreich zugleich auf die Einführung des Katholizismus und des Absolutismus zusteuerte. Wilhelm selbst war voll kühler Toleranz. Als europäischer Diplomat wußte er nicht nur die Habsburger, sondern sogar den Papst einzuspannen. In England aber nutzte er auch die religiöse Welle und brachte meisterhaft rasch das ganze Land in seine Hand. Der Fremde, aber in Holland Vorgeschulte, verstand, was die Stuarts nie begriffen, die wahre Stellung der Monarchie auf der Insel. Je loyaler er die Befugnisse des Parlaments anerkannte, um so größer wurde nur sein tatsächlicher Einfluß auf die Geschäfte.

Das ozeanisch ausgerichtete England hatte nunmehr im wesentlichen endgültige Form gefunden. Nach Überwindung einer letzten Stromschnelle floß seine Geschichte beruhigt durch die Jahrhunderte. Mochte die herrschende Schicht auch der Adel sein: der Adel der Insel war ja so vielseitig mit dem Leben des ganzen Landes verflochten und gerade auch mit der kapitalistischen Wirtschaft, daß sein dominierender Einfluß wohltätige Ausgeglichenheit der Geschäftsführung sicherte.

Ludwig war nicht der erste und blieb nicht der letzte festländische Machthaber, der sich in der Einschätzung des englischen Volkes verrechnet hatte. Er kannte nur die Höflinge von St. James und versäumte dem Unternehmen Wilhelms entgegenzutreten, als er es vielleicht noch gekonnt hätte. Das Netz um ihn schließt sich. Die finanzielle Kampfkraft seiner festländischen Gegner erfrischt sich von nun ab aus den unerschöpflichen Subsidien des überseeischen Füllhornes beider Seemächte. Blut und Gold finden zueinander. England und Holland zusammen aber sind um vieles schwerer zu überwinden, als vordem das isolierte Holland allein. Es genügt nicht mehr, den vorgeschobenen niederländischen Deich zu durchbrechen; hinter ihm stemmt sich fortan der mächtigere englische der französischen Flut entgegen. Und auf England geht innerhalb der Koalition der Seemächte die Führung immer deutlicher über. Hinter der Kulisse der Personalunion verlieren die Niederlande ihre Großmachtsqualität.

So mußte denn Ludwig, wie einst Philipp, höher spielen. Nur eine Landung auf der truppenentblößten Insel konnte ihm helfen, und die Rückführung der Stuarts. Aber der Niederlage Philipps in der Kanalschlacht korrespondierte die Ludwigs bei La Hogue. Wiederum erweist sich die Marine der festländischen Vormacht als unterlegen der Marine der reinen Seemacht. Mochte die Tüchtigkeit der französischen Seeleute die der spanischen so weit übertreffen, wie der Colbertsche Merkantilismus den spanischen Metallismus, so steckte eben doch in der französischen Rechnung eine tiefe Zwiespältigkeit, die sich bis in die Einzelheiten fatal auswirkte. Die Seele des festländischen Frankreichs und die des ozeanischen verschmolzen nicht. Ludwig hat das Meer im Grunde nicht verstanden, und aus seinem Kabinette stammende Anweisungen an seinen Admiral beschleunigten den Niedergang seiner Schlachtflotte.

Wie Philipp aber war er außer Stande, eine neue zu bauen! Die Verelendung eines großen Reiches, das sich im Netze Wilhelms verfangen hatte, schritt unvermeidlich voran trotz allem rationellen Merkantilismus, und sie wurde noch beschleunigt durch die unrationelle Prunksucht des Königs – Ausdruck der fortschreitenden Hybris des Alternden, die überhaupt sein Schicksal beschleunigte und als Berufskrankheit die Großkönige auch der kommenden Hegemonialkämpfe bedrohen wird. Die Habsburger waren durch asketische Frömmigkeit vor ihr bewahrt geblieben; aber das universale Gebot dieser Frömmigkeit hatte freilich auch ihre Politik übersteigert.

Hatte Frankreich mit La Hogue deutlich seine Scheitelhöhe überschritten, so erfolgte doch auch sein Abstieg, so wie einst der Spaniens, nur schrittweise. England hielt sich während des dritten Raubkrieges noch vom Kontinente fern, zufrieden mit seinem Abwehrsiege zur See. Und so durfte Ludwig auf dem Festlande seinen Besitzstand im wesentlichen behaupten.

Dann aber ließ ein äußeres Ereignis die ermattende französische Kraft noch einmal hoch aufschäumen. Die große Gelegenheit, die Ludwig als Fernziel 40 Jahre ersehnt hatte, sie bot sich dem Alternden fast unvermutet in denkbar verführerischer Form dar: sein Enkel wurde durch das Testament des spanischen Schwagers zum Universalerben des Weltreiches diesseits und jenseits der Ozeane bestellt. Welche berauschende Aussicht bot sich auf der kontinentalen wie der maritimen Linie! Vergessen oder mißverstanden alle Warnungen der letzten Jahre! Hemmungslos stürmte Ludwig in die Verlockung und verfing sich von neuem und diesmal noch tiefer in dem Netze einer großen europäischen Koalition, das wiederum von der englischen Pfund-Diplomatie dirigiert wurde. Die Zeiten des frühen 16. Jahrhunderts, in denen das System noch nicht hinreichend aktionsfähig gewesen war, um sich gegen die Kumulierung so vieler Kronen auf dem einen Haupte Karls V. zu wehren, sie waren seit dem Aufstiege der Seemächte dahin. Und dahin war seit La Hogue auch Ludwigs Hoffnung, den Seemächten in ihrem eigenen Elemente die Stirn zu bieten. Er hat den spanischen Erbfolgekrieg als reinen Landkrieg führen müssen, während weit draußen auf den Wellen die englischen Kriegsschiffe kreuzten, von denen niemand sprach und deren Einwirkung doch das Gewicht so manchen gloriosen Sieges zu Lande aufwog.

Und diesmal begnügte sich England nicht mit dem Einsatze der Flotte. Zum ersten Male seit dem 15. Jahrhundert warf es wieder ein großes Landheer in die Waagschale – nicht mehr, um auf der anderen Kanalseite Eroberungen zu machen, wie es zuletzt noch Cromwell geträumt, sondern gerade im Dienste wohlverstandener ozeanischer Politik. Wurden doch deren Ziele gefährdet, wenn Frankreich auf dem Festlande stark genug blieb, um sich Spanien gänzlich einzuverleiben. Denn von dort aus drohte es ja bei Friedensschluß das überseeische Spanien im eigenen Interesse aufzuschließen, für seine Konkurrenten abzuriegeln. Den massiven Block dieses Kolonialreiches aber für sich zu erobern, dazu war England trotz seiner Seeherrschaft nicht stark genug. So sah es sich denn veranlaßt, seine festländischen Verbündeten diesmal nicht nur mit Subsidien, sondern mit einem Expeditionskorps zu verstärken, um sie damit zugleich mit doppelter Sicherheit auch lenken zu können. An die Spitze dieses Korps stellte es einen Mann, der Wilhelms diplomatische Arbeit mit den Mitteln des Krieges fortsetzte. Marlborough schuf den Prototyp des Koalitionsfeldherrn wie Wilhelm den des Koalitions-Staatsmannes. Er erwies sich als Meister der Koordinierung aller Hilfsmittel zu Wasser und zu Lande, und ebenso der militärischen wie der diplomatischen. Als der große Kabinettswechsel von 1710 seinen Sturz zur Folge hatte, da war die französische Widerstandskraft bereits gründlich zermürbt. Sie gänzlich auszuschalten, lag nicht im Interesse Englands. Es bekriegte ja nicht die bourbonische Vormacht, um zugunsten Österreichs eine habsburgische zu erneuern. So zerriß es kaltsinnig die von ihm begründete und beherrschte Koalition, als sie ihren Dienst getan. Das treulose Albion hat auf seiner Insel am längeren Hebel sitzend sich immer wieder Rücksichtslosigkeiten gegen seine jeweiligen Verbündeten gestattet, die dem Prestige eines festländischen Staates hätten gefährlich werden können. Es handelte damals auf eigene Faust einen Frieden mit Ludwig aus, der mit zusammengebissenen Zähnen und letzter Kraft seine und der Nation Ehre erfolgreich zu verteidigen wußte. Der Abstieg der Hegemonialstaaten trägt jedesmal düster pathetische Züge zur Schau, wie sie der hybriden Großartigkeit ihrer vorhergehenden Triumphe entsprechen.

Kaiser und Reich aber mußten sich wohl oder übel in die von England geschaffene Lage fügen. Sie waren letztlich nur Hilfsmächte gewesen.

Der Friede befreite die Seemächte einigermaßen von der Sorge einer Durchdringung der spanischen Kolonien durch den französischen Merkantilismus, obgleich ein Bourbone in das Madrider Königsschloß einzog. Für die Einhaltung seiner ausgeklügelten einschlägigen Bestimmungen sorgte die neue weitschauende Ausbalancierung des europäischen

Gleichgewichts. Die Aufsplitterung des Kontinents machte dank der Aufteilung der spanischen Ländermasse einen gewaltigen Fortschritt. Das Aufleuchten zweier neuer Königskronen, der sardinischen und der preußischen, ist dafür bezeichnend. Die Bourbonen beiderseits der Pyrenäen hatten so viel Kraft eingebüßt, daß sie auch bei völliger Einigkeit das Unternehmen Ludwigs XIV. nicht hätten erneuern können. Das abgelegene Österreich aber hatte längst nicht so viel Kraft gewonnen, um von sich aus an Hegemonialstreben zu denken. Wohl reichte es durch den widerwilligen Erwerb der Exklave Belgien bis in die ozeanische Sphäre. Aber es hat nie ernsthaft darangehen dürfen, ozeanische Politik zu treiben. Es bezog in den Niederlanden nur die Schildwache gegen Frankreich im Auftrage der Seemächte. Auch seine Erwerbung der spanischen Nebenländer in Italien kam England zugute. Sie erleichterte dessen Eindringen in das südliche Meer. Seine Seemacht stellte nun auch an diesen Küsten ihre Wachtposten aus und machte sich stark, auch an dieser Front ein Ausbrechen einer künftigen Hegemonialmacht aus dem magischen Ringe zu verhindern, den sie allmählich um den Kontinent zog.

Das Gleichgewicht in Europa aber, dessen Bürgen die Seemächte blieben, war ja für England nicht Selbstzweck, sondern nur Voraussetzung für sein Übergewicht jenseits der Ozeane. Hier lagen die

Wurzeln der weltgeschichtlichen Kraft der Insel schon seit Elisabeths Zeit, als es noch keinen Fußbreit überseeischen Bodens besaß. Hier breitete es sich nun auch territorial immer machtvoller aus.

Es geschah einmal im Stile des holländischen Imperialismus durch Gewinnung von Stützpunkten für Handel- und Seestrategie, zumal in Ost- und Westindien. Die letzteren dienten zugleich dem Schmuggelverkehr mit den spanischen Kolonien des amerikanischen Festlandes. Diese kriegerisch zu erobern, war England zu schwach. Aber es sicherte sich im Utrechter Frieden die Handhaben, um sie mit erlaubten und noch mehr mit unerlaubten Mitteln händlerisch zu durchdringen. Es erreichte für sich gerade das, woran es Frankreich hinderte.

Und erst recht glückte ihm eine solche Durchdringung des portugiesischen Kolonialreiches. Portugal war nun einmal der natürliche Feind Spaniens. So ging es denn, als Spanien bourbonisch wurde, aus der französischen in die englische Klientel über, um sie nie wieder zu verlassen. Die englische Seemacht beerbte in der Stille die portugiesische, während sie zugleich die holländische in ihr Schlepptau nahm. Die Seehegemonie vermag sich unauffälliger auszubreiten als die Landhegemonie.

Aber bei der punktweisen händlerischen Kolonisation ließ es England nicht bewenden. Es begann auch große Flächenkolonien zu entwickeln wie Spanien.

Es spielte dabei mit einer Trumpfkarte, die in diesem Maße keiner seiner Konkurrenten auszuspielen vermochte: der Auswanderung. Bisher haben wir erst die Insel die Trumpfkarte der reinen Seemacht ausspielen sehen, die allen festländischen Konkurrenten überlegen war. Nun aber begann sich die weltgeschichtliche Tatsache auszuwirken, daß die Basis dieser Seemacht eine viel weitere war als die der venezianischen und selbst der holländischen. England war eben doch einer der großen alten Nationalstaaten des Abendlandes, wenn auch der schmächtigste. Es besaß die ganze reiche gesellschaftliche Gliederung eines solchen und war nicht wie Holland auf Schiffahrt und Handel spezialisiert. Es ruhte auf breiter agrarischer Grundlage und ernährte die dreifache Bevölkerung der Niederlande. Und diese Bevölkerung war nicht ernsthaft in den festländischen grausamen Kampf ums Dasein verwickelt. Ihr Kraftüberschuß konnte sich in die Auswanderung ergießen.

Aber lange dauerte es, bis der englische Staat die Bedeutung dieser Trumpfkarte erkannt hatte. In der insularen Welt hat so oft die Initiative der Gesellschaft den Vortritt vor der des Staates. So sahen wir es schon bei der Entwicklung der ozeanischen Seemacht; sie wurde vorangetragen von Privaten, den *merchant adventurers* und *buccaneers*. So setzte im 17. Jahrhundert die erste große Auswanderung nach Nordamerika wiederum aus privaten Antrieben ein, neben dem Staate, fast gegen ihn. Die ersten Stuarts, festländisch orientiert, ließen sie eben geschehen. Sie hätten sie gebremst, wären sie nur so stark gewesen wie ihre absolutistischen Vorbilder jenseits des Kanals. Denn es war die innerpolitische Opposition, die die Schiffe bestieg, und das blieb so, wenn auch mit anderem Vorzeichen, unter dem nachfolgenden revolutionären Regime. So siedelte sich von vornherein der Geist der Opposition jenseits des Ozeans an, der unbedingte Drang zur eigenwilligen Gestaltung des kirchlichen wie politischen Lebens. Wirtschaftliche Motive wirkten erst in zweiter Linie. Winkten doch drüben nicht die typischen Reichtumsquellen damaliger Kolonialwirtschaft. Es hieß in Amerika strenge Arbeit in einem strengen Klima leisten. Nicht nur Kaufleute und Abenteurer fuhren hinüber. Der Magnet der Freiheit zog vielmehr Angehörige aller Stände an. Und so entstand nicht nur eine lose Kette von Kolonien, die sich an der Küste aufreihten, sondern ein neues Volk mit neuen Lebensformen. Man mag sich an das deutsche Vordringen in breiter Front über die Elbe im Mittelalter erinnern: auch dort entstand im Rücken der offiziellen Kaiserpolitik ein neues Volk mit neuen Lebensformen. Ohne daß es vieler staatlicher Planung bedurft hätte, ließ der ozeanische Anhauch naturhafte Kräfte emporschießen, die im 17. Jahrhundert den Kolonien zugute kamen wie im 16. der Schiffahrt.

Nun gerieten aber im spanischen Erbfolgekriege die englischen Kolonien in lokale Reibung mit den dortigen französischen. Der große Gegensatz des kontinentalen und insularen Wesens, der in Europa ausgefochten wurde, projizierte sich in die Räume der neuen Welt.

Mit einem weit anderen Stempel waren diese französischen Kolonien Nordamerikas geprägt als die englischen; im Zuge einer planvoll vom Staate gelenkten Kolonialpolitik und im engen Zusammenhange mit der großen Machtpolitik des Mutterlandes. Sie unterschieden sich von den angelsächsischen Nachbarn wie ein regelmäßig angelegter Barockgarten, in dem die Schere des Gärtners nie zur Ruhe kommt, von einem freien englischen Parke.

Nicht als ob in dem großen ozeanischen Sektor Frankreichs nicht auch ursprünglich spontane Kräfte zur Kolonisation gedrängt hätten, als ob nicht auch hier die inneren Wirren der Religionskriege Antriebe zur Auswanderung dargeboten hätten. Aber diese Kräfte und Antriebe kamen in dem kontinentalen Klima nicht zu der reichen Entfaltung wie im insularen. Das autoritäre Regime Ludwigs XIV. bot ihnen keinen Raum.

Damit ist nicht gesagt, daß dieses Regime nicht auch eine Befähigung besonderer Art gerade zur Entwicklung von Flächenkolonien besessen hätte. Beweist doch das spanische Beispiel die Eignung des festländischen Machtstaates zur Eroberung und Organisation überseeischer Festlandsreiche. Eine Eignung, die der händlerische Seefahrerstaat Portugal in seiner brasilianischen Plantagenkolonie bereits in geringerem Maße erwies. Gar nicht aber Holland: es setzte sich wohl in Brasilien zeitweise fest, doch ohne daß es sich dauernd zu halten vermochte; hätte es doch dazu eines Landheeres bedurft und der suspekten Hilfe der Oranier.

In der Tat hat Frankreich die Methoden Spaniens, vervollkommnet durch den den Holländern abgelernten Merkantilismus Colberts, mit Meisterschaft angewandt. Es verstand sein militärisches und sein bürokratisches Machtinstrument zur Erschließung der Tiefe des Kontinents in weiträumigen Aktionen einzusetzen, während die zersplitterten englischen Siedlungen nur langsam Raum nach Westen zu gewannen. Auch verstand Frankreich wie Spanien sich mit den Eingeborenen zu stellen; seine Jäger und Händler waren ihre guten Freunde, die englischen Landwirte ihre natürlichen Feinde. Und ähnlich wie Spanien zementierte auch Frankreich sein Verhältnis zu den Indianern unter Beihilfe der katholischen Kirche. Endlich, das autoritäre Wesen auch dieses Machtstaates versicherte sich mit fester Hand der fortdauernden Loyalität der Einwanderer und wußte ihr diszipliniertes Menschentum auch militärisch auszuwerten.

Wenn nun an den iberischen Flächenkolonien alle Eroberungspläne der Seemächte scheiterten, warum nicht an den französischen die Englands? Aus zwei Gründen: die Iberer hatten als Herren des Meeres im 16. Jahrhundert ihren überseeischen Besitz in aller Muße festigen können, und zwar in zügigem Tempo, weil eine kleine Schicht von Einwanderern hinreichte, um die zahlreiche, aber widerstandslose eingeborene Bevölkerung zu überformen. In den menschenarmen Riesengebieten Nordamerikas aber hätte nur eine lebhafte Einwanderung die lokale Selbstverteidigung der französischen Kolonien sichern können, und diese wäre um so notwendiger gewesen, als das Mutterland seit La Hogue die Herrschaft über die Seekommunikationen verloren hatte.

An diesem Punkte zeigt sich nun die Kehrseite der Vorzüge des französischen Systems. Die englischen Auswanderer entstammten den Reihen der Opposition. Ludwig jedoch erklärte, er habe sein Reich nicht katholisch gemacht, um seine Kolonien den Ketzern auszuliefern. Da die Hugenotten also nicht auswandern durften, da der Franzose überhaupt ungern die Heimat verläßt und jenseits des Ozeans doch nur dieselben autoritären Formen des gesellschaftlichen, politischen und kirchlichen Lebens zu erwarten hatte, so setzte keine Wanderung großen Stiles ein; und während um 1700 die englischen Siedlungen bereits eine weiße Bevölkerung von ¼ Million beherbergten, verfügten die französischen nicht über den zehnten Teil, und das, obgleich beide fast zu gleicher Zeit entstanden waren.

Bei solchem Kräfteverhältnis an Ort und Stelle war es nur selbstverständlich, daß auch die auf die amerikanischen Kolonien bezüglichen Bestimmungen des Utrechter Friedens den Niedergang Frankreichs abspiegelten. England vermochte sich im kanadischen Küstengebiete auszubreiten und die künftige Verbindung des Hinterlandes mit dem Mutterstaate weiter zu erschweren. Gleichwohl, die Position der Franzosen blieb noch fest und tief genug, um ihnen die Wiederaufnahme des Kampfes zu gelegener Zeit zu gestatten. Die französische Dünungswelle verebbte auch in der neuen Welt nur langsam.

Und doch: im ganzen gesehen hatte das Staatensystem seine dritte Belastungsprobe mit weit größerer Sicherheit überstanden als die zwei vorhergehenden. Die von Ludwig XIV. vorgetriebene hegemoniale Einheitstendenz hat in keinem Augenblick die berufene Freiheit Europas in demselben Maße bedrohen können, wie unter den zwei großen Habsburgern. Ihr gegenüber hatte sich die Tendenz zur Aufsplitterung nur um so deutlicher durchgesetzt, je hochmütiger sie vom Sonnenkönige bekämpft wurde. Und wiederum wie zu Ende des 16. Jahrhunderts hatten sich auch zu Ende des 17. die Seemächte als Rückhalt dieser Aufsplitterungstendenz erwiesen, als Gegengewicht und Widerpart der Hegemonialtendenz, ohne doch ihrem Wesen nach in Versuchung zu geraten, selbst nach der europäischen Hegemonie zu streben. Freilich: im insularen Bereiche setzte sich dennoch eine Konzentration der Kräfte durch, die scharf kontrastiert mit der Aufsplitterung im festländischen Bereiche. Aber es war eine Konzentration ausschließlich der Seemacht! England erbte zunehmend die Seegeltung seiner atlantischen Vorgänger, stufenweise sowohl die der beiden großen Landmächte Spanien und Frankreich wie die der beiden Seemächte Portugal und Holland. Es wirkte sich dabei einmal seine Insularität aus, die ihm gestattete, alle Kraft dem Ozean zuzuwenden. Es wirkten sich aber dabei und vor allem auch die neuentdeckten Räume jenseits der Ozeane aus, aus denen der Insel ihre große Vermittlerrolle zwischen zwei Welten zuwuchs. Und diese Vermittlerrolle ist ja überhaupt des weiteren die Grundlage der absonderlichen Bedeutung der Seemacht im Rahmen des gesamten Systems. Es ist eben doch so, daß seine Entwicklungslinien seit der Armadaschlacht geheimnisvoll von Übersee her beeinflußt werden. Die Freiheit des Systems und die überseeische Expansion, sie stehen in einem ursächlichen Zusammenhange.

MANESSE BIBLIOTHEK
DER WELTLITERATUR
MANESSE BIBLIOTHEK
DER WELTGESCHICHTE
MANESSE BÜCHEREI

Manesse Verlag
Badergasse 9
CH - 8001 Zürich

Bitte
ausreichend
frankieren

Wir freuen uns über Ihr Interesse, das Sie unserer Manesse-Bibliothek entgegenbringen, und hoffen, daß Sie aus der Lektüre Freude und Gewinn ziehen werden. Wenn Sie uns diese Karte mit Ihrer Adresse einsenden, werden wir Sie gerne laufend über unsere Neuerscheinungen orientieren.

Absender Vorname/Name (wenn notwendig, Vorname abgekürzt)

Straße/Hausnummer

PLZ   Ort

Land

DRITTES KAPITEL

Das Staatensystem bis zum Scheitern
des französischen Hegemonialstrebens
unter Napoleon I.

Die drei «Weltmächte» bis zur großen Revolution

Nicht die überseeischen Räume allein, auch die kontinentalen Räume des Ostens haben zur Balance des Systems immer wieder beigetragen. Von einer Expansion des Abendlandes, von Eroberung und Auswanderung war freilich die Rede nicht. Vielmehr drängen hier umgekehrt eigenständige Mächte nach Westen. Aber um Erfolge zu haben sind sie bestrebt, in das diplomatische Spiel des Abendlandes Aufnahme zu finden und als Randfiguren in sein System einbezogen zu werden, sind sie bestrebt, schon der militärischen Ebenbürtigkeit halber sich eine Strecke weit der westlichen Zivilisation anzugleichen. Von den Türken war bereits die Rede. Durch den Bund mit Frankreich in das System einbezogen, spielten sie bei seiner Balance unter Karl V. zunächst eine hervorragende Rolle, die sie späterhin schon um deswegen einbüßten, weil nunmehr die Seemächte als Exponenten der Übersee Hauptgegengewichte gegen die jeweilige Hegemonialmacht wurden. Aber auch ihre eigene barbarische Kraft vermorschte rasch. Die Angleichung an das Abendland kam über oberflächliche Entlehnungen der Kriegstechnik nicht hinaus.

Wie weit werden sie in jeder Hinsicht von ihren Feinden und Nachfolgern überragt, den Russen!

Im Westen sahen wir die Macht aus der Mitte des Erdteils an die atlantische Küste wandern, magnetisch angezogen durch die überseeische Weite. Hier im Osten haben wir es mit einem korrespondierenden Phänomen zu tun. Die Macht wird magnetisch durch die meerhafte Weite des Kontinents angezogen. Schon im Rahmen der deutschen Geschichte sehen wir sie diesen Weg nehmen. Es boten sich zu ihrer Entfaltung in dem der machtpolitischen Sättigung entbehrenden Ostraum ganz andere Möglichkeiten als im vielgeteilten Reiche. Dem Habsburger Staate, in dem diese deutsche Machtwanderung kulminierte, winkte in der Bekämpfung der Türken eine abendländische Mission, die dem von den Ozeanen ausgeschlossenen Deutschtum eine kontinentale Ausdehnung weltgeschichtlichen Maßstabes hätte gewähren können – wäre die Macht über Deutschland hinweg nicht noch weiter nach Osten abgewandert! Zwar der lockere polnische Staat mit seinem schwachen völkischen Kerne war nicht bestimmt zum Nebenbuhler zu werden, wohl aber der russische. Seinem starken Volkstume fiel die Chance ungehemmten Wachstums nach allen vier Himmelsrichtungen zu.

Anders als die Türken weisen sich die Russen rassisch wie geistig als entfernte Vettern des Abendlandes aus, und auf dem Boden dieser Verwandtschaft erwachsen denn auch ganz andere Möglichkeiten der Angleichung. Wir bezeichnen sie am schlagendsten mit einem historischen Vergleiche, den Jacob Burckhardt gelegentlich andeutet, dem Vergleiche zwischen Rußland und Mazedonien, zwischen Peter und Philipp.

Mazedonien war ein Binnenland, eingefügt in den massigen Rumpf des Balkans, bewohnt von entfernter Vetternschaft der Griechen, als Staat eine großflächige Monarchie, einer anderen Art und Größenordnung zugehörig als die Poleis des geographisch wie kulturell so fein individualisierten hellenischen Staatensystems. Und zu ihm hin, seewärts, wandte nun Philipp gewaltsam das Gesicht seines Volkes. Der Halbbarbar wurde der begeisterte Schüler der Griechen, aber um seine Lehrer zu überlisten und zu überwältigen. Das Arcanum seiner raketenhaft aufsteigenden Macht war die von oben erzwungene Übertragung der alternden griechischen Kultur auf ein junges bildungsfähiges Volk, eine Übertragung, bei der sich die hellenische Kultur zu hellenistischer Zivilisation schablonisierte, aufsteigend im Maßstäblichen, auf dem fremden Boden aber absinkend an schöpferischer Wurzelkraft.

Analoge Züge ließen sich unschwer aus der Physiognomie Rußlands ablesen. Durch Dimension und Gleichförmigkeit ist das kontinentale Reich von der

Staatenwelt der feingegliederten Halbinsel Europas unterschieden. Die Überwindung der ungeheuren Entfernungen wird durch gewaltige Flußsysteme erleichtert, zwischen denen keine trennenden Gebirge aufragen. Hier ist Raum für ein potamisches Reich, vergleichbar den antiken Reichen des Zweistromlandes oder des Niltals. Der Fluß, daneben das Pferd, schaffen genügend Zusammenhalt. Hat doch der Boden keine bindende, individualisierende, zerteilende Kraft wie im Westen. Der Muschik des Mir haftet nicht an der Scholle. Kolonisierendes Wandern verleiht ihm den Zug ins Extensive, dem gegenüber abendländisches Wesen stets intensiv wirkt. Politisch ist hier wie selbstverständlich ein unumschränkter Absolutismus auf byzantinisch-orientalischer Grundlage zu Hause, von Iwan dem Schrecklichen zu monumentaler Härte gesteigert. Zusammenhänge mit dem Westen sind unwesentlich. Noch der welterfahrene Leibniz nennt das unbekannte Reich in einem Atem mit Persien und Abessinien.

Da kam Rußlands Philipp und wandte das Gesicht des Landes zur See, zum europäischen System hin. Peter war Bewunderer der westlichen Kultur in demselben praktischen Sinne wie der Mazedonier der griechischen. Er hat mit Hilfe des Terrors von oben die europäischen Techniken jeder Art seinem Volke übergestülpt: die Kriegstechnik zu Wasser und zu Lande, die wirtschaftliche Technik, die Technik der Verwaltung. Er hat die dem Westen entlehnten Methoden kopuliert mit dem geduldigen knetbaren Menschentum des Ostens und mit der Tradition östlichen despotischen Regimentes. Die so entstehende explosive Mischung ist das Arcanum seines Regimes. Aus ihr stieg raketenhaft die Macht des petrinischen Rußlands empor.

Sie trägt die Züge der Zivilisation in einem Maße, das im Abendlande noch nicht möglich gewesen wäre. Auch dort tritt freilich mit der Erschlaffung der religiösen Bindungen immer nackter die Tendenz zur rationellen Gewinnung der Macht um ihrer selbst willen zutage – und das ist ja eben rechtverstanden der Generalnenner der Zivilisation. Wir sind uns seit Spengler bewußt, daß die Spätzeit der Kultur an sich der stets vorhandenen Zivilisation zunehmend Raum gewährt, bis diese die Herrschaft über den absoluten Geist in Religion, Kunst und Wissenschaft an sich reißt. Aber die Betrachtung Rußlands lehrt wie die Mazedoniens, daß diese Entwicklung in den Großräumen der Peripherie rascher vorschreitet als im Zentrum. Die kulturarmen Randgebiete sind ihr bester Nährboden. In einer Epoche, in der Masse und Dynamik wichtiger werden als Vollendung, kann zum Vorteil gereichen, was einst Nachteil gewesen. Das vorpetrinische Rußland war bereits weit und volkreich genug, um die quantitativen Voraussetzungen zu einer Zivilisationsmacht zu bieten. Es bedurfte zu ihrer Verwirklichung jedoch eines schöpferischen Herrschers, der sich aus so manchen heimischen Traditionen löste, ohne sich geistig von den fremden überwältigen zu lassen, der vielmehr in nüchterner Leidenschaft Altes und Neues rücksichtslos nach seiner Brauchbarkeit für die Machtgewinnung einschätzte und ihr dienstbar machte, unbeirrt von dem zweckfreien absoluten Geist irgendwelcher Herkunft. Peter hat sich früh mit Fremden umgeben, von dem heimischen Glauben und Herkommen emanzipiert, den Mutterboden altrussischer Kultur innerlich verlassen und damit Fesseln abgestreift, die seinen Willen zur Macht hemmen konnten. So ist er der Begründer eines ganz neuen Rußlands geworden und insofern eine Persönlichkeit von einem historischen Range, wie ihn die gefestigte Geschichte des Westens längst nicht mehr zu vergeben hatte. Er, und er ganz allein, war die Angel, in der das Geschick des Reiches vom Orient hinüberschwang zum Okzident, aus einer in Isolierung, Fremdherrschaft, Despotie verdumpften Kultur hinüber in eine weltverbundene und weltmächtige Zivilisation.

Aufbau des Neuen, Abbau des Alten bedingen sich Zug um Zug. Das Neue mußte notwendig ausgehen von dem Zentrum der Macht, d. h. der Rüstung zu Lande und zu Wasser. Die zu Wasser war ein Novum. Ein Abbau von Altem kam dabei nicht in Frage. Die Wendung seewärts, wenn auch von den

Vorgängern geplant, gelang ja erst Peter. Sie war sein leidenschaftlich gefaßter Zentralgedanke. Nur durch seine Verwirklichung, sei es im Süden, sei es im Norden, konnte er hoffen, sich dem Abendlande anzugleichen, ebenbürtig zu werden, in das Spiel des Systems einzudringen, in ihm vorzudringen – kurz: seinen Staat an das Stromnetz der westlichen Zivilisation anzuschließen und seine dämmernde Riesenkraft zu großer Aktion zu erwecken. Seine neue Hauptstadt sollte ein Amsterdam des Nordens werden, und er lernte den Seemächten jede Technik ab, von der des Schiffbaus bis hinauf zu der der Commerzien. Nur den liberalen Geist ihres Regimentes, ihr freies Menschentum, konnte und wollte er nicht rezipieren: dergleichen hätte in seinem binnenländischen Despotenreiche wie Gift wirken müssen.

Die Rüstung zu Lande aber erwies sich für dies Reich im Schwedenkriege als die weitaus wichtigere. Bei ihrem Aufbau war der Gegner der strenge Lehrmeister. In der Glut des Krieges selbst wurde das neue Kriegsinstrument geschmiedet und zwischen den Schlachten das bis heute unerschütterte Fundament des modernen Militärstaates gelegt. Das geduldige, drillbare, leicht zu ersetzende, todesverachtende Menschentum des Ostens erprobte sich als hervorragendes Material für den Mechanismus der damaligen Taktik. Die Söhne des Adels wurden zu Offizieren erzogen. So entstand ein in der Hand des

Kriegsherrn gefügiges Instrument, aus instrumentalen Menschen zusammengeschweißt, die losgelöst aus dem Herkommen im Willen ihres Herrschers die höchste Pflicht sahen. Aber nicht ohne Abbau konnte dieser Aufbau vor sich gehen. Die unzuverlässige alte Strelitzentruppe, die, ein bequemes Bürgerleben mit Weib und Kind gewohnt, gegen den neuen vehementen Rhythmus meuterte, wurde von demselben Geschicke ereilt, das später die Janitscharen vernichtete. Damit war das Altrussentum seiner militärischen Waffe beraubt, und die reaktionären Elemente konnten ausgebrannt werden, wo sie sich auch immer dem Neuen entgegenstemmten, und sei es in der Person des Zarensohnes selbst. Die geistige Waffe der Reaktion aber wurde durch die Bürokratisierung der Kirche abgestumpft. Der orthodoxe Cäsaropapismus, nicht ohne Kenntnis deutschprotestantischer Verhältnisse entstanden, bot eine für die großen katholischen Monarchen unerreichbare Konzentration der Zarenmacht über Leib und Seele der Untertanen dar. Er fügte das einheimische Kirchentum als wertvolle Klammer zwischen alter und neuer Zeit dem petrinischen Systeme ein – unvermeidlicherweise auf Kosten des echten religiösen Geistes, d. h. der Wurzel der christlichen Kultur und also des wahren Gegenpoles der Zivilisation. Die Ersetzung des Patriarchats durch das beamtenhafte Kollegium des heiligen Synod erleichterte und verschleierte die

Fabrikation des neuen Instrumentalmenschen. Und erst recht wirkte der staatliche Unterricht, wo er sich auch immer schon zu regen begann, in derselben Richtung. Der neue Mensch wurde ja nicht nur in der Wehrmacht gebraucht, sondern allenthalben auch in der anschwellenden Bürokratie, die jener diente. Sie schuf mit scharfer Steuereintreibung die finanzielle Basis.

Bei Einrichtung einer Bürokratie wie seines Heeres lernte Peter naturgemäß von den Vorbildern des westlichen Absolutismus. Aber anders als bei seinen Entlehnungen aus der insularen Sphäre fand hier zugleich auch innige Berührung mit dem Geiste des Vorbildes statt. Waren doch beide, der Absolutismus im Westen und der Despotismus im Osten, Ausprägungen des kontinentalen Machtstaates und hinsichtlich der Technik der Machtgewinnung miteinander verwandter als mit den Seestaaten. Zwar besaßen die westlichen Monarchien auf der Bahn des Militarismus und der Bürokratie einen Vorsprung von zwei Jahrhunderten. Aber der petrinische Staat holte seine Lehrmeister rasch ein. Er verwertete ihre Erfahrungen auf einer weitläufigen *tabula rasa* und verstand es, die Dynamik des einheimischen Despotismus zu erhalten und zugleich die einheimischen beharrenden Kräfte zurückzudrängen – ein System, dem der abendländischen Machtstaaten in vereinfachender Steigerung so verwandt wie die riesigen

Backsteinkirchen an der Ostsee ihren französischen Vorbildern, und doch auch wieder im Verhältnis zum Westen von asiatischer Fremdartigkeit.

Aber der so plötzliche Erfolg dieser künstlich gewaltsamen Synthese war erkauft mit inneren Spannungen, die ihre Fruchtbarkeit und Festigkeit beeinträchtigten. Das Konstruierte war kein voller Ersatz des Gewachsenen. Hinter der imposanten Fassade dieser petrinischen Zivilisation – und die Kunst des Reiches war wirklich hellenistische Fassadenkunst – verbargen sich die dumpfen Mißstimmungen der vergewaltigten Volksseele. Volksgeist und Staatsmacht gebrach es fortan an jenem natürlichen Gleichtakte, der im Westen aus den Hochzeiten der Macht die Blütezeiten des nationalen Wesens hervorgehen ließ. Die größten Leistungen des russischen Geistes werden neben dem Staate hergehen, wenn sie sich nicht gegen ihn wenden, und die dumpfe Mißstimmung wird sich nicht nur in reaktionären Stößen Luft machen, sondern auch in revolutionären, sobald erst der westlichen Technik die westlichen Ideen gefolgt sind. Und immer wieder und in höchstem Maße wird dies Reich zum Ersatz für den mangelnden organischen Aufbau der Gesellschaft von unten her der Initiative von oben her bedürfen, die es allein erschaffen. Und immer wieder wird der Drang nach Expansion hervorbrechen, der an sich im russischen Wesen angelegt von Peters plötzlichem Übergang zur westlichen Zivilisation erst recht entfesselt worden ist. Ist doch dieser Drang von vornherein der Motor seines Systems. Er entzündet ohne jede Not den Schwedenkrieg; er verleiht die Energie zu den atemberaubenden Improvisationen, die nach allen Rückschlägen zum Endsiege verhelfen. Dank ihm sind das innere Werden und das äußere Handeln so eng ineinander verflochten, wie erst wieder in den Kriegen der französischen Revolution, und kaum erstanden, entwickelt dank ihm der petrinische Staat die Kräfte des Herkules in der Wiege.

Um nun die Art seiner Einwirkung auf das Staatensystem zu verstehen, umreißen wir die Ausgangsstellung, die Peter vorfand. Rußland war die kontinentale Flügelmacht Europas, ja selbst ein eigener Kontinent. Es konnte so wenig überflügelt werden, wie aus ganz anderen Gründen das meerbeherrschende England, die westliche Flügelmacht. Und wie dieses sich auf seine Insel in eine *splendid isolation* zurückzuziehen vermochte, so Rußland in die meerhafte Weite der eurasischen Tiefebene, um selbst unangreifbar hervorzubrechen, wenn es zum Angriff bereit wäre. Diese qualifizierte Festlandslage gewährte ihm Vorteile, die trotz ihrer polaren Andersartigkeit denen der Insellage vergleichbar sind.

Peter fand diese Festlandsposition bereits in einigen Hauptzügen ausgebaut vor. Das gilt vor allem im Osten für Sibirien. Schon in der ersten Hälfte des 17. Jahrhunderts hatten es russische Pelzjäger bis zum Ochotskischen Meere durchquert und sich auf der leeren Schattenseite Asiens mit derselben Schnelligkeit ausgebreitet, wie die französischen Pelzjäger in Nordamerika. Ohne daß die alte Kulturwelt ein Bewußtsein davon erlangt hätte, bahnte sich hier wie dort in den neuen Räumen eine Entwicklung an, die ihr Schicksal überschatten sollte. In Europa konnten blutige Schlachten das tiefeingeschnittene Strombett der Geschichte nicht verändern. In den weiten Außengebieten aber lag der Quellbereich der Zukunft, und unbeachtete Vorgänge entschieden über die Richtung ihres Gefälles. Während jedoch in Nordamerika weite Gebiete noch mehrmals ihren Besitzer wechseln sollten, hielt Sibirien allzeit fest mit seinem Mutterlande zusammen, trotz der primitiven Verkehrsverhältnisse oder dank ihnen. Denn in diesen von der Außenwelt abgeschlossenen Gebieten blieb der Einwanderer zur Befriedigung seiner Bedürfnisse ausschließlich auf die Verbindung mit der Heimat angewiesen, anders als der Auswanderer in Übersee. Wie hätte er abfallen sollen? Auch fand sich sein angestammtes extensives Wesen von der unförmigen Weite nur bestätigt, die jenseits der niedrigen Schwelle des Ural als direkte Verlängerung des russischen Raumes erschien. So entwickelte denn das Riesengebiet eine nie in Frage gestellte Kohäsionskraft.

Es bleibt freilich ein leeres Gefäß, bis es die neueste Zivilisation mit ihren vagierenden Kräften erfüllen sollte.

Im Norden hatte das vorpetrinische Reich das Eismeer erreicht, aber an keinem Punkte die Ostsee, im Süden den Kaukasus, aber an keinem Punkte das Schwarze Meer.

In solcher Lage, gedeckt im Rücken und in den Flanken, bestimmte der große Westler Peter den Okzident und die warmen Meere zur Stoßrichtung seines Reiches, und zwar eben in dem Augenblicke, als das Abendland in den spanischen Erbfolgekrieg eintrat, um Ludwigs letzten Vorstoß auf die Hegemonie abzuwehren. Ein schwächerer Staat als der des jungen russischen Herkules hätte in solcher Lage versuchen müssen, in dem großen Kampf des Westens als wechselnder Parteigänger aufzusteigen. Bezeichnend für die Stellung, die Rußland von vornherein zufiel, ist es, daß es zum Mißvergnügen beider Parteien auf eigene Faust handelte.

Nicht als ob ihm die Frage der Hegemonie gleichgültig hätte sein können. Der Natur der Dinge nach mußte es sich letztlich gegen jede Vereinigung des alten Kontinentes wenden, weil sie sich zu seinem Schaden ausgewirkt hätte. Es ist ja ein Grundgesetz, daß die Außenräume im Westen wie Osten, direkt oder indirekt, als Gegengewichte gegen die Zusammenfassung der Mitte wirken. Aber der Stern Ludwigs war schon im Verbleichen: eine napoleonische Gefahr drohte nicht. Und eine selbständige Aktion im Rücken des großen Kampfes im Westen versprach größeren Gewinn als der Eintritt in eine Bündnisphalanx. Außerdem führte sie mittelbar dennoch zu einer Schwächung Frankreichs. Denn die drei Staaten, die als Gegner in Frage kamen, konnten alle drei als Stützen im Bau der französischen Diplomatie gelten: Polen gelegentlich, fast regelmäßig Türkei und Schweden. Diese drei mit Bündnissen zu umfassen, kriegerisch zu berennen, von innen her auszuhöhlen, war von nun ab der normale Hauptinhalt russischer Außenpolitik. Von Abschnitt zu Abschnitt methodisch sich weiterarbeitend, vollbrachte sie an der Westgrenze etwas ähnliches im großen Maßstabe, wie Frankreich im kleinen an seiner Ostgrenze.

Die Folge dieser laufenden Expansion war aber keine geringere als eine neue Gruppierung des Staatensystems um zwei Pole, ähnlich wie in der Mitte des 17. Jahrhunderts. Damals gruppierten sich um den einen die beiden Seemächte, um den andern die beiden großen Landmächte mit ihrem Anhange. So umschloß jetzt ein Kreis den atlantischen Endkampf Englands gegen Frankreich, ein anderer die russische Ausdehnung gegen die ihr entgegenstehenden Staaten. Beide Kreise schnitten sich in Deutschland. Im ganzen aber ist wiederum das Wellental zwischen

Ludwig XIV. und Napoleon von einem ebenso komplizierten wie labilen Geschehen erfüllt, ähnlich dem des Wellentales zwischen der Armadaschlacht und der Schlacht bei La Hogue.

Dieses vielgeteilte Geschehen ordnet sich sofort vor unserem Blick in übersichtliche Massen, wenn wir es von den überhöhenden Positionen der beiden Flügelmächte aus betrachten.

So kehren wir nunmehr zu Rußland zurück und zu seinem Vorgehen an seiner dreigeteilten Westfront. Schon Peter hat alle drei Abschnitte in Angriff genommen.

Der südliche empfahl sich nicht nur durch die lockende Nähe der Küste, sondern auch durch die Möglichkeit, die altrussische religiöse Missionsideologie und ihren Drang nach Konstantinopel in die moderne Expansion einzuspannen und doch sich zugleich dem Westen gegenüber als Vertreter gemeinchristlichen Interesses zu empfehlen. Bald aber hat der Zar diese seine erste Stoßrichtung wieder aufgegeben, weil sich der Kaiser angesichts des kommenden spanischen Erbfolgekrieges als Verbündeter versagte.

So fiel die Entscheidung für die nördliche Stoßrichtung: gegen Schweden stand Polen als Verbündeter zur Verfügung, und die Gewinnung der Ostseeküste bot weitere Aussichten als die des abgeschlossenen Pontus. Der Raubkrieg begann freilich mit der russischen Niederlage bei Narva. Aber nun erwies sich, daß seine qualifizierte Festlandslage es Rußland gestattete, ähnlich wie England, einen Krieg mit einer Niederlage zu eröffnen, um ihn mit dem Endsiege abzuschließen. Peter übte das *reculer pour mieux sauter*. Er zog sich in die Tiefe seines Reiches zurück und entfaltete dort seine Kraft der Neuorganisation, die sein Gegner ihm nicht zugetraut hatte. Als Karl XII. endlich seinerseits in die Tiefe des russischen Raumes nachfolgend die Entscheidung suchte, da fiel sie für ihn vernichtend aus. Seine leichtsinnige ukrainische Spekulation wurde zum Fehlschlag. Der Winter hauste unter der heroischen Truppe, die dank dem Eigensinn ihres Kriegsherrn und dem Rat ihrer Generale zum Trotz ihre Operationen fortsetzen sollte, ohne Winterquartiere zu beziehen. Durch Verwüstung seines eigenen Landes erschwerte ihr Peter vollends inmitten von Einöde und Morast den Vormarsch, der sie immer weiter von ihrer Basis entfernte. Und während die Russen ihre größeren Verluste leicht ausfüllten, schmolz die schwedische Heldenschar zusammen, bis sie bei der starrsinnig aufrechterhaltenen Belagerung der Festung Poltawa von der Überzahl des russischen Feldheeres vernichtet wurde. Die Kriegsgefangenen bildeten für Peter dank ihrer militärischen und technischen Fähigkeiten nicht den geringsten Gewinn des Tages. So traten schon bei diesem ersten

Kriege mit einer westlichen Großmacht alle Stärkemomente in die Erscheinung, über die das Riesenreich seiner Konstitution nach auch in den beiden Hegemonialkämpfen des 19. und 20. Jahrhunderts verfügen wird. Die Schlacht von Poltawa aber bedeutete für das petrinische Reich etwas ähnliches wie die Armadaschlacht für das ozeanische England: die Schwelle zu einem neuen Raum der Geschichte wird glücklich überschritten.

Für Schweden aber war diese Schlacht der Anfang zu dem Ende seiner Großmachtstellung. Die heroische Narrheit dieses Endes trägt das Gepräge der zufälligen Persönlichkeit des Monarchen. Aber daß diese vergöttert wurde, ist schon kein Zufall mehr und das Ende als solches war unvermeidlich. Die Uhr der schwedischen Militärmonarchie war in dem Augenblick abgelaufen, als eine Militärmonarchie ganz anderer Größenordnung ihr gegenüber trat. Doch der ererbte stolze Wille zur Macht kannte keine Resignation. Die patriotische Ehrliebe schlug darüber in übersteigerten Eigensinn aus und verquickte sich mit dem Abenteuer! Doch blieb es dem besiegten Staate vergönnt, um den Preis seiner meisten Außenbesitzungen eben gerade noch seine Selbständigkeit aus dem Schiffbruche zu retten und, wenn auch immer wieder von innerer Zersetzung und den Ausbrüchen des russischen Vulkans bedroht, schließlich doch zu einem seelischen Gleichgewicht zu gelangen und zu einem gedeihlichen Stilleben, sei es abseits der großen Politik, sei es gedeckt von ihren Gegensätzen.

Rußlands Ausbreitung an der Ostsee schien sich aber nicht mit den Abtretungen begnügen zu wollen, zu denen sich Schweden herbeilassen mußte. Denn während in Stockholm der russische Einfluß Boden gewann, festigte er sich zugleich in Kopenhagen, und nachdem russische Heere im Kriege das deutsche Küstenland durchzogen hatten, folgte ihnen im Frieden die Romanowsche Heiratspolitik. Endlich: Preußen verdankte der russischen Springflut die Gewinnung Schwedisch-Vorpommerns und einen neuen Aufstieg! So wirkte denn hier bereits die östliche Flügelmacht ähnlich der westlichen aufsplitternd in den Kontinent hinein.

Noch freilich blieb Preußen durch Polen geschieden von seinem bewunderten russischen Gönner, der bei weiterem Vordrängen auch zum übermächtigen Gegner werden konnte. Aber Polen war bereits, und noch dunkler als Schweden, von Osten her beschattet; und die Erneuerung seiner Macht zu hintertreiben, konnte dem großen Nachbarn nicht schwerfallen.

So hatte Peter denn den nördlichen und den mittleren Abschnitt der Angriffsfront aufgerissen oder unterspült. Nur im südlichen, dem türkischen, mußte er den errungenen Anfangserfolg sogar wieder preisgeben.

Aber auch das petrinische Rußland, so europäisch es sich gebärdete, überraschte immer wieder die westliche Diplomatie durch Aktionen in der ihr unbekannten asiatischen Weite. So vergaß denn auch Peter nicht Asien über Europa, knüpfte am Ende seiner Regierung mit China an und brachte aus der Einmischung in die persischen Wirren neben zwei Provinzen bereits Baku als Beute heim.

Die Höhe des Machtgipfels, den er gerade in seinen letzten Jahren erklommen, ermißt sich vielleicht am eindrücklichsten aus dem Umstande, daß damals zum ersten Male die östliche Flügelmacht den Argwohn der westlichen weckte. England, eben der Sorge vor der französischen Hegemonie ledig, sah aus der Tiefe des Festlandes einen neuen Gegner emporwachsen, der in Europa die Position der Seemächte in der Ostsee, der Mutter der Commerzien, bedrohte und zugleich in Asien zum persischen Golf hin drückte. In der Ostsee zum mindesten hat England auch bereits lebhaft reagiert, indem es den Schild über das gestürzte Schweden hielt. Ein Weltgegensatz der Zukunft kündigt sich an, doch erst nur als Wetterleuchten. Peters Tod führte zur Entspannung.

Aber mochte auch mehr als ein Menschenalter sein Thron unbedeutenden oder unwürdigen Persönlichkeiten anheimfallen und die russische Außenpolitik von Intrigen und Leidenschaften verwirrt werden –

die Hoffnung, die noch Friedrich der Große mehrfach geäußert hatte, die junge Macht werde ebenso plötzlich verschwinden, wie sie gekommen, sollte sich nicht erfüllen. Das rätselhafte Großreich blieb auf der Schwelle der abendländischen Kulturwelt drohend aufrecht stehen, wie unschlüssig, welchen Gebrauch es von seinen ungefügen Bärenkräften machen solle.

Um so deutlicher verlagerte sich nunmehr der Akzent des Geschehens in den westlichen Kreis, den atlantischen. Wir gewinnen über ihn von der überhöhenden Position Englands aus den besten Überblick. Hat doch bei globaler Betrachtung bis zum Ende des Siebenjährigen Krieges das Spiel Englands den Vorrang nicht allein vor dem russischen, sondern auch vor dem der deutschen Mächte, das auf der Schnittfläche des östlichen und westlichen Kreises vor sich ging. Menschliche und nationale Teilnahme an den Helden des Siebenjährigen Krieges darf über das Gewicht ihrer Taten nicht täuschen.

Es tritt nunmehr so recht an den Tag, einen wie großen Erfolg das Inselreich im Frieden von Utrecht davongetragen! 1588 hatte es sich mit knapper Not verteidigt, 1713 aber die Politik des allgemeinen Gleichgewichts in Europa und des eigenen Übergewichtes jenseits der Ozeane siegreich vorangetragen. Ohne festländische Eroberung, ohne Streben nach Hegemonie im kontinentalen Sinne übte es für zwei

Jahrzehnte ein unauffälliges Schiedsrichteramt aus. Es konnte sich dabei zunächst sogar der Unterstützung Frankreichs bedienen. Dieses war erschöpft, nicht ins Mark getroffen: desperate Wiederholung heroisch gescheiterter Anstrengungen lag der im Genuß alternden Gesellschaft des *ancien régime* fern.

Und dennoch: so wie das dekadente Spanien unter dem dritten und vierten Philipp bei der Verteidigung seines Ranges noch zu respektablen Leistungen fähig gewesen, so auch unter Ludwig XV. das dekadente Frankreich. Sobald seine Kräfte nur etwas wieder anstiegen, erwachte auch wieder sein Ehrgeiz und damit seine Rivalität gegen England. Den ersten großen Erfolg – ein Überraschungserfolg in friedensseliger Umwelt – durfte es im polnischen Erbfolgekriege buchen. Zwar verlor es seinen Einfluß in dem fernen Königreiche an Rußland, dafür gewann es in einem glücklichen Waffengange gegen Kaiser und Reich das nahe Lothringen, das Hinterland der vorgeschobenen Rheinbastion. Zugleich verdrängten die spanischen Bourbonen Österreich aus Süditalien. Was England in Utrecht hatte hintanhalten wollen, ein bourbonisches Zusammenspiel, fand also doch statt und nicht zum letzten Male. Die Insel wurde um so mehr beunruhigt, als die Schwäche ihres alten österreichischen Verbündeten auch in einem neuen Türkenkriege sich erwies.

Aber sie erhielt Grund zur Unruhe noch auf einem

anderen Felde. Zum ersten Male tritt in dieser Epoche der Kampf um die Kolonien als Hauptmotiv in den Vordergrund! Ihre Bedeutung wächst ununterbrochen und organisch an, während die Bedeutung des eurasischen Raumes ruckartig emporsteigt. Im 17. Jahrhundert war der Kriegsfunken vom Festlande hinüber über die Ozeane gesprungen. Jetzt nahm er den umgekehrten Weg und von Übersee aus entzündete er rückwärts das Flechtwerk der europäischen Beziehungen. Die so in der alten Welt entstehenden Kriege aber zeitigten ihre weltgeschichtlich wichtigsten Ergebnisse in der neuen! Die Akzente verlagerten sich. Schon im spanischen Erbfolgekriege hatte bei den Seemächten die Rücksicht auf den Handel mit den spanischen Kolonien als das primäre Stimulans gewirkt. Nun aber wurde der französische Merkantilismus und Kommerzialismus durch den Anblick der neuen englischen Handelsblüte aufgestachelt, noch lebhafter als einst durch das holländische Vorbild. Das Spekulationsfieber der Gründerjahre nach dem großen Waffengange sprang von der Insel herüber auf das Festland. Versuchte doch selbst der Kaiser von den neu erworbenen Niederlanden aus Zugang zum Überseehandel zu gewinnen. In Frankreich aber erhitzten die Kolonien die Phantasie des Publikums wie nie zuvor, und mit der privaten Gewinnsucht verband sich hier leicht die patriotische Erwägung, daß vor allem kolonialer Reichtum dem

Staate zur Macht verhelfe. Noch hatten ja nicht Fabrik- und Kreditwesen jene heimatlichen Wege zur Reichtumsgewinnung geebnet, die das 19. Jahrhundert beschreiben sollte.

Die französischen Kolonien lagen nun überall in Gemengelage mit den englischen: in Nordamerika, in Ostindien und in Westindien. An Reibungspunkten fehlte es nicht. Aber nicht die in den großen amerikanischen Flächenkolonien machten sich vordringlich bemerkbar, vielmehr die in den kleineren Niederlassungen, zumal den westindischen. Denn hier, wo sich aufblühende Plantagenwirtschaft mit dem von je geübten Schmuggelhandel hinüber zu den spanischen Festlandskolonien begegnete, lockten ja weit größere Gewinne als dort. Und auch in den Augen der englischen Staatsmänner zählten gemeinhin bei Beurteilung des Wertes einer Kolonie in erster Linie nicht Territorialumfang oder Besiedelungsmöglichkeiten, sondern die Handelsbilanz. Die englischen Siedlungskolonien waren ja vielmehr das Ergebnis einer Volkswanderung, als einer zielbewußten staatlichen und wirtschaftlichen Initiative. Sie wurden vor allem als Absatzgebiete gewertet und allenfalls als Antrieb zur Steigerung der Schiffahrt und also der Seemacht – rangierten damit gleichsam auf einer tieferen Ebene.

So hat sich denn auch nicht in ihnen der Kampf entzündet, sondern – 1739 – in Westindien, und zwar zunächst als ein englisch-spanischer Krieg: das erste Beispiel der Übertragung des Kriegsfeuers aus der neuen in die alte Welt.

Aber bei der engen Verbindung der beiden bourbonischen Linien wurde Frankreich um so mehr in diesen Krieg hineingezogen, als es auch auf dem Festlande England gegenübertrat in dem dort entbrannten großen Ringen um den Fortbestand der Habsburger Monarchie. Nunmehr bleibt für ein Menschenalter der englisch-französische Gegensatz das Zentralthema des westlichen Kreises. Denn die achtjährige Unterbrechung des offenen Krieges, 1748–1756, d. h. vom Ende des österreichischen Erbfolgekrieges bis zum Beginn des Siebenjährigen, kann ja nur als Waffenstillstand gelten.

Es ist bemerkenswert, mit welchem Erfolge die ehrgeizige erneuerte französische Flotte zunächst der englischen entgegentrat, die wieder einmal ihre Rüstung vernachlässigt hatte. Wie oft, wiederholt sich dasselbe Bild: die festländischen Machtstaaten gewinnen dank ihrer Organisationskraft einen Vorsprung, bis das lässige Inselreich seine materiellen und moralischen Reserven mobilisiert hat. So auch diesmal. Nach einiger Zeit trat Frankreichs natürliche Unterlegenheit im ozeanischen Bereich trotz aller seiner Anstrengungen zutage. Aber dafür fand es einen Ausgleich an seinen Erfolgen in Europa. Zwei Seelen wohnten in seiner Brust: die festländische war

DIE DREI «WELTMÄCHTE» 153

auch jetzt der ozeanischen überlegen, und dem Festlandskriege galt der eigentliche Ehrgeiz der Nation. Ließ sich doch auch hier der englische Rivale gefährlich treffen: in den Niederlanden, an seiner Achillesferse. Und das immerhin ist Frankreich im österreichischen Erbfolgekriege gelungen. Dieser stellte die Fortexistenz des deutschen Habsburger Reiches zur Debatte, wie die des spanischen der vorhergehenden Erbfolgekriege. Und der zweite Krieg erneuerte auch bis zu einem gewissen Grade die diplomatische Konstellation des ersten. Denn wiederum trat England an Österreichs Seite den beiden bourbonischen Mächten gegenüber. Aber auch diesem neuen Kriege den Charakter eines Hegemonialkampfes zu geben, dazu reichten die sinkenden Kräfte Frankreichs nicht mehr hin. Es war nur noch eine Macht neben anderen. Die Erfolge des polnischen Erbfolgekrieges hatten ihm ja nicht die alte Vormacht zurückgegeben, sondern nur bewiesen, daß es seinen Tiefpunkt überwunden – zugleich auch bewiesen, daß Österreich seinen Höhepunkt überschritten habe. Eine Nivellierung der kontinentalen Staaten schritt als natürliche Folge des von England geschaffenen Gleichgewichtes voran. Zu ihr trug die russische Flügelmacht das ihre bei. Sie wirkte ja von Natur aus so gut wie die englische jeder Hegemonie entgegen, zunächst also der französischen.

Den prägnantesten Ausdruck aber fand diese Nivellierung in dem Aufstiege Preußens. Die Großen mußten klein geworden sein, damit der kleine Staat groß werde. Auf der Schnittfläche des östlichen und westlichen Kreises operierend konnte Friedrich der Große mit allen Hauptmächten Partnerschaft eingehen, gelegentlich sogar mit der älteren deutschen Großmacht, auf deren Kosten er die eigene Großmachtsqualität erworben. Wie Bismarck später, ist auch er emporgekommen als Meister in der Ausnutzung der Nivellierung und also Komplizierung des Systems in einem Wellentale zwischen zwei Dünungswellen, und beide verstanden sich darauf, unter den besonderen Umständen solchen Zwischenspieles aus ihrer gefährlichen Zwischenlage durch wechselnde Anlehnung Kapital zu schlagen. Verwegen und bedenkenlos im Griff nach der Beute, unerschütterlich und zugleich maßvoll bei ihrer Verteidigung, setzten sie ihre volle Existenz ein zu einer Zeit, in der die *beati possidentes* zu letzten Anstrengungen nicht gestimmt waren. Daß aus diesem preußischen Wesen heraus, erwachsen zwischen den Hegemonialkämpfen, selbst ein Hegemonialkampf emporsteigen werde, ließ sich unter Friedrich noch nicht ahnen. Sein Aufstieg reichte noch gar nicht hinauf in jene Luftschichten, in denen sich das Wetter der Weltgeschichte zusammenbraut. Aber um so größer war bereits seine Einwirkung in der deutschen Sphäre, auf das äußere wie das innere Geschick

DIE DREI «WELTMÄCHTE» 155

der Nation. Er zertrümmerte endgültig das Gefäß des Reiches, bevor noch die kommende nationale Bewegung es mit neuem Inhalt hätte erfüllen können. Er drängte den Habsburger Staat zurück, der so oft als Schirm gegen Franzosen und Türken gedient. Dafür schoß nun im kulturarmen Randgebiete des Protestantismus aus wilder Wurzel eine militärische Zivilisationsmacht empor, die, nur dem eigenen Erfolge verantwortlich und bereit zu jedem Bündnisse, um so mehr mit expansiver Zivilisationsdynamik geladen war, je ärmlicher und künstlicher ihre Ausgangsbasis blieb. Friedrich der Einzige und Einsame, der Leiter und Mitschöpfer dieses Machtunternehmens, menschlich ausgekühlt und abgelöst vom heimischen Wesen, vollendete nunmehr die Heranbildung des gefügig-schneidigen Instrumentalmenschen, die der Vater begonnen, und beseelte ihn mit dem Geiste rein sachlicher, heroischer Pflichterfüllung bei jeglichem Dienste. Nicht so ganz unähnlich der russischen Entwicklung, entstand auch hier aus der gewaltsamen Verbindung westlicher Techniken mit knetbarem östlichen Menschentum eine explosive Mischung – das Ganze eine Späterscheinung, die schließlich auf nicht vorauszuahnenden Umwegen in unserer Spätzeit zu einer Komponente des Weltgeschehens werden sollte.

Nach Abschluß des österreichischen Erbfolgekrieges und der beiden ersten schlesischen hätte ein englischer Beobachter etwa folgende Zwischenbilanz ziehen können: Das zentrale Thema des englisch-französischen Gegensatzes hatte eigentlich keine wesentliche Abwandlung erfahren. Die englische Überlegenheit in Übersee und die französische in den Niederlanden wurden einfach durch die Wiederherstellung des status quo zum Ausgleich gebracht. Immerhin, die Anstrengungen Frankreichs waren weit drückender gewesen als die Englands, das in gewohnter Art den Krieg vor allem mit Subsidien bestritten hatte, d. h. mehr mit den Truppen der Verbündeten als mit den eigenen. Der anfangs gefährdete österreichische Verbündete hatte sich wieder konsolidiert und stand also gegebenenfalls als Degen auf dem Festlande aufs neue zur Verfügung. Freilich war seine Einsatzfähigkeit gegen Frankreich nunmehr durch die unausgetragene Rivalität mit dem preußischen Emporkömmling gemindert. Dieser preußische Erfolg war gewiß eine unerwünschte Erscheinung für England, aber doch keine beunruhigende. Wohl war er wesentlich in Anlehnung an Frankreich errungen, entsprechend der Tradition zumal des protestantischen Fürstentums in Deutschland. Aber Friedrich hatte hinreichend bewiesen, daß er seine Chance in Wendigkeit, nicht in Treue erblicke: er konnte von der französischen Verbindung auch wieder abspenstisch gemacht werden. Und auch Rußland bot eine Rückversicherung gegen erneutes Anwachsen Frankreichs. Die russischen Heere hatten sich am Schluß des Krieges bereits zur Unterstützung Österreichs am Rheine gezeigt, um den französischen Einfluß auch aus Deutschland hinauszudrängen wie zuvor im polnischen Erbfolgekriege aus Polen. Gegen Hegemonialtendenzen auf dem alten Festlande werden die Flügelmächte immer leicht zusammenhalten, unter Zurückstellung ihrer Gegensätze untereinander. Im Grunde aber hatten damals für London die mitteleuropäischen Verhältnisse überhaupt nur sekundäre Bedeutung, insofern sie Gegengewichte gegen Frankreich darboten. Die primären Interessen Englands lagen im atlantischen Bereiche.

Daß aber die in Aachen geschaffene Ruhelage keine Dauer verspräche, wurde allgemein empfunden. Eben die atlantische Rivalität, die den Hauptinhalt des abgelaufenen Ringens gebildet, war ja nicht zum Austrage gebracht. Und dasselbe galt auch von der Rivalität der deutschen Mächte, mochte sie auch für die weltgeschichtliche Betrachtung einer viel niedrigeren Rangordnung angehören. Beide Brandherde, noch schwelend, warteten nur darauf, sich wieder zu einer einzigen Kriegslohe zu vereinigen.

Es fragte sich nun jedoch, in welcher diplomatischen Form diese Vereinigung stattfinden würde. Und da trat in dem berühmten Umsturz der Bündnisse die Nivellierung und Labilität der Machtverhältnisse dramatisch in Erscheinung. Mit Ausnahme der beiden Paare rivalisierender Gegner vermochte sich eben jeder mit jedem zu verbinden! Die Wasserscheide zwischen entgegengesetzten Entschlüssen war fast überall so niedrig, daß Intrigen und Zufällen weiter Raum gewährt blieb. Nach Neuordnung des diplomatischen Spiels aber sah sich England, das ja während der echten Hegemonialkämpfe das Netz großer Koalitionen so meisterlich zu knüpfen weiß, auf das Bündnis mit dem kleinen preußischen Emporkömmling reduziert. Und Frankreich, das auf den Höhepunkten seiner Macht niemals mit einer anderen Macht ersten Ranges zusammengeht, finden wir jetzt Schulter an Schulter mit Österreich und Rußland. Es hoffte, indem es Habsburg zu Schlesien verhülfe, selbst direkt oder indirekt die belgischen Niederlande zu erwerben und damit seine atlantische Position gegen England zu stärken. Sein Abrücken von den alten mittel- wie osteuropäischen Prätentionen trat an den Tag. Rußland aber konnte diesem zurückweichenden Frankreich gegenüber jede Gegnerschaft fahren lassen und in Fortsetzung der petrinischen Ostseepolitik die Erwerbung Ostpreußens ins Auge fassen, also bereits an dem schwachen Polen vorbei in den deutschen Raum vordringen wollen. Anders als zu Beginn des Nordischen Krieges war es ja längst tief in die mittel- und westeuropäischen Kombinationen verflochten und selbst unangreifbar in der glücklichen Lage, sich frei denjenigen Staat auszuwählen, den es anzugreifen gedächte.

Nun aber Preußen: wie konnte Friedrich, der Meister des diplomatischen Spieles, den Fehler begehen, durch den unseligen Westminstervertrag seine beklemmende Isolierung auf dem Festlande selbst herbeizuführen, Frankreich, den alten Verbündeten, zu kränken und in das Lager des österreichischen Feindes zu treiben? Er glaubte das Opfer von Zufällen zu sein. Aber vielleicht darf man doch auch sagen, daß er als Kontinentaler den alten kontinentalen Gegensatz Frankreichs gegen Österreich verabsolutierte und das übergeordnete Thema der damaligen französischen Politik, die verschärfte ozeanische Rivalität mit England, nicht voll nachempfand. Denn das ist offenbar: «die Dinge des Meeres entgingen ihm»; es entging ihm die ungeheure Bedeutung des überseeischen Ringens der beiden atlantischen Mächte. Die Nordamerikaner feierten seine Siege, als ob er einer der Ihren wäre, und Pitt erklärte, er habe Kanada in Deutschland erobert. Aber wußte Friedrich, der zu dieser Eroberung so viel beigetragen, ihr wahres Gewicht einzuschätzen? Wohl kaum besser, als sein Voltaire, der Kanada als ein paar arme Morgen Schnee verspottete.

Und doch sind diese paar Morgen Schnee der weltgeschichtliche Kampfpreis des atlantischen Ringens gewesen. Noch eindeutiger als der vorhergehende Krieg um die österreichische Erbfolge ist der der sieben Jahre in den Kolonien und um sie entbrannt. Aber diesmal in den nordamerikanischen: die beiden Rivalen fochten um die Zukunft eines Kontinentes. Die weltgeschichtliche Tragweite ihres Kampfes liegt heute zutage. Sie wurde damals hüben und drüben wohl nur von wenigen geahnt. Es waren lokale Spannungen, aus denen der Kriegsfunke hervorsprang. Aber das beiderseitige Gefühl der Rivalität war ein so schicksalhaftes, daß sich das örtliche Feuer nicht mehr löschen ließ.

Und nun, im Endkampfe, prägt sich jene Andersartigkeit des insularen und des kontinentalen Wesens, projiziert auf die kolonialen Verhältnisse, noch einmal eindrucksvoll aus. Die Insularen verfügen bereits fast über eine halbe Million Siedler, und diese entwickeln schon deutlich einen politischen Eigenwillen, der den ganzen Kontinent Nord-Amerikas als Expansionsgebiet ins Auge faßt. Die Zahl der weißen Franzosen beträgt ihnen gegenüber nur den fünften Teil. Dafür sucht Frankreich einen Ersatz in einheitlicher und weiträumiger militärischer Planung. Es festigt den Zusammenhang Kanadas mit seiner noch gänzlich unentwickelten Kolonie Louisiana an der Mississippimündung durch Anlage militärischer Stützpunkte in dem weiten Zwischengebiete. Festungslinien spielen schon seit dem 16. Jahrhundert in der französischen Strategie eine bevorzugte

Rolle, die mit den Grundinstinkten der Nation zusammenhängen mag. Die englischen Kolonisten fühlen sich durch dieses großartige festländische Ausgreifen der Rivalen von der Tiefe des Kontinents ausgeschlossen, den ihnen die königlichen Verleihungsurkunden bis zum Stillen Ozean zugesprochen. Die Gewehre gingen von selber los.

Der Ausgang hätte nur dann zweifelhaft sein können, wenn die französische Kontinentalmacht auf dem fernen Kampffelde ihre überlegene Heereskraft hätte einsetzen können, d. h. wenn sie die Seeverbindungen beherrscht hätte. Aber davon konnte auf die Dauer die Rede nicht sein. Quebec fiel und die Franzosen hatten kein europäisches Faustpfand in der Hand, das sie beim Pariser Frieden 1762 wie beim Aachener 1748 aushandeln konnten. Amerika war ihnen verloren und für immer.

Kaum anders auch Ostindien. Dort kämpften schon seit einem halben Menschenalter die beiden europäischen Rivalen unter der durchsichtigen Maske von Verbündeten einheimischer Fürsten, und auch dort waren es die Franzosen, die von der herkömmlichen Kommerzpolitik zu weiträumiger Territorialpolitik übergingen. Der Enderfolg blieb aber auch dort dem seebeherrschenden Gegner.

Nur in Westindien rettete Frankreich kostbare Trümmer aus dem Schiffbruch seines ersten Kolonialreichs.

Es war nicht anders: nach allem Auf und Nieder zwölfjähriger Kriege hatte sich der Abstieg des königlichen Frankreichs, der sich am Ende des Erbfolgekrieges schon angekündigt, diesseits wie jenseits der Ozeane fortgesetzt. Er hatte in Übersee zu nie wieder gutzumachenden Verlusten geführt, und auch in Europa mochte Frankreich ein vergleichbares Siechtum bevorstehen wie Spanien. Bestätigte doch der Pariser Frieden von 1762 die Niederlage Ludwigs XIV., wie einst der Pyrenäenfrieden von 1659 die Niederlage Philipps II. bestätigt hatte.

War aber Frankreich im atlantischen Ringen abermals gewogen und endgültig zu leicht befunden, so fiel umgekehrt zugunsten Englands ein Erfolg in die Waagschale, der seine 200jährige ozeanische Geschichte in steiler Kurve emporführte. Wer wollte fortan der Insel überhaupt das Recht streitig machen, als Universalerbe nach und nach die maritime und koloniale Geltung der vier atlantischen Staaten des Festlandes sich anzueignen? Und dieses Festland, seit Rußlands Auftreten tiefer und vielfältiger aufgespalten denn je – wie sollte es noch einmal eine ernstzunehmende Hegemonialmacht aus sich gebären? Als Exponent der organisch anwachsenden Bedeutung von Übersee mußte England, so schien es, selbst notwendig mit emporwachsen, das eine Gesicht seines Januskopfes dem Festlande zugewandt, um die Waagschale des Gleichgewichtes zu regulieren, das

DIE DREI «WELTMÄCHTE» 163

andere Gesicht auf die Meere gerichtet, um sein ozeanisches Übergewicht zu verstärken.

Aber wenn für die kontinentalen Vormächte aus dem Höchstmaße des Erfolges selbst so oft verhängnisvolle Rückschläge hervorgingen, weil nämlich die schlummernden Energien der Gegner geweckt wurden, so erlebte nun auch die Insel einen Rückschlag; nur daß es die schlummernden Energien ihres eigenen Volkstums in Amerika waren, die zu vollem Selbstgefühl erwachend sich gegen das Mutterland erhoben. Und wenn Englands Aufstieg dank seinem Übergewicht im ozeanischen Bereiche erfolgt war, so erfuhr er nun gerade von dorther ernsteste Bedrohung. Schließlich, wenn dieser ozeanische Bereich magnetisch die Kräfte Europas aus dem Innern an die westliche Küste gezogen, See- und Kolonialmacht entwickelt, in den Seestaaten potenziert, endlich auf der der westlichen Küste vorgelagerten Insel konzentriert hatte, so begann nunmehr eine Abwanderung der Macht auch von der Insel. Wie aus einer vollen Brunnenschale das Wasser in eine zweite überfließt, so wandert die Macht von der Insel noch weiter nach Westen über den Ozean hinüber. Der Ring schließt sich. Der ozeanische Anhauch hatte Westeuropa, und zuletzt und am meisten England emporblühen lassen. Nun setzt eine rückflutende Bewegung ein. Der koloniale Raum, der als gehorsamer Diener europäischer Staaten indirekt die Freiheit des Systems der alten Welt hatte sichern helfen, er will nun seine eigene Freiheit erringen und selbst Herr sein. Jener Satz, daß neu in das Spiel einbezogene Räume als Gegengewichte gegen jedes Hegemoniestreben das System balancieren, enthüllt seinen Pferdefuß. Das alte Abendland muß für seine Freiheit zahlen mit der beginnenden Auswanderung der Macht.

Die kolonialen Mißerfolge der vier atlantischen Staaten des Festlandes sind einleuchtend erklärt durch das Bleigewicht der kontinentalen Kämpfe, das den ozeanischen Aufstieg immer aufs neue herabzog. Nun aber mußte die begünstigte Insel ebenfalls einen großen Mißerfolg hinnehmen: weil in diesem besonderen Falle die Vorzüge ihrer Insularität sich in eben so viele Nachteile verwandelten.

Die Blüte der großflächigen amerikanischen Siedlungskolonie wurde nicht dem Staate verdankt, sondern Gesellschaft und Volk, freien überschießenden Kräften, die in politischem, sozialem und religiösem Gegensatze zum Mutterlande sich eine neue Heimat schufen. Und diese Kräfte hatten in der fernen geschichtslosen Weite nur immer selbständigere Wesenszüge entwickelt, die in solcher Steigerung Europa nicht kannte. H. Taine bemerkt gelegentlich, Glaube und Herkommen bezeichneten die Art des Abendländers: den Glauben hatten die Auswanderer als kostbarsten Besitz mitgenommen, von dem Herkommen aber gar vieles hinter sich gelassen. Kunst,

Poesie, Sitte büßten an Schöpfungskraft inmitten eines beweglichen Kampfes ums Dasein, der an Stelle der sichernden Bindung an heimatliche Scholle trat, gar vieles ein. Dafür entwickelte sich eine unerhörte wirtschaftliche Vehemenz, der der alte Glaube an den Erfolg der Auserwählten und der neue Glaube an das Vorrecht des Nützlichen geistige Federkraft verliehen. Und dieses expansive Wesen, das sich seit 1762 der französischen Einschnürung entledigt sah, wollte eben deswegen im Gefühl seiner jungen Riesenkraft auch keine britische dulden. Die Flächenkolonien der kontinentalen Mächte mit ihrer geringen weißen oder rassisch gemischten Bevölkerung, ihrem autoritären Regime blieben loyal. Die zwei Millionen weißer Siedler Neuenglands aber repräsentierten in der Potenz die freiheitsliebenden Kräfte der insularen Gesellschaft, und sie, denen das aufsteigende ozeanische England seit der Armadaschlacht sein Bestes verdankte, wandten sich nun aus ihrem innersten Wesen heraus gegen die Heimat. Europäische Staatsmänner sahen diese Wendung sofort nach dem Frieden von Versailles voraus, ja schon zuvor. Und in England selbst wurde 1762 diskutiert, ob es nicht mit Rücksicht auf die Stimmung Neuenglands klüger sei, den Franzosen Kanada zu belassen und ihnen dafür ihren kostbaren Besitz auf den Antillen abzunehmen. Über diesen kurzsichtigen Kommerzialismus trug der neue gewaltige Imperialismus den

Sieg davon, der sich über die bloße merkantilistisch fiskalische Ausnutzung der Kolonien hoch emporschwang. Die Idee eines maritimen Weltimperiums tauchte empor, dessen Herzstück die gleichberechtigten Länder der britischen Krone rings um den Atlantischen Ozean bilden sollten, und es schien durchaus möglich, daß innerhalb dieses Blockes einmal der Akzent nach Amerika hinüber wandern könnte. Hätte der Führer des Imperialismus, Pitt, das Empire als Ellipse mit zwei Polen zu erhalten vermocht? Daß diese Frage immerhin erlaubt ist, wirft ein Licht auf das Verhältnis der beiden angelsächsischen Staaten zueinander in den kommenden Generationen. Die Kluft, die sie trennte, war keine unüberbrückbare. Aber mit Pitts Sturz kamen wieder engbrüstigere Vorstellungen zur Geltung, und wenn England so oft mit Männern zweiten Ranges ausgekommen ist, so mußte es diesmal das Verschwinden seines Mannes ersten Ranges bitter büßen. Auch der Monarch erwies sich wieder einmal als Hemmschuh. Georg dem Dritten, deutsch-kontinental geprägt wie er war, gebrach es an insularem Geist. Eigensinnig auf die Autorität der Krone bedacht, verschärfte er noch den Konflikt.

Gleichwohl, ohne europäische Unterstützung hätte der Aufstand dennoch scheitern müssen. Aber bei Betrachtung der diplomatischen und militärischen Situation erweist sich nun erst recht, in welchem Maße die altbekannten insularen Trümpfe dieses Mal versagten. England war gewohnt, an der Spitze von Koalitionen die Vormächte des Kontinents zu überwältigen, das europäische Gleichgewicht herzustellen und das eigene Übergewicht jenseits der Ozeane zu befestigen. Damals aber war das Gleichgewicht so vollkommen ausbalanciert, die französische Vormacht derartig gebrochen, daß der übliche Anlaß zu einem Kontinentalkriege sich nicht finden ließ, zumal auch die preußisch-österreichische Rivalität ihre alte Schärfe eingebüßt hatte. Der Kontinent blieb ruhig und damit schien die Magie der englischen Macht ihre alte Zauberkraft zu verlieren. Zum ersten Male konnte Frankreich, mit Spanien verbündet, einen Krieg gegen den alten Nebenbuhler als reinen See- und Kolonialkrieg führen! Damit nicht genug: die seefahrenden Neutralen fanden sich unter Rußlands Führung zum Schutze ihres Handels in einem Bunde zusammen, der der Insel eine ihrer schneidigsten Waffen aus der Hand schlug, die Kaperei. Selbst Portugal, selbst Holland schlossen sich diesem Bunde an. Und gegen Holland fand sich das völlig isolierte England sogar veranlaßt den Krieg zu erklären. Welche Erschütterung altbewährter Fundamente seiner Macht!

War dies die Form, in der der Kontinent den Nutznießer seiner Uneinigkeit endlich doch entmachten konnte, nachdem alle Angriffe einzelner Mächte an seiner mystischen Unverletzlichkeit gescheitert waren? Aber es hätte die festländische Einigkeit eine dauerhafte sein müssen! Sie war kurzlebig und einmalig. Der gemeinsame Gegensatz der Landmächte gegen die Seemacht bändigte nicht die vitaleren Gegensätze der Landmächte untereinander. Der See-Hegemonie eignet nicht dieselbe Schreckwirkung wie der Land-Hegemonie – und wie bald sollte Frankreich erneut nach dieser greifen!

Aber das kurze gemeinsame Spiel der Kontinentalen genügte, um die Unterwerfung der amerikanischen Kolonien für das Mutterland erst recht aussichtslos zu machen. Trat doch die Schwäche seiner Heereskraft jetzt, wo es auf Verbündete nicht rechnen konnte, auf dem unwegsamen und gigantischen Kriegsschauplatze grell zutage. Die größten europäischen Landmächte konnte es besiegen, nicht die Banden der Insurgenten auf der fernen Insel, denn eine solche war Amerika so gut wie England. Nicht einmal die Seeverbindungen – die Sehnen seiner Macht – konnte es gegen die Meute seiner Gegner sichern. War es doch genötigt, zugleich für die eigene Sicherheit zu sorgen und auf weit auseinanderliegenden Kriegsschauplätzen in Übersee zu kämpfen.

So gab es die Kolonien frei: der Mitteltrieb seines weltüberschattenden Imperiums wurde ausgebrochen, kaum daß sich das imperiale Streben formuliert hatte. Als Hüter des europäischen Gleichgewichtes hatte es seine europäischen Rivalen gedemütigt. Nun wurde es von diesen gedemütigt und ebenfalls im Namen des Gleichgewichts. Es zahlte dem europäischen Schicksale, das es anderen bereitet, nun seinerseits Zoll. Eben damit ging der alte Erdteil seines Erstgeburtsrechtes verlustig.

Und dennoch, der Jubel des Festlandes über Albions Sturz war verfrüht. England bewahrte sein Immediatverhältnis zur außereuropäischen Welt. Zunächst behielt es ja Kanada in der Hand – eben deswegen, weil dort keine englischen Siedler saßen. Die dortigen französischen Katholiken fürchteten die Herrschaft der benachbarten puritanischen Fanatiker mehr als das lässig tolerante Regiment Londons. Wer konnte freilich vorausberechnen, daß die expansiven Yankees ihr Riesenterritorium niemals durch die Angliederung Kanadas arrondieren würden! Im Augenblick wichtiger als die Bewahrung Kanadas war, daß der Abfall der Kolonien sich kommerziell für das Mutterland fast als Gewinn auswirkte; der aufstrebende freie Staat wurde ein besserer Handelspartner, als es die Kolonie gewesen. Sodann, seine Energien wurden nach einiger Zeit von dem neu gewonnenen Hinterlande absorbiert und bereiteten der englischen Schiffahrt und Seemacht nicht jene dauernde Konkurrenz, die Paris sich erwartet hatte. England behielt dem Kontinente gegenüber um so mehr seine unverminderte Kraft, als es in Ostindien einen Ersatz für das Verlorene hinzugewann. Das ozeanische

Gleichgewicht, Gegenstück und Verlängerung des europäischen, wollte sich nicht herstellen. Wer mit ihm rechnete, übertrug europäische Erfahrungen voreilig auf einen Bereich, in dem andere Voraussetzungen galten. Die Entwicklung des 19. Jahrhunderts wird den Irrtum immer deutlicher ausweisen. Und konnte wenigstens Frankreich als Gewinn seiner Anstrengungen eine Rückkehr zur alten Kolonialgeltung buchen? In Wahrheit kam sein Eingreifen durchaus nur Amerika zugute. Es hatte gedacht, eine überseeische Hilfsmacht ins Leben zu rufen: es wurde aus ihr der junge Kuckuck des atlantischen Staatenkreises. Die Uneinigkeit der Staaten Europas hat die Vereinigten Staaten Amerikas aus der Taufe gehoben. Sie waren der *tertius gaudens*. Gemessen an den Kämpfen Europas waren freilich die des amerikanischen Befreiungskrieges unscheinbar genug. Gemessen an ihrer Zukunftsbedeutung jedoch übertrafen sie jene, die dem Brennpunkte der Politik so viel näher waren, weitaus. So übertrifft das Verschiebegewicht am langen Hebel in seiner Einwirkung auf die Balance eine weit größere Last am kurzen Hebel, in der Nähe des Drehpunkts der Waage.

Während nun aber im Westen die überseeische Welt zu immer höherer Bedeutung aufstieg – indirekt durch das englische Medium wirkend, direkt durch die Abspaltung der Vereinigten Staaten –, gelangte im Osten des zersplitterten Kontinentes jene andere Flügelmacht ruckartig auf eine neue Stufe der Geltung: Rußland. Während aber die angelsächsischen Energien sich in die unzivilisierte überseeische Weite ergossen, zufrieden, hinter sich Europa durch das Gleichgewicht in Schach zu halten, nahmen die russischen Energien die umgekehrte Richtung: aus der unzivilisierten eurasischen Weite hinein in das Abendland, hin zu der alten Wiege der Kultur. England stand es frei, die westliche Kultur, deren Mitträger es war, über die Meere auszubreiten, die es beherrschte. Rußland mußte sich erst den Zugang zu dem maritimen Wegenetz westlichen Lebens erobern, mußte sich erst selbst mit westlicher Zivilisation vollsaugen, ehe es fähig wurde, die östliche Weite mit ihr zu befruchten. Als Ergebnis seines systematischen Vordringens drohte nicht etwa eine russische Hegemonie im Sinne der spanischen, französischen und später der deutschen, dafür aber auf die Länge eine noch ernstere Gefahr: daß der Koloß ein Glied der alten Völkerfamilie nach dem anderen mit seinen Fangarmen umschlösse und aus dem bisherigen Verbande ausgliedere. Freilich bestrebte sich Rußland ja nicht nur äußerlich nach Westen vorzudringen, sondern auch innerlich in westliches Wesen einzudringen. Aber wir wissen, wie es dabei doch wesentlich bei einer zivilisationsmäßigen Angleichung sein Bewenden hatte und wie durch den westlichen Firnis urtümliche, unberechenbare Kräfte dem

Blick entzogen wurden, wie etwa im Ptolemäer- oder Seleukidenreiche durch die Tünche des Hellenismus.

Der Beginn neuer russischer Expansion wird durch dasselbe Jahr 1762 bezeichnet, das England auf der Höhe seines Triumphes über Frankreich zeigt. Es ist das Jahr, in dem Katharina II. sich des Thrones bemächtigt. Ist es richtig, daß die Reiche von denselben Kräften erhalten werden, die sie geschaffen, so bedurfte die Schöpfung Peters immer wieder einer Herrschernatur seines Maßes, um gesund zu bleiben. Sein Reich hatte das verworrene Regime der drei Frauen, die ihm folgten, eben überstanden, ohne zurückzugehen. Nun kam es machtvoll voran unter der Lenkung einer vierten, die die Naturkraft des Reiches endlich wieder zielbewußt einzusetzen verstand. Kein Russe hätte diese Aufgabe vollkommener lösen können als diese deutsche Frau: verführerische Inkarnation letzten westlichen Geistes und zugleich bedenkenlose Beherrscherin des östlichen Menschentums, war sie ganz befähigt, in dem zweischichtigen hellenistischen Milieu ihren und des Reiches Glanz aufstrahlen zu lassen, als die bestaunte Semiramis des Nordens.

Ihr Gesellenstück war die Beseitigung ihres minderwertigen Gatten Peter III. Er ließ in biederer Torheit den Sieg über Preußen fahren, den er schon in Händen hielt. Wie hätte sich Deutschlands Schicksal gestaltet, wenn Ostpreußen und das volle *dominium maris Baltici* schon damals dem großen Nachbarn zugefallen wären! Alle Genialität Friedrichs des Großen hätte nicht ausgereicht, ihn vor dem Schicksal Karls XII. zu bewahren: der Zufall in Gestalt eines Toren mußte sich seiner annehmen. Die jüngste Großmacht war zugleich diejenige, die am leichtesten tödlich verletzt werden konnte, und ihr Begründer wollte sie ja selbst kaum als echte Großmacht gelten lassen!

Was Peter verspielt, konnte Katharina nicht wieder gewinnen wollen: sie wandte sich von dem Ostseesektor ab. Sie beschränkte sich auf nachbarliche Ziele, aber mit um so durchschlagenderem Erfolge. Sie führte das Werk, das Peter an der dreigeteilten Westfront mit der Niederwerfung Schwedens begonnen, gegen Polen und Türken weiter und arrondierte dabei das Reich streng systematisch.

Entsprechend dem Wechsel der internationalen Lage gliedert sich ihr Vorgehen zeitlich in drei Abschnitte.

Der erste reicht bis zum Abschluß des amerikanischen Unabhängigkeitskrieges und wird durch den Kampf der atlantischen Mächte gekennzeichnet. Er bietet der russischen Aktion günstige Voraussetzungen. Wohl erblickt noch immer Frankreich in den drei westlichen Nachbarstaaten Rußlands die, freilich verfallenden, Bastionen seiner alten Vormachtstellung. Aber sein Arm reichte nicht mehr weit genug, um sie gegen die Zarin zu beschützen. Und England freute sich nur über Rußlands Fortschritte in demselben Maße, wie sie Frankreich bedrückten. Die deutschen Mächte aber, vom Siebenjährigen Kriege erschöpft, waren einzeln zu schwach, um sich mit Rußland zu messen, und zu eifersüchtig aufeinander, um sich gegen es zu verbinden. Katharina spielte auf dem Instrumente ihres Dualismus mit vollendeter Virtuosität und nahm seit dem Bayerischen Erbfolgekriege in aller Form die Stelle des umworbenen Schiedsrichters in den *querelles allemandes* ein, die Frankreich nicht mehr behaupten konnte. Es war nun eben so: die Energien des aufgesplitterten Festlandes ließen sich leicht sammeln gegen einen aus seinem Kreise, der die Vorherrschaft über seine Brüder erstrebte, nicht gegen die russische Außenmacht, die sich nähere Ziele steckte. So standen der souveräne Machtegoismus Preußens wie Österreichs abwechselnd der russischen Diplomatie zur Verfügung, wenn diese im Rücken ihrer nachbarlichen Feinde Verbündete suchte, mochten auch Gewissensbedenken und böse Ahnungen in Wien und Berlin nicht ausbleiben, wenn die deutschen Mächte als Komplizen an der Beute des Großen beteiligt wurden. Österreich mußte ja fürchten, daß seiner abendländischen Mission gegen die Türken und seiner Südostexpansion der Wind aus den Segeln genommen würde, Preußen, daß das polnische Glacis verloren ginge, das ihn von dem Kolosse trennte. Und doch ließ ihnen gegenseitiger Argwohn keine andere Wahl, als sich wetteifernd dem großen *tertius gaudens* anzubieten.

Die erste polnische Teilung war das diplomatisch-technische Meisterstück des Preußenkönigs. Sie stellte die langersehnte territoriale Verbindung der Kernlande mit Ostpreußen her und löste zugleich die überaus bedrohliche österreichisch-russische Spannung auf dem Balkan, die andernfalls einen neuen großen Krieg heraufbeschworen hätte. Aber die preußische Kooperation mit Rußland war doch eine *societas leonina* zugunsten der größeren Macht, Friedrichs Ausgreifen noch mehr ein Beweis seiner Geschicklichkeit als seiner Stärke. Die mächtigste Figur im Spiel blieb Rußland, das durch die Aushöhlung seines polnischen Opfers mit friedlichen Mitteln wie durch einen erfolgreichen Türkenkrieg es dahin getrieben hatte, daß den alarmierten deutschen Mächten die Teilung als gangbarster Ausweg aus prekärer Lage erschien.

Nicht lange, und Katharina öffnete ihrem Reich das zweite Fenster in die Welt: Rußland wurde Seemacht nun auch auf dem Schwarzen Meere. Schon bedrohte es den Riegel Konstantinopel; und nicht nur von Norden und zu Lande, sondern auch vom Westen und zur See. Eine große russische Flotte umschiffte ganz Europa und vernichtete die türkische in der Ägäis. Der Arm Rußlands reichte erstmalig nach Griechenland, es entfesselte dort Aufstände gegen die Türken. Ja, es nahm bereits die Verbindung mit dem aufsässigen Ägypten auf, das von nun ab die Augen der europäischen Diplomaten noch so oft auf sich lenken sollte. Wie durch Zauberschlag war die nordische Macht eine südliche geworden. Die Kabinette erzitterten. Vor dem Reich der unbegrenzten Möglichkeiten im Osten schrumpften die abendländischen Dimensionen sichtbarlich zusammen, wie einst die des hellenischen Staatensystems gegenüber den Diadochenreichen.

Aber nun bahnt sich ein Umschwung der internationalen Lage zu ungunsten Rußlands an. Der zweite Abschnitt in Katharinas Außenpolitik setzt ein. Von neuem meldet sich der russisch-englische Weltgegensatz, der zu Ende von Peters Regierung erstmalig gewetterleuchtet hatte. London hatte Rußlands Führerrolle bei der Seeneutralität hinnehmen müssen, da alle Kräfte im atlantischen Ringen absorbiert wurden. Nun dieses beendet und Frankreich erschöpft seiner Revolution entgegenwankte, da stellte sich die Frage, ob Rußlands Sieg in einem neuen Türkenkriege wirklich dem englischen Interesse entspräche. Bislang war jeder Erfolg Katharinens gegen die Osmanen als Schlag gegen den französischen Feind bewertet worden. Konnte aber ein Eindringen Rußlands in das Mittelmeer für England wünschbar sein? So sorgte denn London für Diversionen auf dem Festlande. Es ermunterte Schweden zum Kriege und verband sich nicht nur mit den Türken, sondern auch den Preußen. War doch Österreich damals an Rußland angeschlossen und schon dadurch bei der Rivalität der beiden deutschen Großmächte das Bündnis mit Berlin gegeben. Aber es empfahl sich auch zugleich durch die Küstenlage Preußens; denn von den Küsten her, denen der Ostsee wie denen des Schwarzen Meeres, mußte der Inselstaat gegen den kontinentalen Riesen anzugehen versuchen. Und das Glück war ihm hold. Der Thronwechsel in Wien beraubte Katharina ihres deutschen Verbündeten gegen die Türken, und diese selbst machten durch ihre überraschende Widerstandskraft die weitgespannten Pläne der Zarin zuschanden. Wie oft sollte noch der fatalistische Heroismus des osmanischen Heeres die Fäulnis des osmanischen Staates wettmachen!

So fühlte sich denn der jüngere Pitt erst recht ermutigt, Rußland in die Enge zu treiben. Eine große preußische Armee sollte auf Riga, eine englische Flotte auf Kronstadt in Bewegung gesetzt werden. Man stand dicht vor einem Ultimatum an Katharina.

Da geschah etwas Merkwürdiges. Pitt entzog sich im letzten Augenblicke der verabredeten diplomatischen Aktion und ließ den gedemütigten Preußenkönig im Stich, der soeben und eigenhändig den

Sultan von der bevorstehenden Kriegserklärung an Rußland unterrichtet hatte. Der Minister sah ein, daß die öffentliche Meinung seines Landes, noch an die ozeanische Blickrichtung gewöhnt, von der aus der Tiefe des Festlandes aufsteigenden, neuen Gefahr so rasch nicht zu überzeugen war. Sein Rückzug bewies wiederum, was die Friedensverhandlungen 1714 und 1762 dokumentiert hatten, daß das Inselreich sich stark genug fühlte, über Interessen seiner festländischen Degen kaltsinnig hinwegzuschreiten, im Vertrauen, trotzdem leicht wieder Bundesgenossen zu gewinnen, so es ihrer bedürfe. Und gerade Pitt hat diese Fähigkeit der Anwerbung von Bundesgenossen als der diplomatische Schmied großer Koalitionen in den Revolutionskriegen glänzend bewährt.

Mit diesen Kriegen verzahnt sich noch der letzte Abschnitt in Katharinens Regierung. In ihm vermochte die Zarin am Ende des *ancien régime* und ihres Lebens eine unerhörte Ernte in die Scheune zu bringen: die zweite und dritte Teilung Polens. England war aufs neue im Westen abgelenkt, diesmal aber auch die deutschen Mächte dort engagiert, geschwächt, uneins, habgierig, unfähig Lockungen und Drohungen zu widerstehen. Doch war Preußens Rolle, das seine jüngste polenfreundliche Politik verriet, die schmählichere.

So hatte denn die alte Kabinettspolitik der Ostmächte ein nationales Reich des Abendlandes, ursprünglich fast von dem Umfange des deutschen, in demselben Augenblicke ausgelöscht, in dem von Westen her das moderne Nationalgefühl sich anschickte, das Staatsleben zu regenerieren. Es war das polnische Volkstum auf der Schlachtbank der Diplomatie nach Grundsätzen toter Statistiken zerstückelt und gleichmütig an fremde Herren ausgeteilt worden, die geschieden durch Geschichte, Sprache und zumeist Religion wenig Voraussetzungen mitbrachten, in diesem späten Augenblicke solche Riesenbeute zu assimilieren. Wohl war Polen nur ein beschattetes Randgebiet des Abendlandes. Aber auch in ihm schlummerten all die geheimnisvollen Lebenskräfte einer abendländischen Nation mit neunhundertjähriger Geschichte, eigener Sprache und Sitte, religiöser und geistiger Überlieferung, mit eigener Seele. Das kommende Jahrhundert sollte diese Kräfte aufwecken und sich im Bewußtsein ihres Eigenrechtes erheben lassen gegen die mechanische Zivilisation des Absolutismus, die sie überlagert hatte, und mochte diese auch auf ihre Weise manchen Fortschritt darbieten. So wie sich die Poleis, in denen sich das Hellenentum auskristallisierte, mit letztem Pathos gegen die Einordnung in ein hellenistisches Großreich sträubten, so diese abendländische Nation gegen ihre Einordnung in das petrinische.

Denn es war ja Rußland, das wie die Führung, so selbstredend den Löwenanteil bei den Teilungen davongetragen hatte. Eine Expansion wie die seine hatte der abendländische Bereich noch nicht gesehen. Die ältere habsburgische hielt sich im Rahmen von Personalunionen, und überhaupt hatten die bisherigen größeren Gebietsveränderungen selbst in Italien nicht zu Eingriffen geführt, wie sie hier fremde zentralisierte Bürokratien vornahmen.

Wahrlich: ob ein Beobachter vom alten Kontinente aus die angelsächsische oder die russische Peripherie ins Auge faßte – er mochte hier wie dort eine Eintrübung des Horizontes feststellen. Und doch hatte das Abendland seine Möglichkeiten noch längst nicht so weit erschöpft wie das alte Hellas, als der Schatten der hellenistischen Großstaaten auf es fiel. Binnen kurzem sollten mit der Gewalt eines Geysirs aus den Massen und aus der Technik ungeahnte Energien hervorbrechen. Es sollte die Uhrfeder des alten Staatensystems noch einmal aufgezogen werden, der Rhythmus von Dünungswellen und dazwischenliegenden Wellentälern sich erneuern und noch auf eineinhalb Jahrhunderte der Erdteil seinen Platz im Mittelpunkte des Weltschicksals behaupten. Freilich, seine Verjüngung wurde erkauft mit revolutionärer Ausweitung der Zivilisation, also auf Kosten der Kultur. Und als sich diese Zivilisation dann auch in den riesigen Außenräumen entfalten durfte, da neigte sich endgültig der Stern des alten Erdteils.

Revolution und Kaiserreich

Das Vordringen der Zivilisation innerhalb der Gesamtökonomie des Lebens ist an sich eine durchgehende Erscheinung der neueren Jahrhunderte. Sie ist augenfälligster Ausdruck jenes langsamen, vielteiligen und doch einer einzigen Folgerichtigkeit gehorchenden Geschehens: des Überganges von der asketischen Weltüberwindung des Mittelalters zu der machtvollen Weltbeherrschung unserer jüngsten Tage, von der Verneinung des Diesseits zu seiner Bejahung, von pessimistischer zu optimistischer Lebensempfindung, von relativer Statik zu höchster Dynamik. Es ist, als ob ein in sich Erstarrtes aufgetaut und verflüssigt werde durch den Aufstieg eines wärmenden Gestirnes. Die Sonne überwindet zuerst an den Südhängen den Frost und schickt das Schmelzwasser in kleinen Rinnsalen zu Tal. Aber immer größere Massen des ruhenden Daseins werden in Bewegung gesetzt, bis Lawinen niederdonnern und ganze Formenwelten historischen Lebens in stäubendem Wirbel verschwinden.

Und einer solchen Epoche, in der die Schmelzwasser immer vernehmlicher rauschen und niedergehende Lawinen die Seelen mit Enthusiasmus oder

Schrecken erfüllen, wenden wir uns mit der Betrachtung des Jahrhundertendes zu. Die wirtschaftliche wie die politische Dynamik steigen in kühner Kurve und dahinter steht eine Steigerung des Machttriebes schlechthin.

Diese Steigerung war kein einheitlicher Vorgang. Die Völker nahmen hintereinander an ihr teil, nicht nebeneinander – sie erfaßte hier zuerst dieses Gebiet des Lebens, dort jenes – diese Gruppe von Menschen innerhalb eines Volkes zuerst, dann jene. Sie führte auch ungeheure Reaktionen herbei – Mischungen des Alten und des Neuen entstanden, die selbst wieder etwas Lebendiges wurden, wie der nationale Gedanke. Die Entwicklung war weniger denn je ein glatter Strom, sondern ein Gestrudel, ja ein Aufkochen, wie wenn Feuer und Wasser sich mischen. Und doch gibt der fernere Verlauf des 19. Jahrhunderts uns das Recht zu sagen: das eigentliche Agens, das diese Bewegung hervorbrachte, war der potenzierte optimistische Wille zum Leben, eine Ausbreitung des diesseitigen Machttriebes und in seinem Gefolge eine neue Entfesselung des Kampfes ums Dasein. Herkommen, Glaube und Schönheit aber, die Quietive dieses Kampfes, wurden auf der ganzen Front zurückgedrängt – unter Gefechten, die hin- und herwogten, und so herrliche Manifestationen des bedrohten Geistes in Kunst, Poesie, Religion sie auch hinterließen, den Rückzug nicht zu wenden vermochten.

Die neue Steigerung des optimistischen Willens zur Macht über die äußere Welt, die der Mühle der großen Politik bald so unerhörte Energieströme zuführen sollte, nahm nun diesseits und jenseits des Kanals gänzlich verschiedene Formen an, und diese wirkten wiederum wechselweise aufeinander ein: die freundfeindliche Auseinandersetzung der insularangelsächsischen und der festländisch-französischen Welt wird immer mehr gegen Ende des Jahrhunderts zur Unruhe in der Uhr der Entwicklung, und nicht nur der politischen.

In England hat der Staat bei dem neuen Aufstiege der Zivilisation keine Hauptrolle gespielt, weder hemmend noch fördernd. Ihm fehlten mit den Antrieben des festländischen Daseinskampfes die innere Ausdehnung, Wille und Möglichkeit zum Eingreifen auf breiter Front. Hier stand ja längst die private Initiative im Vordergrunde inmitten insularer Sicherheit und ozeanischer Weite, geweiht und genährt durch ihr fruchtbares Bündnis mit den der Arbeit in der Welt sich zuwendenden geistigen Strömungen in der protestantischen Religiosität, der utilitaristischen Philosophie, der praktischen Wissenschaft. Und hier, wo der bürgerliche Erwerbssinn das nationale Dasein durchgehend färbte, setzte nun im 18. Jahrhundert aus den spontanen überschüssigen Kräften der elastischen Gesellschaft heraus die industrielle Revolution ein, die eine Mutation des Erscheinungsbildes menschlichen Daseins heraufführen sollte. Hier wurde die Steinkohle in ihrer Bedeutung entdeckt, die das Glück der Insel geschenkt, auf einem neuen Kanalnetze verfrachtet, mit ihrer Hilfe in 40 Jahren die Eisenproduktion verzehnfacht, die zuvor aus Holzmangel bereits nach Amerika auszuwandern begonnen hatte. Hier breitete sich das Maschinenwesen aus, drang in die alte häusliche Wollweberei ein und schuf den neuen fabrikmäßigen Betrieb der Baumwollindustrie, die ihren Rohstoff aus Übersee bezog und das Fertigfabrikat zum Teil dort wieder absetzte. War England vor allem das Land der Seemacht, der Schiffahrt, des Welthandels gewesen, dann das der kolonialen Weltgeltung geworden, so wurde es nun obendrein die Weltindustriemacht. Riesenkräfte wuchsen ihm aus der wirtschaftlichen Revolution zu, und zwar in dem Augenblicke, in dem nach Verlust der amerikanischen Kolonien die Auseinandersetzung mit der politischen Revolution Frankreichs bevorstand. Das junge ozeanische England der privaten Freibeuter hatte im Kampf gegen Philipp II. als Reserve den Ausschlag gegeben: das junge industrielle England der privaten Unternehmer wird sich als Reserve gegen Napoleon I. bewähren.

Die Fortschritte der Zivilisation sind im Gegensatz zu denen der Kultur zahlenmäßig erfaßbar und am Thermometer der Statistik abzulesen. Sie entwickelt sich bereits charakteristisch im späten 18. Jahrhundert. Sie berichtet eine Schlüsselzahl, daß nämlich unter der Regierung Georgs III. 1760–1820 die Bevölkerung sich fast verdoppelt habe von 7,5 auf 14 Millionen – Erfolg der medizinischen Technik, die mit neuen Methoden so viele Menschen am Leben erhielt, der wirtschaftlichen Technik, die ihnen Erwerb gewährte.

Aber diese rapide Entwicklung war eine rein praktische; nicht von Theorien wurde sie angetrieben. Sie ergriff nur ganz bestimmte Zellen des Lebens und ließ dicht daneben andere unbeeinflußt. Das alte Haus der Gesellschaft und des Staates wurde nicht eingerissen, sondern mit Um- und Anbauten versehen. Glaube und Herkommen behielten ihre Geltung gerade deswegen, weil sie nicht von einem absoluten Machtstaate in starre Form gegossen worden, sondern immer elastisch, immer im Fluß geblieben waren. Es war das Privileg der freien Insel, daß sie sehr Altem und sehr Modernem nebeneinander Platz gewährte und doch kein Chaos aufkommen ließ. Reichtum und Auswanderungsmöglichkeit milderten unvermeidliche Spannungen, und der insulare Gleichtakt unbewußten Gefühles und bewußten Interesses durchwaltete das Leben mit gesundem Rhythmus.

Anders in Frankreich. Das Verhältnis zwischen Staat und Gesellschaft war hier das entgegengesetzte. Aus ihm ergab sich unter großen Regenten und Staatsmännern eine Leistungsfähigkeit des Reiches, die England weder hervorbringen konnte noch brauchte. Unter unbedeutenden Lenkern aber drohten um so größere Gefahren. Das festländische System mit seinem militärisch-bürokratischen Apparate, seiner künstlichen Formung von obenher neigte an sich zur Erstarrung und es war nicht umzubauen, ohne bislang benutzte oder geduldete Standesinteressen zu verletzen, ja ohne zeitweilig eine bedenkliche Schwächung des Ganzen in Kauf zu nehmen. Nun hatte sich aber auch in Frankreich, gerade durch den staatlichen Merkantilismus gefördert, ein selbstbewußtes Bürgertum entwickelt, dessen vorwärtsdrängende Instinkte überall im wirtschaftlichen, sozialen und geistigen Leben an dem steilen und starren Damm der vom Staat geschaffenen oder garantierten Ordnungen anbrandeten. Und obendrein: dieser Staat, der doch seinem Wesen nach ein militärischer Machtstaat sein wollte, war auf einem Tiefpunkt der äußeren Geltung angelangt, nachdem er auf dem Festlande wie in Übersee den Kürzeren gezogen. Wie sollte er unter einem unbedeutenden Herrscher die Autorität entwickeln, um zur Herstellung seiner Schlagkraft innere Reformen durchzusetzen gegen den defensiven Egoismus der bevorrechtigten Stände wie gegen die offensive Kritik des dritten? Dieser war gewohnt, im Bunde mit einer polemischen Literatur Glaube und Herkommen in jeder Form anzugreifen und dabei seine Maßstäbe mit Vorliebe aus dem insularen Bereiche zu holen, erst aus England, dann aus Amerika. So gewaltig war bereits der Aufstieg der angelsächsischen Welt, daß das vornehmste Volk des Kontinentes an seinen eigensten Traditionen irre wurde, ohne recht zu beachten, daß jenseits des Kanals und des Ozeans andere Gesetze des Daseinskampfes galten als diesseits. Dort war seit dem 17. Jahrhundert die unmerkliche praktische Evolution innerhalb der Gesellschaft im Gange, hier trieb alles zur ruckweisen Entwicklung des Staates, zur Revolution von oben oder unten. Dort setzte die neue Zivilisation die Räder der Industrie in Bewegung, hier die der Politik.

Hätte die Revolution vermieden werden können? So eben nur durch einen Revolutionär auf dem Throne, der die Nation reorganisiert und mitgerissen hätte zu einer neuen großen machtpolitischen Anstrengung, wie sie nun bald aus wilder Wurzel emporschießen sollte.

Die Revolution schien freilich in ihren Anfängen auf alles andere als auf eine solche machtpolitische Anstrengung zuzusteuern. Ihre Sehnsucht nach sanftem Glücke ließ den träumenden Blick in die Bereiche schweifen, die den blutig erkauften Ruhm des Machtstaates nicht kannten; wenn nicht zu dem fernen Amerika, so zu der nahen Schweizer Idylle. Aber wie schnell gebar in atemberaubender Entwicklung der Kampf gegen den alten verrosteten Machtstaat einen neuen, dessen riesige blanke Maschinerie um so viel leistungsfähiger war, wie die neue englische Industrie im Verhältnis zu den alten Gewerken. Die bezaubernde Frühlingsblüte großer populärer Ideen lag bald am Boden. Die Früchte, die ansetzten, erschreckten die bisherigen Bewunderer. Der kleine Schritt aus der Opposition zur Macht schien die Menschen, die ihn taten, zu verwandeln.

Zum ersten Male wurde die Welt Zeuge einer Abfolge von Szenen, für deren typische Bedeutung erst das 20. Jahrhundert das Auge geöffnet hat. Zum ersten Male traf die Dekadenz eines festländischen Großstaates zusammen mit einer rasch vorschreitenden Auftauung und Verflüssigung des gesellschaftlich-geistigen Zustandes durch die sprunghaft ansteigende Zivilisation.

Die erste Szene zeigt eine sentimental-rhetorische Verwirrung, in der edles Gefühl von der Gärung triebhaft begehrlicher Willensimpulse zersetzt wird. In der zweiten herrscht das Chaos: der unerwartete Ausfall des staatlichen Apparates, auf dessen vielseitiges Funktionieren das nationale Leben abgestellt ist, führt zu einem Vakuum, das die Leidenschaften, auch die niedersten, ansaugt. Und nun folgt die dritte Szene. Sie führt zum Erstaunen der Handelnden selbst wie der Zuschauer die paradoxe und doch so logische Peripetie herbei. Von den entfesselten Leidenschaften wird ein neuer Machtstaat improvisiert.

Der Umsturz vermag sich nicht anders zu retten als durch hundertfache Verstärkung der zentralisierten Machtmittel, die er in den Händen der Privilegierten bekämpft, im eigenen Interesse unbedenklich verwendet. Der Genius des Staates amalgamiert auch das Fremdartigste: «So mußt Du sein! Dir kannst Du nicht entfliehen!» Aus der neuen Freiheit springt eine neue Despotie heraus. Das Zwillingspaar von Terror und Propaganda wird geboren, der alte Glaube, das alte Herkommen verhöhnt, ausgeschaltet alle Quietive des Willens, das eigene triebhafte Leben in dem Mythos der Nation vergöttert, Erziehung, Geist in seinen Dienst gestellt und mit ihm jedes Verbrechen gerechtfertigt, das zugleich dazu dient, die Anhänger durch Mitschuld solidarisch zu binden, die Gegner aber zu verschüchtern oder zu vernichten. Der totale Staat als die revolutionäre Endform des kontinentalen Machtstaates erhebt zum ersten Male und für Augenblicke sein Haupt. Die Staaten des Absolutismus erbleichen sämtlich neben ihm. Er ist sich Selbstzweck und fühlt sich berechtigt, Sachen und Menschen in nie dagewesenem Maße als Mittel zu vernutzen. Die metaphysische Persönlichkeit des alten Abendlandes wird durch die Politik in einem neuen Sinne in Frage gestellt, um diesen Preis aber auch der formlos brodelnde Strom der Massen kanalisiert und gelenkt.

Aber mit welcher Organisation wird diese Lenkung ermöglicht? Nur sekundär durch die Bürokratie, primär durch die Partei, den neuen Souverän Frankreichs. Die Jakobiner, Organisation einer kleinen fanatisierten Minderheit, halten als allgegenwärtige Terroristen und Propagandisten die Massen der Mitläufer in ruheloser Bewegung.

Und warum haben sie Erfolg? Weil ihre Herrschaft breitesten Schichten des Volkes gleichzeitig im Innern wie im Äußern etwas zu bieten weiß! Im Innern – Teilhabe am Staate, Heilung des demütigenden Gefühles sozialer Unterordnung, Gleichheit in Recht, Wirtschaft und Verwaltung; dazu die Einbeziehung der ruhenden Gütermassen der toten Hand und des Adels in den Strom des ökonomischen Lebens; in Summa, die Errungenschaften der Revolution sind eine ungeheuerliche Beute für die neue Gesellschaft, die sie sich nie wieder entreißen lassen wird. Im Äußeren aber – der Beginn eines nicht abzusehenden nationalen Aufstiegs! Wer die Interessen der Gesamtnation nach außen erfolgreich vertritt, überspielt damit alle inneren Gegensätze.

Mit den Revolutionskriegen rollt eine neue hegemoniale Flutwelle heran. Aber sie zeigt mit ihrem Auf und Ab ein weit steileres Profil als die drei vorhergehenden. Jene erhoben sich in langen Jahrzehnten auf die Scheitelhöhe und verebbten ebenso langsam. Diese steht wie ein schreckhaftes Wunder unvermittelt aus der tiefsten Tiefe des Wellentals auf, um sich dann ebenso plötzlich zu überschlagen. Die

Ausgangsstellung Ludwigs XIV. lag schon unter der Philipps II. Wie viel tiefer unter beiden erst die der Revolution! Verfolgten wir doch, wie gerade im 18. Jahrhundert die Außenräume des Westens und Ostens der alten Mitte Licht und Luft zu rauben begannen. Und so ist die Revolution zunächst auch nicht mit dem Mute des Kraftgefühls in den großen Kampf eingetreten, viel eher mit dem Mute der Verzweiflung. Nicht zwar, als ob sie von außen angegriffen worden wäre. Es waren ja überhaupt nicht so sehr außenpolitische Gesichtspunkte, die die Girondisten den Krieg herbeisehnen ließen; sie witterten in ihm vielmehr die *ultima ratio* gegen alle inneren Schwierigkeiten, die letzte Rechtfertigung jeder Gewaltanwendung. Die Gewalt ging dann freilich über ihre Köpfe hinweg und erst ihre Henker entwickelten die verborgensten Möglichkeiten des Terrors, um Frankreich gleichzuschalten. Der Krieg erteilte dem Terror seine nationale Weihe, und beide steigerten sich gegenseitig. Das Schicksal des Staates wurde an das der Partei gekettet. Der Sieg Frankreichs mußte auch der der Jakobiner werden, seine Niederlage ihr physischer Untergang. Sie hatten mit den Septembermorden die Schiffe hinter sich verbrannt: sie konnten nicht kapitulieren.

Ein hohes Spiel! Aber die es spielten, sahen nicht nur den Abgrund der Inflation und Hungersnot, der Unordnung und Unzufriedenheit, der sie bei Fortdauer des Friedens zu verschlingen drohte; sie ahnten auch die explosiven Gewalten, die der Krieg in der Atmosphäre der Revolution zu entzünden vermöchte, wenn sich die Liebe zum heiligen Boden des Vaterlandes mit dem Durst nach dem unvergessenen berauschenden Trunke der Hegemonie, mit dem revolutionären Missionsfanatismus und mit der Begierde nach Beute verbände.

Und der Erfolg war mit ihnen. Den Septembermorden folgte die Vertreibung der Fremden auf dem Fuße. Die alte abendländische Gesellschaft und Moral hat also über den französischen Schrecken nicht zu Gericht sitzen dürfen! Aber Frankreich hat sich seiner selbst entledigt.

Wie gelang das? Der Schrecken verfügte ja längst noch nicht über die technischen Mittel der heutigen «Zivilisation», die jeden Bürger von Stund zu Stunde von dem Belieben staatlicher Zentralstellen abhängig machen. Auch waren die Franzosen des *ancien régime*, wenngleich als Kontinentale weit staatsfrömmer als die Insularen, doch noch nicht in dem Maße staatlich domestiziert wie später unter der Einwirkung des modernen Verwaltungssystemes. Aber wichtiger noch war etwas anderes: die Minderwertigkeit des rasch wechselnden Regierungspersonals, das inmitten täglicher Kämpfe um Macht und Leben über dilettantische Improvisationen nicht hinausgelangte. Der Schrecken wurde um so viel schrecklicher, als er eben dilettantisch betrieben wurde, zugleich aber auch unwirksamer. Er vereinte nämlich die Bedrohten gegen sich, statt sie einzeln niederzuhalten. Die giftige Medizin wurde dem Volkskörper in falscher Dosierung verabreicht. So kam es denn, daß gerade der äußere Erfolg des Systemes seine Stellung im Innern unterhöhlte: es war nach der Vertreibung der Fremden nicht mehr patriotisch gerechtfertigt.

Die Macht entglitt der Partei und den Parteien und gelangte in die Hände des siegreichen Generals. Die Gefahr verwirklichte sich, gegen die seitdem die gewarnten Revolutionäre stets vorsorglich auf der Hut gewesen sind. Die Militärdiktatur erwies sich in einer Ära revolutionärer Kriege als die gegebene mittlere Proportionale zwischen den Extremen. Sie gewährte den einen Sicherung ihrer revolutionären Errungenschaften, den anderen Schutz gegen das willkürliche Wüten, allen im Innern Recht, Ordnung, Gedeihen, im Äußern aber Ruhm und Beute. Napoleon hat den Machtstaat Ludwigs XIV. auf das Nievau der neuen Zeit emporgehoben. Er stabilisierte die revolutionäre Gesellschaft, paßte ihre Armee und Verwaltung an, durchhauchte Staat und Nation mit dem alten festländischen Geiste der Autorität und schuf ein Machtinstrument so scharf, gefügig und wuchtig, wie es der Kontinent noch nicht gesehen, aber – eilig und gewaltsam zusammengehämmert – noch spröder, noch starrer als die Machtgebilde der legitimen und allerchristlichsten Könige. Wohl schloß er mit der katholischen Kirche einen Zweckmäßigkeitsfrieden und sicherte damit auf der Folie jakobinischer Kirchenverfolgung seinem Regime einen Schimmer besonderer Art. Aber er war nicht geneigt, die Macht über die Seelen mit einer geistlichen Instanz zu teilen, und da die alte abendländische Kirche, der historische Gegenpol diesseitiger Machtzivilisation, den cäsaropapistischen Ambitionen des Imperators bekennerhaften Widerstand entgegensetzte, anders als die griechische und protestantische, so endete seine Regierung logischerweise mit dem Kirchenkampfe, wie sie mit dem Konkordate begonnen hatte.

Den Kampf gegen den freien Geist aber, den sie von den Jakobinern geerbt, hat sie nicht einen Augenblick ruhen lassen. Die materiellen Interessen jeder Schattierung sollten auf ihre Rechnung kommen. Der gefährliche Geist aber, wenn er sich nicht den Staatszwecken einfügte, hatte zu schweigen. Nur die Naturwissenschaften als die Zubringer der Zivilisation wurden um so intensiver gepflegt. Auch die Künste, zumal die Architektur, profitierten in gewisser Weise. Sie erhielten den Auftrag, die monumentale Repräsentation des Kaiserreiches darzustellen. Aus den Formen der römischen Kaiserkunst wurde das starre Gewand des letzten einheitlichen Stiles des Abendlandes gesponnen. Er drückte das Lebensgefühl des *empire* beziehungsvoll aus. War doch wieder ein Imperator erstanden, der die Vielheit eines welkenden Kulturkreises in die späte Einheit eines neuen Imperiums zu überführen unternahm.

Die zweiundzwanzigjährige Kriegsära der Revolution und des Kaiserreiches hat mit größerer Vehemenz als die Ludwigs XIV. die Einheit der weißen Welt erstrebt. Es stand ihr als neues Zaubermittel die soziale Umwälzung zur Verfügung. Mit ihrer Hilfe entfaltete das gesunkene Frankreich eine verjüngte Militärmacht, die die seiner festländischen Gegner weit überragte. Mit ihrer Hilfe entwickelte es aber auch eine geistige Macht, die seine materielle vervielfachte. Wie in der Sage der Magnetberg das Eisen aus dem Schiffe zieht und dieses zerfallen macht, so ließ die französische Propaganda die ideellen Kräfte des Gegners zerfallen. Auch Napoleon verstand sich darauf, diese Propaganda zu üben. Der Strauß der revolutionären Errungenschaften war in seiner Hand nur um so verlockender, als er sich wohlgeordnet und fest gebunden präsentierte. Kein Land, in dem das neue Imperium nicht gewaltige Anhängerschaft gefunden hätte. Es war nicht anders als im Zeitalter der Glaubenskriege. Auch jetzt zerfiel Europa in zwei Heerlager, und der Riß ging durch die Völker selbst. Nur die beiden Flügelmächte England und Rußland verschonte er aus sehr verschiedenen Gründen. Welche Abwandlung jedoch in den Motiven dieser Aufspaltung. Seit Philipp II. ist der alte religiöse Geist in gewaltigem Maße abgetaut, um mit seinen Schmelzwassern den Strom der Zivilisation anschwellen zu lassen. Die Persönlichkeit Napoleons aber versprach diesen Strom in geordnete Bahn zu dämmen, und sein expansiver Cäsarismus wurde von seinen Anhängern instinktiv als wohlbegründete Begleiterscheinung der großen Krise gewertet. Der klassisch Gebildete empfand die Parallele mit Cäsar und Augustus nach, die die Propaganda herausstellte, und Hegel sah in Jena den Weltgeist zu Pferde steigen.

Freilich, der Vergleich mit Philipp II. zeigt auch sofort, in welchem Punkte die neue Weltmacht trotz ihrer brausenden Dynamik hinter der alten zurückblieb. Von dem überseeischen Frankreich waren ja nur noch unsichere Trümmer übrig und mit der Kriegsflotte stand es nicht viel besser. In der englischen Revolution hatte sich die Flotte als Exponent der ozeanischen Opposition gegen die Stuarts gefühlt, in der französischen Revolution aber blieb das Offizierskorps der Kriegsmarine umgekehrt royalistisch gesonnen. Verdankte doch die Seemacht ihre Entwicklung der Krone. Die Kriegsschiffe gingen zum Teil zu den Engländern über, und der Verfall der Marine seit der Revolution war nicht so leicht wieder auszugleichen wie durch die *levée en masse* der Verfall des Landheeres.

So bot denn der neue Hegemonialkampf ein zweideutiges Bild. Der riesig gesteigerten festländischen

Expansionskraft Frankreichs stand als böses Erbteil früherer Generationen die Abschnürung von Übersee gegenüber. Wird sie sich mit neuen Methoden von einer vergrößerten kontinentalen Basis aus durchbrechen lassen? Und wenn nicht, könnte diese Basis selbst nicht derartig ausgeweitet werden über die Grenzen Europas hinaus nach Afrika und Asien, daß diesmal nun endlich doch die Waagschale des insularen Gegners emporschnellte, die ja schon durch die Abspaltung der amerikanischen Kolonien an Gewicht eingebüßt hatte? Auf den Meeren vermochte die Schiffahrt seit drei Jahrhunderten globale Entfernungen zu bewältigen. War dazu vielleicht die neue Zivilisation nunmehr auch auf dem Festlande befähigt? Würde sie den Sieg des neuen Roms über das neue Karthago herbeiführen? Der Kampf des kontinentalen mit dem maritimen Prinzipe entbrannte mit größerer Heftigkeit als je bisher – Nachklang zu den vorhergehenden, Vorklang zu den kommenden Kämpfen um die Hegemonie, den deutschen.

Eine neue Kriegstechnik stand gleichwohl noch nicht zur Verfügung. Das Erfindungs- und Maschinenwesen kam auf diesem Gebiete erst zaghaft voran. Und dennoch: im Landkriege zumindest hatte die politische Revolution auch eine militärische zur Folge, wie sie die drei letzten Jahrhunderte nicht erlebt hatten. Spiegelt sich doch in seinem Heerwesen der jeweilige Geist eines Staates wider. Es sind die Maßstäbe, die sich fortan ändern. Die Erhebung der Massen läßt die Armee anschwellen. Verluste werden gleichmütig in Kauf genommen, da zu ihrer Auffüllung ein reichliches Rekrutenmaterial zur Verfügung steht. Der Patriotismus der eingezogenen Landeskinder erlaubt es, Taktik wie Strategie gelöster und beweglicher zu gestalten. Die Ballung der neuen moralischen Energien führt zu raschen, in die Tiefe vordringenden, vernichtenden Feldzügen. Zur Kette gereiht, drücken sie sinnfällig die sprunghafte Verschärfung des Kampfes ums Dasein aus.

Der Beginn der Revolutionskriege beschränkt sich noch auf den Rahmen des alten Kontinents. Weder Rußland noch England lassen sich zunächst aus der Bahn bisheriger Politik herausdrängen.

Katharina II. haßt zwar die Revolution als den festländischen Gegenpol des petrinischen Absolutismus. Sie wünscht sich nichts Besseres als die Wiederherstellung der ursprünglichen Geltung des bourbonischen Königstums. Aber sie wünscht zugleich, daß ihr dabei die deutschen Mächte die Kastanien aus dem Feuer holen möchten. Sie selbst behält sich vor, in ihrem Rücken Polen zu verspeisen. Mit solchen Hintergedanken machte sie zu Ende des Jahres 1791 die Bemerkung: «Ich zerbreche mir den Kopf, um den Wiener und Berliner Hof weiter in die französischen Dinge hineinzumanövrieren.»

Erst recht fühlt sich England auf seiner Insel in Sicherheit vor der französischen Bewegung. Der jüngere Pitt ist vorerst ganz damit einverstanden, daß der alte Gegner im Chaos versänke. Er hat kein Interesse, das Königstum und die Ordnung wieder aufzurichten. Er prophezeit einen langen Frieden und setzt die Stärke der Armee herab. England läßt sich Zeit zu erkennen, welch neuartiger Gegner auf der anderen Seite des Kanals heranwächst!

Österreich und Preußen aber sind dem Vulkane näher. Sie fühlen das Beben des gemeinsamen gesellschaftlichen Fundamentes. Die Rivalen reichen sich die Hände, während ahnungsvolle Scheu vor dem unbekannten Neuen in ihren Kabinetten mit Leichtsinn streitet – charakteristisches Anfangsstadium in den Kämpfen gegen einen revolutionären Gegner.

Aber schon der unglückliche Feldzug von 1792 demonstrierte aller Welt, daß die Kräfte der deutschen Mächte allein nicht hinreichten, um den Brand zu löschen, zumal sie auch als Verbündete aufeinander eifersüchtig blieben und durch das russische Vorgehen gegen Polen in ihrem Rücken abgelenkt wurden. Mit unerhörter Schnelligkeit fiel Belgien, das wohlbekannte alte Ziel französischer Expansion, in die Hand des revolutionären Angreifers.

Und nun war es an England, endlich doch erschreckt aufzufahren. Seit zwei Jahrhunderten war es ein Axiom seiner Politik, an den Flußmündungen nicht die Festsetzung einer kontinentalen Vormacht zu dulden; konnte sie doch von hier aus allzu leicht eine bedrohliche Seemacht entwickeln und das kunstvolle Gleichgewichtssystem der Insel aus den Angeln heben. In diesem Punkte war die öffentliche Meinung feinfühlig. Noch eben hatte sie sich Pitts Schwenkung gegen Rußland versagt. Aber gegen Frankreich loderte sie rasch auf und um so mehr, als sich die außenpolitische Sorge mit der moralischen Empörung verquickte: die Herrschaft der Guillotine erregte in England einen ähnlichen Entrüstungssturm wie einst die Nachrichten von der Bartholomäusnacht oder von der Aufhebung des Ediktes von Nantes. In jedem Dorfe und in jeder Stadt warf die öffentliche Meinung die demokratische Bewegung zu Boden, stellte sich geschlossen hinter die Regierung und verlangte, wenn nötig, bewaffneten Widerstand gegen die französische Anmaßung, Europa mit dem Schwerte zu «befreien». Die insulare Selbständigkeit der moralischen Energien trat imponierend in die Erscheinung. Fast zu wenig ist es, nur von nationaler Solidarität zu reden, weil durch diese Wendung der Blick leicht auf das Politische allein eingeengt wird. Man muß sich vielmehr stets gegenwärtig halten, daß dank einer anderen Geschichte, als sie der Kontinent erlebt hatte, hier auf der Insel die Werte von Glauben und Herkommen auch eine andere, eine frischere Geltung bewahrt hatten. In einem Lande, in dem der Staat soviel weniger bedeutete als auf dem Kontinent, mußte der moralische Abscheu hinzukommen zu dem politischen Räsonnement, um die Massen zu entflammen. Daher wurde die Hinrichtung Ludwigs XVI. für den Kriegsausbruch so bedeutsam. Hier liegt das Problem des Cants, und schon Thomas Morus war in seiner außenpolitischen Grundhaltung ein Moralist.

Pitt beherrschte meisterhaft die große Tradition der Zusammenfügung festländischer Koalitionen, wie sie Wilhelm III. begründet hatte. Schon die erste Koalition gegen Frankreich, die er zusammenbrachte, vereinigte fast ganz Europa. Sie umschloß auch Rußland! Der russisch-englische Weltgegensatz, der sich noch soeben vernehmlich zum Worte gemeldet hatte, wurde durch die Erneuerung des englisch-französischen übertönt. Niemand bedrohte die Revolution mit Worten heftiger als Katharina. Niemand freilich unternahm vorerst tatsächlich weniger gegen sie als Rußland.

Aber dem diplomatischen Erfolge Pitts entsprach kein militärischer. Das neue Frankreich fuhr fort eine Dynamik zu entwickeln, die alles in den Schatten stellte, was einst die erprobten Heere Ludwigs XIV. geleistet. Diese hatten sich in dem amphibischen Lande der Generalstaaten bald festgelaufen und die Eroberung weniger Festungen blieb das Ergebnis jahrelanger Kriege. Die rasch zusammengerafften Heere der Revolution aber brachten nach der Überrennung der österreichischen Niederlande im Handumdrehen eben das zuwege, was Ludwig in seinen kühnsten Träumen erstrebt hatte: sie löschten die holländische Macht aus und errichteten auf ihren Trümmern unter Beihilfe der einheimischen Patriotenpartei die gleichgeschaltete batavische Republik. Noch immer mochte Holland damals als reichstes Land Europas gelten. Es konnte nunmehr von der aufsteigenden Vormacht wie eine Zitrone ausgepreßt werden.

Aber waren die Folgen dieses Vorganges für England und für die Welt wirklich so groß, wie sie es wohl im 17. Jahrhundert geworden wären? Freilich, einen Brückenkopf besaß England auf dem Festlande nun nicht mehr, und fast für ein halbes Menschenalter hörte überhaupt seine Teilnahme am Landkriege auf, nämlich bis zu seinem Eingreifen auf der Pyrenäen-Halbinsel. Solange hat es den Krieg nur aus der Ferne mit gewaltigen Geldmitteln genährt. Der Vermehrung dieser Mittel aber kam ja gerade der holländische Handel zugute, den es nunmehr erbte, desgleichen die holländischen Kolonien, die es nach und nach in Besitz nahm wie auch die meisten französischen. Umgekehrt vermochte Frankreich die eroberten Seebasen nicht auszunutzen, da es ihm ja an einer schlagkräftigen Kriegsflotte gebrach. Und so blieben denn Ereignisse ohne entscheidende Wirkung, die hundert Jahre zuvor der Entwicklung des ganzen Systems eine Wendung hätten geben können. Während es Frankreich auf Jahre unmöglich blieb, seinen

Hauptgegner in seinem Elemente zu bekämpfen, organisierte inzwischen dieser in aller Ruhe einen großartigen Handelskrieg, der den feindlichen Seeverkehr vernichtete, den neutralen hinabdrückte oder kontrollierte. Mehr als je früher wurde der Seekrieg für England ein risikoloses Geschäft. Er erklärt es zum Teil, daß das Füllhorn sich stets von neuem ergänzte, dem stromweise die Subsidien entquollen. Aber er allein hätte auf die Dauer dazu nicht hingereicht. Es mußte neben die Seemacht die junge Industrie treten, um dem Staate die immensen Mittel zu liefern, deren er benötigte. Auf ihre Erzeugnisse waren ja die überseeischen Gebiete, vor allem die großen spanischen und portugiesischen, angewiesen, die der englische Handelskrieg von den Märkten ihrer Mutterländer abschnitt. Man darf sagen: die private technische Zivilisation Englands half die politische Frankreichs niederkämpfen.

Aber nicht in den Niederlanden allein, auch in den deutschen Rheinlanden, auch in Italien stürmten die Franzosen voran, als ob sie über unbekannte Zauberkräfte verfügten. Ohne Umwälzung der Verkehrstechnik hatte die neue Zivilisation dennoch ein neues Verhältnis zu Raum und Zeit gewonnen.

Allerdings die Schlagkraft Frankreichs war es nicht allein, die dies Resultat ergab. Bei ihm wirkte auf seine Weise ein Staat mit, der sich im Kriegszustande mit der Republik befand, nämlich Rußland.

Katharina hätte am liebsten im Rücken der im Westen engagierten deutschen Mächte das ganze Polen für sich allein gewonnen. Das gelang ihr freilich nicht. Wohl aber war es ihr ein leichtes, nach alter Art die beiden deutschen Konkurrenten gegeneinander auszuspielen. Sie verabredete die zweite Teilung Polens ohne Wissen Österreichs mit Preußen und etwa umgekehrt die dritte. Indem sie sich auf einer der traditionellen Ausfallstraßen der russischen Politik, der mittleren, weiter vorbewegte, wurde sie die große Nutznießerin des Brandes im Westen. Aber die Folgen ihres Vorgehens waren ihr selbst doch nicht durchaus erwünscht. Bestanden sie doch in einer fühlbaren Entlastung der gehaßten Revolutionäre und in dem Austritt Preußens aus der Koalition. Noch zu Beginn des Jahrhunderts hatte die russische Polenpolitik die Schwächung eines wichtigen Außenpostens der französischen bedeutet. Sie übte nunmehr eine umgekehrte Wirkung aus, da damals Frankreich an der Weichsel kein Ansehen mehr zu verlieren hatte. So hätte denn auch Katharina, wäre ihr eine längere Regierung vergönnt gewesen, vermutlich das Steuer herumgeworfen und eine aktive Politik gegen das gefährliche Frankreich eingeleitet. Diese blieb ihrem Sohne Paul vorbehalten. Sie selbst starb auf der Schwelle zu einem großartigeren, über die bisherige Interessensphäre weit hinausgreifenden Einsatze Rußlands. Denn ebenso wenig wie England

REVOLUTION UND KAISERREICH 205

konnte die östliche Flügelmacht auf die Länge das Emporsteigen des französischen Machtvulkans aus der Kraterlandschaft der abendländischen Politik ohne Sorge mit anschauen.

Zunächst aber trat bald nach dem Tode der großen Zarin auf dem Festlande der allgemeine Friedenszustand ein, herbeigeführt durch den glänzenden Feldzug des aufsteigenden Napoleon. Dem Frieden von Campo Formio verdankte Frankreich eine Stellung, wie es sie nie besessen. Alle weitesten Ziele, die sich seine Beherrscher seit dem 16. Jahrhundert hintereinander gesetzt hatten, wurden nebeneinander und auf einmal erreicht. In Italien die vorwiegende Stellung, wie sie sich Karl VIII., Ludwig XI. und Franz I. erträumt hatten, in Deutschland die nahe Anwartschaft auf die Rheingrenze, entsprechend dem Programm von den natürlichen Grenzen, in den Niederlanden die teils offene teils maskierte Herrschaft, die ebenfalls die Tendenzen von Jahrhunderten zum glücklichen Ziele führte. Nicht anders sind ja auch dem revolutionären Deutschland 1938–1940 alle die goldenen Früchte langer Sehnsucht in den Schoß gefallen, zu denen frühere Generationen aufgeblickt hatten, nur eines fehlte in beiden Fällen, der Friede mit England.

Besaß Frankreich kein Mittel, an seinen Hauptgegner heranzukommen? Wohl war seine desorganisierte Flotte erst im Aufbau begriffen. Aber sie mochte hinreichen, eine Expedition nach Ägypten zu decken; zumal England sich seit dem Kriegseintritt Spaniens auf französischer Seite aus dem Mittelmeer völlig zurückgezogen hatte.

Was wollte diese ägyptische Expedition bedeuten? Im Mittelalter war die Stoßrichtung des Abendlandes und gerade auch die Frankreichs eine südöstliche gewesen. Die Türken hatten ihr einen Riegel vorgeschoben und die dadurch angestauten Energien auf die Ozeane verwiesen. Aber nun war der türkische Riegel vermorscht. Konnten die europäischen Energien nicht wieder ihr altes Bett aufsuchen? Die hegemonialen Mächte des alten Kontinents jedenfalls haben sich von nun an immer wieder an die Hoffnung geklammert, dadurch einen Ersatz für die verlorene Herrschaft auf den Ozeanen zu erkämpfen. Gelang die Festsetzung an der Nahtstelle Afrikas und Asiens, so hatte das kontinentale Prinzip eine Entscheidungsschlacht gegen das insulare gewonnen, so war die magische Einkreisung der europäischen Halbinsel durchbrochen, so war auch der russische Koloß gleichsam unterlaufen, der Albdruck beseitigt, der von Westen und Osten her auf dem Abendlande lastete. Beseitigt jedoch um welchen Preis? Um den der Freiheit des Systems. Denn eben nur eine Hegemonialmacht hatte Aussicht, den Schicksalsring zu sprengen, und ihr Erfolg mußte ihrer Herrschaft in Europa Dauer verleihen.

All die fernen Überseekolonien Frankreichs waren

verloren gegangen oder doch abgeschnitten worden, weil das kontinentale Mutterland nicht zur See mit der ersten maritimen Macht zu konkurrieren vermochte. Ägypten nun versprach die Chance kolonisatorischer Betätigung in solcher Nähe, daß auch eine schwache Flotte, auf das Mittelmeer konzentriert, vielleicht die Verbindung aufrecht erhalten könnte. Gelang das Wagnis, so ließen sich die kontinentalen Machtmittel des Staates mit ganz anderer Wucht am nahen Nile einsetzen als am fernen Mississippi oder St. Lorenzstrome. Eine Wendung im französischen kolonialen Streben kündigt sich an, die im Laufe des 19. und 20. Jahrhunderts das großartige, arrondierte, aus echt kontinentalem Geiste geschaffene zweite Kolonialreich Frankreichs hervorbringen sollte. Und doch, es scheint dieses zweite Kolonialreich bescheiden, verglichen mit den Hoffnungen, die sich an die ägyptische Expedition knüpften. Sollte doch die Eroberung Ägyptens zugleich eine Gefährdung des zweiten englischen Kolonialreiches herbeiführen. Sein wertvollster Bestandteil war Indien. Hier hatte England eine Art von Ersatz für seine abgefallenen amerikanischen Kolonien gefunden.

Wir haben einige Bemerkungen über Indien bis zu diesem Augenblick aufsparen dürfen, wo es in den Lichtkegel der Weltpolitik tritt. Welch erstaunliches Phänomen, dieses englische Indien! Die Herrschaft eines kleinen europäischen Inselvolkes über einen fernen, riesigen kontinentalen Bereich, damals von 200 Millionen zum Teil hochkultivierter Asiaten bewohnt. Einem der großen festländischen Militärstaaten Europas mochte die Aufrichtung solcher Herrschaft allenfalls zuzutrauen sein. Wie aber konnte sie gerade dem unmilitärischen, unbürokratischen England glücken? Vermochte ihm hier doch auch nicht, wie in Amerika, eine starke Auswanderung zu helfen. Portugal und Holland, die beiden älteren Seemächte, hatten sich denn auch vorsichtig stets damit begnügt, auf dem indischen Festlande bloße Stationen in Besitz zu nehmen. Und unser Erstaunen über die englische Leistung wächst noch bei der Erwägung, daß die Durchdringung Indiens gerade zu einer Zeit erfolgt ist, in der das Mutterland andernorts in schwere Kriege verwickelt war, nämlich während des Siebenjährigen Krieges, des Amerikanischen Unabhängigkeitskrieges und der Napoleonischen Kriege.

In der Tat hat hier fern von der Heimat die angelsächsische private Initiative nicht geringere Triumphe gefeiert als in Nordamerika, nur solche ganz anderer Art. Auf dem diplomatischen Gebiete nämlich spielte sie mit vollendetem Geschick die korrupten einheimischen Gewalten, die nach dem Untergange des Mogulreiches einen leidlich geordneten Zusammenhang eingebüßt hatten, gegeneinander aus. Auf finanziellem Gebiete aber gelang es ihr, alle Aufwendungen überreich durch Gewinne an Ort und Stelle zu ersetzen. Und nicht anders wußte sie auch auf militärischem Gebiet ihre Anstrengungen vor allem mit einheimischen Kräften zu bestreiten. Die Zahl der Sepoys pflegte fünfmal so groß zu sein wie die der weißen Truppen, und diese dienten mehr nur als Exerziermeister und Rückhalt. Die großen Führer aber, Clive und Hastings, entwickelten sich ganz selbständig an den großen Gelegenheiten. Nicht durch Aufträge gelenkt, schon gar nicht durch staatliche, handelten sie im Namen der privaten Ostindischen Kompagnie, und nur die Frontwendung gegen die Bestrebungen der Franzosen, sich in Indien territorial auszubreiten, sicherte diesen Kämpfen auch einen gewissen Rückhalt am englischen Staate. Aber dieser Rückhalt war geringfügig, verglichen mit demjenigen, den der französische Machtstaat charakteristischerweise seinen Pionieren in Indien zur Verfügung stellte. Und wenn es dennoch den Engländern gelang, nach und nach die weißen Konkurrenten zu verdrängen, so deswegen, weil sie sich auf die reichen Geldmittel ihrer Kompagnie stützen konnten, auf private Kräfte also. Immerhin waren französische Offiziere und Residenten auch noch am Ende des Jahrhunderts als ein Pfahl im Fleisch des englischen Indiens zurückgeblieben und fanden an einheimischen Herrschern Gönner, die für England gefährlich werden konnten. Napoleons Plan war es nun, mit indischen Fürsten zusammenzuarbeiten und über

Ägypten den Alexanderzug zu erneuern, d. h. mit seinen kontinentalen Machtmitteln den Engländern jene kostbare Beute abzujagen, die sie mit maritimen errungen hatten. Auch das alte Projekt der Herstellung des Suezkanals wurde in solche Pläne einbezogen, Trumpfkarten des späteren deutschen Spiels tauchen auf, wenn auch in anderer Mischung. Aus ähnlicher Situation müssen immer aufs neue ähnliche Pläne emporwachsen! Aber die unglückliche Seeschlacht von Abukir hat in wenigen Stunden einen Strich durch die verwegene Rechnung gezogen. Jetzt erst erwies sich die ganze weltgeschichtliche Bedeutung des Eindringens der Engländer in das Mittelmeer im Verlauf des spanischen Erbfolgekrieges und ihrer zähen Verteidigung des Felsens von Gibraltar gegen die gewaltigsten Angriffe seitdem. Wenn irgendwo, so mußte hier das unsichtbare Netz zerreißen, das eine bescheidene Anzahl hölzerner Kriegsschiffe, ausgesandt von einer schmächtigen und relativ volksarmen Insel, rings um die lebenstrotzende große Halbinsel Europa ausgespannt hatte. Aber das Netz hielt der Zerreißprobe stand. Dank Gibraltar drang Nelsons Flotte in das Mittelmeer ein und dank dem überlegenen seemännischen Können ihres Führers und ihrer Besatzungen vernichtete sie die zahlenmäßig ebenbürtige französische Flotte vollständig, eine um so bewundernswertere Leistung, als Malta sich damals im französischen Besitz befand. Denn

Napoleon hatte es in voller Erkenntnis seiner Bedeutung auf der Herfahrt dem Orden abgenommen. Aber von nun an strebten die Engländer nach dem Besitz auch dieser Schlüsselfestung, und bald sollte um sie die große Politik auf besondere Weise kreisen.

Mit der Seeschlacht von Abukir war die ägyptische Expedition gescheitert, mochte die abgeschnittene französische Armee noch so viele Landsiege erfechten. Und wieder einmal trat das grausame Mißverhältnis zwischen dem kontinentalen und dem maritimen Einsatz kraß zutage: denn um den Preis von nur 900 Toten vermochte das Inselreich den großangelegten Ausfall der kontinentalen Vormacht in die Welt zu vereiteln.

Die Folge des französischen Fehlschlags konnte keine lokal begrenzte bleiben. Sie zog weite Kreise in Asien wie in Europa.

Zunächst gab sie den Türken den Mut, den Eindringlingen den Krieg zu erklären. So zerriß das Bündnis, das 250 Jahre lang ein stabiles Element der abendländischen Diplomatie gewesen! Bisher war die Türkei ein zwar höchst wichtiger, aber ferner Außenposten Frankreichs geblieben. Nun gelangte sie in die Reichweite der napoleonischen Expansionspläne und hat in ihnen immer wieder als Eroberungsobjekt bei seinen weltweiten Kombinationen ihre Rolle gespielt. Grund zur Unruhe in Petersburg. Rußland durfte ebensowenig wie England dulden, daß eine europäische Hegemonialmacht, damals Frankreich – später Deutschland, nach Südosten ausbräche. Gegen solche Versuche werden sich die untereinander rivalisierenden Weltmächte stets die Hände reichen.

Sie taten es erneut auch in Europa. Und dieses Mal begnügte sich Rußland nicht mit einer bloßen Demonstration gegen Frankreich: auf Katharina war ja Paul gefolgt! Freilich waren es nicht allein rationale außenpolitische Berechnungen, die den unberechenbaren Mann in den Kampf trieben. Vielmehr wurde wie einst unter Peter II. die russische Schwenkung auch durch ganz irrationale Motive bewirkt. Paul war damals ein Maniac der Legitimität. Welche Ausschläge konnte nicht in diesem hellenistischen Despotenreich der Wechsel des Monarchen herbeiführen oder auch schon der seiner Launen! Gleichwohl entbehrte doch auch der exzentrische Legitimismus Pauls nicht einer tieferen rationalen Begründung. So zurückgeblieben, ja so grundverschieden die gesellschaftlich-geistige Lage Rußlands verglichen mit der Frankreichs auch war, gerade in ihr lag Zündstoff genug aufgehäuft, den umstürzlerische Gedankengänge entflammen mochten. Die Petrinische Machtmaschine verdankte ja ihre Leistungsfähigkeit der gewaltsamen Verkoppelung heterogener Elemente, des alten Russentums und der weltlichen Technik. Wie nun, wenn dieser Technik die westlichen Ideen nachfolgten, wenn ein Widerhall unverstandener

Vorgänge aus der Ferne das drillbare östliche Menschentum aufweckte, jene Instrumentalmenschen in den Kasernen und Büros, vor allem jene geduldigen Bauernmassen auf dem Lande, deren Rechtstellung gerade noch unter Katharina immer tiefer abgesunken war? Die große Zarin, die Bauernaufstände hatte unterdrücken müssen, wußte nur zu gut, warum sie die Revolution fürchtete. Je künstlicher die Ordnung nach den Vorbildern des westlichen Absolutismus stabilisiert worden war, um so verwirrender konnte einmal das Vorbild der westlichen Revolution wirken. Der festländische Machtstaat neigt an sich zur Erstarrung, bedarf zu seiner Weiterbildung der starken Initiative von oben her. Er wird in seinen Grundfesten erschüttert, wenn diese Initiative von unten her erfolgt, aus den Tiefen der Gesellschaft. Wie gilt das alles für die festländische Riesenmacht des Ostens im potenzierten Sinne. Rußland brauchte den Westen und fürchtete zugleich die ansteckende Berührung mit ihm. Man wollte ihn besiegen und scheute den Besiegten. Paul unterwarf alle Ausländer schärfster Kontrolle und erschwerte auf jede Weise die Ausreise seiner Untertanen. Die Jugend durfte nicht an fremden Universitäten studieren, weil an ihnen nur verderbliche Lehren zur Erhitzung unreifer Köpfe im Schwange seien. Peter der Große, der die Auslandsreisen gewaltsam genug organisiert hatte, war immer auf der Hut vor einer Umwälzung aus dem Geiste des alten Russentums heraus gewesen. Von nun an stand das Gespenst einer Umwälzung aus westlichem Geiste neben dem Zarenthrone und verließ diesen Platz nicht, solange der Thron selbst aufrecht blieb.

So geschah es denn, daß Rußland über die ost- und mitteleuropäische Interessensphäre hinweg, auf die sich Peter der Große und Katharina II. systematisch konzentriert hatten, weit in den Westen hinaus griff. War doch Deutschland offenbar nicht mehr in der Lage, ein hinreichendes Gegengewicht gegen das neue Frankreich aufzubringen, wie einst vor 100 Jahren gegen das alte. Das preußische Staatsschiff wagte nicht aus dem Hafen der Neutralität auszulaufen. Die Kraft dieses Staates hatte in dem Wellental zwischen den Hegemonialkämpfen hingereicht, um ihm bei heroischer Anspannung und kühnster Aktivität und Wendigkeit eine Art von Großmachtstellung zu gewinnen. Jetzt, wo der furchtbare neue Hegemonialkampf anschwoll, vermeinte die kleinmütige Berliner Staatsleitung diese Großmachtstellung bei völliger Untätigkeit wahren und sich den Rückwirkungen des europäischen Sturmes durch seine Ignorierung entziehen zu können. Österreich allein aber war für Frankreich nicht mehr der gefährliche Gegner wie vor der Entstehung des deutschen Dualismus. Aber da es entschlossen war, die günstige Gelegenheit auszunutzen, um den bösen Frieden von Campo Formio zu revidieren und seine Belange nördlich wie südlich der Alpen zu sichern, so trat es der neuen Koalition bei als die eigentliche Vormacht des mitteleuropäischen Raumes. Freilich wurden seine militärischen Leistungen von denen der osteuropäischen Riesenmacht gänzlich in den Schatten gestellt. Italien, die Schweiz, Holland, die bisher nie einen russischen Soldaten gesehen hatten, erlebten heroische Taten der östlichen Halbbarbaren. Welch unheimliche Steigerung des Aktionsradius des Zarenreiches, wenn wir hören, daß seine Truppen Schulter an Schulter mit den englischen auf der Insel Walcheren landeten und auf den Kanalinseln überwinterten. Aber nur wie ein abenteuerlicher Spuk zogen für diesmal die Bilder moskowitischen Soldatentreibens vor den Augen des inneren Abendlandes vorbei. Wurden doch all ihre Heldentaten nicht im Dienste einer klar erfaßten russischen Staatsraison vollbracht, sondern im Dienste eines Geisteskranken. Paul brach erst mit Österreich, dann auch mit England und landete mit einem salto mortale bei einem enthusiastischen Anschlusse an Frankreich und seinen großen Herrscher.

Denn in der Tat war inzwischen Napoleon, zurückgekehrt aus Afrika, durch den Staatsstreich des Brumaire der Herrscher Frankreichs geworden. Er warf das von Rußland im Stich gelassene Österreich mit gewaltigem Schlage nieder und stellte den Frieden auf dem Festlande glorreich wieder her.

Der Friede auf dem Meere, der Sieg über England, sie standen auch jetzt noch aus. Aber er hoffte sie nunmehr durch eine hybride Verbindung mit dem Zaren zu erzwingen. Im amerikanischen Unabhängigkeitskriege hatte es sich ja bereits erwiesen, wie gefährlich dem Inselreiche eine Einheitsfront des Kontinents werden konnte. Wie nun, wenn sich jetzt die zwei mächtigsten Kontinentalreiche zusammenschlössen? Konnte ihr Bund nicht endlich das Rätsel der insularen Sphinx lösen? Napoleon fieberte in Entwürfen. Er wollte in Flandern und in der Bretagne den direkten Angriff auf die Insel vorbereiten, im Mittelmeer sollten sich die französische und spanische Flotte mit der russischen Schwarzmeerflotte vereinen. Er lockte Paul mit dem zu erbauenden Suezkanal, der den russischen Seehandel mit Ostindien ermöglichen werde. Ostindien selbst wollte er, nunmehr gemeinsam mit seinem neuen Verbündeten, auf dem Landwege erobern, und seine mächtige Phantasie entzündete vollends die kranke des Zaren. Schon setzte sich eine Kosakenarmee in der Richtung auf Indien in Bewegung, schon trieb Rußland zur Landung in England an, schon erneuerte es die bewaffnete Seeneutralität aus der Zeit Katharinens – und da ihr auch Dänemark beitrat, sah sich England veranlaßt, eine Kriegsflotte nach Kopenhagen zu senden, um sich rechtzeitig des Schlüssels zur Ostsee zu bemächtigen, und es gelang Nelson in der Tat, in einem großen Seesiege die dänische zu zerstören. Aber eine größere

Sensation als die Nachricht von diesem Siege im Sunde brachte doch in London eine andere Nachricht hervor: es war die von der Ermordung des Zaren!

Wie eine bunte Seifenblase zerplatzte die phantastische Kombination Napoleons, die zu ihrem Gelingen der Hilfe eines Wahnsinnigen bedurfte. Zum zweiten Male war ihm die Waffe gegen England aus der Hand geschlagen: er verfiel, nachdem er die Petersburger Hiobspost erhalten, einem seiner Wutanfälle. Nicht mehr in der Lage, auf einen baldigen Siegfrieden hoffen zu dürfen, ist er nunmehr bereit, einen Verständigungsfrieden auszuhandeln, der ihm Zeit gewähre, seine gewaltige neue kontinentale Stellung in Ruhe auszubauen.

Aber konnte England sich auf dergleichen einlassen in einem Augenblicke, wo die festländische Vormacht sich bedrohlicher ausbreitete denn je? Es hat von allen Staaten, die gegen Frankreich 1792–1815 im Felde gestanden, die konsequenteste Kriegspolitik durchgeführt. War doch dieser Hegemonialkampf so gut wie die vorangehenden und die nachfolgenden in seinem Kerne ein Kampf des insularen Prinzips mit dem kontinentalen.

Und dennoch: 1802 hat England einmal der Kriegsmüdigkeit nachgegeben. In Frankreich kam die neue Zivilisation dank ihrer politischen Zuspitzung der kriegerischen Dynamik zugute – in England, wo sie sich in dem privaten und wirtschaftlichen Sektor auswirkte, der friedlichen. Pitt stürzte. England wollte die Natur Napoleons nicht sehen wie sie war, sondern wie es sie wünschte. Es suchte mit einem Höchstmaße von Nachgiebigkeit einen dauerhaften Friedenszustand herbeizuführen. Es überließ den Franzosen einfach das so oft umstrittene Belgien, ja, es versicherte sich nicht einmal eindeutig der Wiederherstellung der gefährdeten Unabhängigkeit Hollands. Es kompromittierte fast fahrlässig jenen klassischen Grundsatz seiner Politik, die niederländischen Flußmündungen nie der festländischen Vormacht zu überlassen. Konnte von einem Gleichgewichte auf der anderen Seite des Kanals überhaupt noch ernsthaft die Rede sein?

Dafür war das Übergewicht der Insel auf den Ozeanen, und hier liegt eine gewisse Erklärung der englischen Weichheit, um so unzweifelhafter. Es gestattete die gefahrlose Rückgabe eines Großteils der in den letzten Jahren okkupierten Kolonien an ihre festländischen Eigentümer, vor allem an Frankreich selbst. Labiler freilich war schon das englische Übergewicht im Mittelmeer, das seit der ägyptischen Expedition für die Zukunft des maritimen Prinzips als lebenswichtig gelten mußte. Immerhin, aus Ägypten waren die Franzosen vertrieben, und so glaubte es England verantworten zu können, sogar die Rückgabe der eben erst gewonnenen Schlüsselfestung Malta an den Orden in Aussicht zu stellen.

Ließ sich überhaupt durch englische Nachgiebigkeit – nicht durch Verzicht – ein Ausgleich auf weite Sicht herbeiführen, so durch die Bedingungen, in die die Insel zu Amiens einwilligte.

Und die Aussichten für einen solchen Ausgleich waren um so heller, als ihm auch die französische Volksstimmung so weit entgegen kam wie je. Wünschte sich doch die Nation nichts Besseres, als nach einem stürmischen Jahrzehnte unerhörte Gewinne in Ruhe zu genießen, von den Nachbarn unbedroht wie sie war und wirtschaftlich – von kolonialen Genußwaren abgesehen – hinreichend autark, um nicht aus ökonomischen Gründen nach Expansion zu verlangen.

Aber die öffentliche Meinung besitzt auf dem Festlande nicht die Bedeutung wie auf der Insel. Nur gegen unsichere und glücklose Staatslenkung setzt sie sich revolutionär durch. Dem starken Herrscherwillen gegenüber, der den militärisch-bürokratischen Apparat in fester Hand zu halten weiß, findet sie sich schließlich doch bereit, auf seinen kühnen Wegen zu folgen. Sie fühlt, daß er die Seele des Staates, des Machtstaates, verkörpere. Einen Gegenpol, um den sie sich sammeln könnten, finden die verschiedenartigen Elemente der Opposition dann nicht; sie bleiben, abgedrängt zu Verschwörungen und Hochverrat, zerstreut an der Peripherie. Schlummerte doch in jedem Angehörigen der grande nation die Sehnsucht nach dem Ruhme des Vaterlandes, d. h. aber damals nach seiner Hegemonie. Von einer echten Einsicht in die Fährnisse bei ihrer Verwirklichung ist selten die Rede. Das große kontinentale Volk vermochte die unsichtbaren Kräfte des kleinen insularen Gegners nicht einzuschätzen. So erkannte es nicht die schmale Grenze zwischen kühnem und aussichtslosem Spiel. So konnte es den Reiter nicht abschütteln, der es über so viele Hindernisse emporriß. Es wird erst in äußerer Katastrophe abgehetzt unter ihm zusammenbrechen. Dieselben Eigenschaften des dämonischen Mannes, dem es seinen steilen Aufstieg verdankt, werden seinen steileren Absturz zuwege bringen. Für vergängliche Erfolge bleibt ihm ein furchtbarer Preis nicht erspart.

Denn wie konnte es einer Natur wie der Bonapartes in den Sinn kommen, auf halbem Wege Halt zu machen? Die Weltherrschaft schließt eine Versuchung von einzigartiger Gewalt in sich. Schon die christlichen und legitimen Könige Philipp und Ludwig hatten an ihre Gewinnung die letzte Kraft ihrer Völker gesetzt. Jener aber war der Sohn der Revolution, in der der Wille zur Macht sich aller Quietive des Glaubens und Herkommens entledigt hatte; erfüllt von dem Überlegenheitsgefühl des rücksichtslosen Jakobiners über die alte Gesellschaft, ein bindungsloser Abenteurer vom fremdartigen Rande der französischen Welt herstammend, kontinental in allen seinen Instinkten, obgleich auf einer Insel – aber einer des Mittelmeeres – geboren. Wie sollte sein leidenschaftlicher Wille zur Macht auf dem Gipfel des festländischen Triumphes die rätselhafte Haltbarkeit des Netzes erkennen, von dem sein waffenmächtiges Riesenreich unsichtbar umfangen wurde? Die Großherrscher des Festlandes finden wir stets von der Überschätzung ihrer Möglichkeiten bedroht. Hat doch überhaupt die Machtleidenschaft wie jede andere die Tendenz, Kontrollen auszuschalten und eine Dekadenz des Besessenen herbeizuführen.

Diese beginnt sich in der Tat bei dem Auftreten Bonapartes nach Amiens abzuzeichnen. Es war gar nicht seine Absicht, die Friedenschancen so rasch aufzubrauchen, wie es dann doch geschah. Er dachte wohl jahrelang hinter der Kulisse des Vertrages Deckung zu finden, um sich vor neuem Waffengange erst noch ausgiebig diesseits wie jenseits der Meere zu befestigen und abschnittsweise auszudehnen. Aber seine Hybris unterschätzte den Gegner. Er vergriff sich bei der Durchführung seines Verfahrens in der Dosierung der Mittel. Er breitete sich ohne Rücksicht auf Sinn und Wortlaut der Verträge in Europa aus: in Italien, der Schweiz, Deutschland und – am empfindlichsten für die Insel – in Holland. Von einer Herstellung der niederländischen Souveränität konnte die Rede nicht sein. Aber auch der Kampf um das Mittelmeer ging ungeachtet des Friedensschlusses in Wahrheit weiter. Die Blicke Bonapartes richteten sich auf das mittlere Nordafrika nicht nur, sondern auch wiederum auf Ägypten. Ja nach Ostindien schweiften sie erneut. Und nach Westindien wurde eine ganze Armee zur Wiederherstellung der angeschlagenen französischen Herrschaft entsandt. Selbst die Erneuerung des Kampfes um Nordamerika schien in den Bereich des Möglichen zu rücken. Napoleon hatte soeben von Spanien Louisiana erworben; er veräußerte diesen Besitz zwar bald wieder um ein Geringes an die Vereinigten Staaten, aber doch erst dann, als der Wiederausbruch des europäischen Krieges bereits vor der Tür stand und ihm die Freundschaft der Staaten als wichtiger erscheinen ließ denn den fernen und prekären Besitz. War doch die neue französische Kriegsflotte, die die Verbindung mit ihm einmal hätte sichern können, erst im Entstehen begriffen. Und gerade ihr Ausbau, mit allen Mitteln gefördert, wirkte in England als bedrohliches Alarmsignal. Man hatte dort den Vertrag dahin verstanden, daß durch ihn zwar kein Gleichgewichtszustand auf dem Kontinente, aber doch ein solcher in der Welt, zwischen dem eigenen und dem französischen Machtbereiche stabilisiert werden solle. Man sah sich enttäuscht, bereute fahrlässiges Entgegenkommen und erneuerte den Krieg. So ging das Schicksal seinen Gang weiter, und wir Deutsche empfinden jede neue

Etappe des Weges wie ein Kapitel unserer eigenen Geschichte.

Die erste Etappe ist das Lager von Boulogne. Wir treffen den Beherrscher des Festlandes mit ebenso kühnen wie gründlichst dilettantischen Plänen zu einer Landung beschäftigt. Man hat wohl geglaubt, es habe sich bei ihnen um ein Täuschungsmanöver gehandelt, um unauffällig ein Heer gegen kontinentale Gegner sammeln zu können. Aber diese Meinung ist aufgegeben. Es war Napoleon voller Ernst. Zu einem russischen Diplomaten sagte er scheinheilig triumphierend, als Europäer sehe er mit Schaudern die Folgen des neuen Krieges voraus, er werde ebenso betrübt sein wie der Russe, wenn eines Tages die Nachricht käme, daß England nicht mehr existiere! In der Tat, so hoch erhoben sich die Hoffnungen des Hauptquartiers. Talleyrands Tagebücher aus jener Zeit reden dieselbe Sprache der Zuversicht. Zuerst sollte die Landung von Fischerbooten bewerkstelligt werden, die nur von kleinen armierten Fahrzeugen eskortiert werden würden, um ja die Überraschung zu gewährleisten. Allein die erforderliche Zahl dieser Begleitschiffe sollte nach der letzten Berechnung über 2000 betragen. Die Häfen langten für sie nicht zu. Auch zeigten die Probemanöver eine zu große Abhängigkeit vom Wetter. So sollten denn Schlachtschiffe die Landung decken und wenigstens für einige Tage die Herrschaft im Kanal erkämpfen.

Aber hierfür erwies sich die französische Marine als zu schwach. Ist es nicht, als ob vom Sommer 1940 die Rede wäre?

Boulogne war der dritte Versuch, mit maritimen Mitteln dem Gegner zu Leibe zu rücken, nach der ägyptischen Expedition und nach der Kooperation mit dem Zaren Paul. Nun auch dieser dritte Plan nicht realisiert werden konnte, lag es nahe, durch eine weitere Ausdehnung auf dem Festlande, zunächst noch mit friedlichen, wenn auch recht gewaltsamen Methoden, eine indirekte Chance zur Niederringung der Insel zu gewinnen. Aber die Folge waren neue Kriege auf dem Kontinente. Die Kanone ging gleichsam in entgegengesetzter Richtung los, eine typische Wendung in allen Hegemonialkämpfen, von Philipp II. bis zu Hitler. Die preußische Diplomatie sagte voraus, bei Mißlingen des Landungsplanes werde Bonaparte, der sich Hannovers bereits versichert hatte, noch weitere Entschädigungen auf dem Kontinente suchen.

Es konnte nicht ausbleiben, daß die noch selbständigen Mächte des Festlandes durch die vielfachen Eingriffe in ihre Interessensphäre alarmiert wurden, an ihrer Spitze Rußland! Es entspricht seinem Lebensinteresse so gut wie dem englischen, gegen jede europäische Hegemonie in die Schranken zu treten, und nur der Wahnsinn Pauls hatte sich dieser Forderung entzogen. Alexander gehorchte ihr. Sein Kanzler fürchtete, die Franzosen möchten etwa im Norden die Herrschaft über den dänischen Sund erlangen und Rußland in der Ostsee einschließen, im Süden die Türkei überwältigen und von dort aus die Ukraine mit westlichen Ideen infizieren. Den Ausschlag für seine Wendung gegen Frankreich gab aber bei dem Zaren selbst vielleicht die Hinrichtung des Herzogs von Enghien, ein Rückfall Bonapartes in jakobinischen Terrorismus, dessen ungeheure Wirkung auf das noch verletzliche sittliche Empfinden der abendländischen Welt vorauszusehen einem Manne seiner Art nicht gegeben war.

So kam denn die dritte Koalition zustande, das letzte Werk des zur Macht zurückgekehrten Pitt. Ihr Kern war das Bündnis der großen Flügelmächte. Das zerspaltene Deutschland war in ihr nur durch Österreich vertreten, das deutlich als Macht minderen Ranges unter starkem Drucke beitrat. Preußen verschanzte sich auch jetzt noch hinter seiner Neutralität, um isoliert bald um so vernichtender geschlagen zu werden.

Denn von der Kanalküste bei Boulogne in die Tiefe des Festlandes vordringend durcheilte nunmehr Napoleon eine neue blutige Siegeslaufbahn über Austerlitz und Jena bis zum Frieden von Tilsit, glänzender noch als die vorhergehende und doch kein Ersatz für jene Aktion, die in Boulogne unterblieben war! «Ohne Frieden mit England sind alle anderen Friedensschlüsse nur Waffenstillstände», so sagte der Kaiser später einmal selbst.

Die Schlacht von Trafalgar aber sorgte dafür, daß die Pläne von Boulogne nicht wieder aufgenommen wurden. Wie bei La Hogue wurde die französische Flotte aufs neue das Opfer eines obersten Kriegsherrn, der vom Ozean nichts verstand. Und wieder einmal nimmt der Betrachter staunend zur Kenntnis, wie minimal der Preis war, den England auch für diesen Sieg zu entrichten hatte, der ihm eine in hundert Jahren nicht mehr bestrittene Seeherrschaft eintrug. Er betrug 449 Tote. Unter ihnen freilich Nelson; aber sein Sieg machte seine Person entbehrlich.

Wie kam es aber, daß diese einzige Seeschlacht dem Sieger die dauernde Seeherrschaft eintrug, nachdem in den beiden vorhergehenden Generationen die jeweilige englische Überlegenheit immer wieder durch französische Neubauten in Frage gestellt worden war? Die Technik hatte sich ja noch nicht geändert. In der Tat, es rankt sich ein gewisser Mythos um diese Schlacht. Wohl war sie tatsächlich die letzte große Seeschlacht gegen Frankreich, aber nur deswegen, weil bald darauf Napoleon zu Lande vernichtet wurde – in Auswirkung freilich der Tatsache, daß er zur See England nicht bezwingen konnte: sonst hätte er den Zug nach Moskau nicht zu unternehmen brauchen. Aber wäre er zu Lande siegreich geblieben, er hätte trotz Trafalgar den Kampf zur See von neuem aufgenommen, wie er denn vielleicht nur durch den spanischen Aufstand an erneuten Landungsvorbereitungen verhindert worden ist. Hüten wir uns vor dem voreiligen Trugschlusse: *post hoc ergo propter hoc.*

Von Trafalgar springt unsere Betrachtung nach Tilsit, d. h. zu dem Experimente des Kaisers, nunmehr erneut auf dem Umwege über eine Freundschaft mit dem kontinentalen Rußland sein Hauptziel zu erreichen, die Niederringung der Insel. Ein Experiment, das mit anderen Vorzeichen auch Hitler eingeleitet hat. 1939 sollte es dazu dienen, den Krieg gegen England für alle Fälle zu ermöglichen, 1807 aber ihn zu Ende zu bringen. Wohl hatte Napoleon die große Macht des Ostens aus Mitteleuropa zurückgedrängt, in das sie seit dem Regierungsbeginn Pauls vorgedrungen war. Aber er stand in Tilsit erst an der russischen Grenze; besiegt hatte er Rußland nicht. Er hatte mit all seinen neuesten Siegen nicht die festländische Partie zu Ende spielen können, die ihm der Verzicht auf die Landung aufgenötigt hatte. Und trotz der unvergleichlichen Erweiterung seines Machtbereiches stand es insofern mit ihm nicht besser als mit Philipp II. und Ludwig XIV. Wie aber, wenn es glückte, die Partie remis stehen zu lassen und jene französisch-russische Zusammenarbeit wieder zu beleben, die Pauls Ermordung in verheißungsvollstem Augenblicke zerrissen hatte?

Aber Paul war ein Maniac gewesen – der vieldeutige Alexander besaß Eigenschaften eines Herrschers. Das Bündnis war ihm eben recht, um den unglücklichen Krieg glimpflich zu liquidieren. Aber er hat sich nicht zu einer Gemeinschaftspolitik verführen lassen, der keine wahre Interessengemeinschaft eignen konnte. Denn mit dem unerhörten Anwachsen des Empire konnte sich Rußland nur unter einer Voraussetzung allenfalls zeitweise abfinden – daß ihm das Entsprechende vergönnt werde. Wurde schon sein altgewohnter Einfluß in der Westrichtung ausgeschaltet und das polnische Herzogtum Warschau an seiner Grenze aufgerichtet, um über diese Grenze hinweg magnetisch nach Osten einzuwirken, so hatte es wenigstens zu verlangen, daß ihm der Weg nach Süden nicht verbaut werde. Es standen ihm ja mehrere Stoßrichtungen zur Wahl. Konstantinopel wäre immerhin ein Kompensationsobjekt gewesen.

Aber Alexander mußte erfahren, daß sein Partner seine orientalischen Ambitionen mitnichten aufgegeben habe, deren Verwirklichung ihm einen Durchbruch in die Weite versprach, bei dem er eine ozeanische Flotte entbehren konnte. Wohl lockte Napoleon mit unpräzisen Andeutungen über eine Teilung der Türkei, mit Plänen für eine Kooperation gegen Indien, mit denen er einst die Phantasie Pauls entzündet hatte, auch mit gemeinsamem Vorgehen gegen Schweden. Aber Alexander mochte spüren, daß sein Reich nur als Hilfsmacht in einer *societas leonina* umworben werde, und obendrein belehrten ihn fast gleichzeitig Nachrichten von der englischen Invasion auf der pyrenäischen Halbinsel und von der Erhebung der Spanier, daß der babylonische Turmbau Risse im Fundament aufweise. So streckte denn Napoleon seine Hand ins Leere aus. Die Blüte der Tilsiter Freundschaft setzte keine Frucht an. Sie versagte gerade dort, wo der Kaiser vor allem die englische Front zum Einsturz zu bringen gedachte: im Handelskriege, bei der Kontinentalsperre.

Rußlands Handel war eingespielt auf den Austausch seiner Agrarprodukte und seines Holzes gegen englische Manufakturwaren. Die Stockung dieses Austausches bedrohte das weite Reich mit unabsehbaren Verlegenheiten. Und das Bündnis ihres Zaren mit dem gottlosen Kaiser des Westens war den orthodoxen Altrussen an und für sich schon odiös. Führte es aber zum Ziele und wurde England tatsächlich ausgelöscht – konnte es für den Zaren verlokkend sein, sich dann dem Imperator, der ihm schon jetzt keine eigene Expansion gönnte, isoliert gegenüberzusehen?

Das Tilsiter Bündnis hätte immerhin Napoleon Dienste leisten können, wäre es ihm nur darauf angekommen, sich für kurze Zeit den Rücken frei zu halten, um inzwischen England aus eigener Kraft zu bezwingen, d. h. mit maritimen Machtmitteln. Aber gerade daran war ja seit Boulogne und vollends seit Trafalgar nicht zu denken! Frankreich konnte nur immer aufs neue kontinentale Machtmittel einsetzen, und daß die Kontinentalsperre zu ihnen gehörte, sagt das Wort selbst. Aber ein rascher und durchschlagender Erfolg war von diesen Mitteln nicht zu erwarten.

So mußte es denn geschehen, daß die Brüchigkeit des Bündnisfundaments, eben der Mangel an echter Interessengemeinschaft in der Kardinalfrage, volle Zeit erhielt sich auszuwirken, daß Zweideutigkeit, Mißtrauen und schließlich Verrat die Beziehungen aushöhlte, bis sie 1812 zusammenstürzten.

Es geschah nicht, ohne daß an zahlreichen anderen Punkten Verfallserscheinungen im Empire eine Krise angekündigt hätten. Auch sie hingen zumeist mit der unseligen Kontinentalsperre zusammen, dem Infektionsherde, der den Körper des großen Reiches schleichend vergiftete. Die Handelssperre war der Krieg ohne Waffen, aber erschöpfender als die blutigen Feldzüge, die um ihn abzukürzen geführt wurden und doch vergeblich blieben. Sie ist eine bescheidene Vorgängerin der Rationierungen und Bezugsscheine der modernen Kriege, nur daß die Verlegenheiten, die sie schuf, nicht als Folge einer englischen Blockade auftraten, sondern vielmehr als Folge freiwilliger Abschließung des Kontinents, einer Gegenblockade. Nicht als ob dieser bereits, um überhaupt leben zu können, von Seezufuhren abhängig gewesen wäre. Aber sie spielten dennoch, wie sich erwies, eine größere Rolle für ihn als in früheren Jahrhunderten, in denen die Waffengänge mit der Insel immerhin doch auch schon bedenkliche wirtschaftliche Komplikationen gezeitigt hatten. Inzwischen aber war in England das Manufakturwesen aufgeblüht und die festländischen Agrarländer hatten sich daran gewöhnt, englische Massenfabrikate, vor allem Textilien und Stahlwaren, einzuführen. Ihr Ausbleiben setzte nicht Rußland allein in Not. Neu entstehende Industrien genügten nicht zum Ausgleich. So weit das System reichte, wurde der Haß gegen den Zwingherrn ausgesät und zugleich gegen die grande nation, die Vorrechte auch in der Wirtschaft genoß; es wurde das Schmuggelwesen verbreitet, die Moral der Verwaltung zerrüttet, der Glaube an die Festigkeit des Empire selbst zerfressen. Äußerlich machte zwar die Tendenz zur Vereinheitlichung des Erdteils wohl weitere Fortschritte. Aber nach der ersten Ära, der verblüffenden und faszinierenden Ausbreitung Frankreichs, folgte nun eine zweite mit negativen Vorzeichen, erfüllt von Zwang, Zweifel, Empörung. Ein *circulus vitiosus* trat ein. Ein Land nach dem andern wurde von der Universalmonarchie verschlungen, damit die immer wieder durchlöcherte Sperre wirksamer durchgeführt werde; die Garnisonen mußten vermehrt werden gegen etwaige Invasionen der Engländer von See her – wo konnten sie nicht erfolgen? – und zugleich gegen schwelende Widerstandsbewegungen im Innern. Auf der Pyrenäenhalbinsel ließen sich dennoch weder die einen noch die andern verhindern und rissen jene Wunde auf, die sich mit keiner Therapie mehr schließen ließ und die Kräfte des Reiches der Auszehrung überlieferte.

Während die Waffe der Kontinentalsperre als Bumerang auf den Angreifer zurückschlug, verfehlte sie die erhoffte Wirkung auf den Angegriffenen. Und es war dasselbe englische Manufakturwesen, dessen Waren gleichzeitig zu der Verletzlichkeit der festländischen Wirtschaft beitrugen, wie umgekehrt zu der Unverletzlichkeit der insularen. Die sanguinischen Berechnungen des Kaisers auf die Lähmung der ökonomischen Kraft des Gegners erfüllten sich ebensowenig wie später die der deutschen Staatslenker in ähnlicher Lage. Jene Fabrikate nämlich, die trotz des gigantischen Schmuggels und sonstiger Durchbrechung der Sperre auf der anderen Seite des Kanals keinen Absatz mehr finden konnten, eroberten sich die überseeischen Märkte. Und das um so leichter, als England die Flagge der Neutralen von den Meeren verjagte und außer den Vereinigten Staaten keinen Konkurrenten zu fürchten brauchte. Napoleon selbst ließ 1812 die düstere Voraussage hören: «In zwei Jahren werden die neuen Märkte Südamerikas unsere Kontinentalsperre aufwiegen.» Gewiß, manche Teile der britischen Bevölkerung hatten Schweres zu tragen, aber sie trugen es. Das insulare Solidaritätsgefühl ließ die von Napoleon sehnlichst erwarteten Unruhen nicht hochkommen. Und trotz aller Verlegenheit im einzelnen erwies sich die Wirtschaft im Ganzen als krisenfest. In abgewandelter Form bewährte die Insularität ihre geheimnisvolle Kraft auch dieses Mal. Und wiederum zerschellte an ihr wie an einer verborgenen Klippe schließlich die anbrandende Woge einer vielleicht zehnfachen numerischen Überlegenheit.

Welch ein Anblick! Dies glänzende, waffenstarrende, ungeheure Empire, das seinen schmächtigen Todfeind mehr als ein Dutzend Jahre überhaupt nicht zu Gesicht bekommt, das sich wie ein gefangener Stier in einem Netze des Unheils windet und es mit allen seinen blutigen Siegen nur immer enger um sich zieht. Dem Umgarnten tritt dann der bewegliche Gegner mit der Gewandtheit eines Toreros entgegen, in dem von ihm gewählten Augenblicke, an der von ihm ebenfalls gewählten fernen iberischen Front; er bringt ihm dort Wunde auf Wunde bei, bis er ihm endlich auf den klassischen Schlachtfeldern der Niederlande den Fangstoß versetzt – dies alles mit geringstem eigenen Verluste. Hat doch England in zweiundzwanzig Kriegsjahren nicht mehr als 50000 Mann auf europäischem Boden verloren, eingerechnet die Verluste seiner deutschen Hilfstruppen.

Die Hauptblutarbeit aber fiel auch in dieser Kriegsära den festländischen Verbündeten zu. Bei ihnen heißt es scharf auseinander halten die junge östliche Flügelmacht auf der einen Seite und die Gruppe der alten Kontinentalstaaten auf der anderen. Jene, im Vorfelde angeschlagen, aber nicht ins Mark getroffen, bedurfte keiner grundstürzenden Erneuerung, um kampfkräftig dazustehen. Wie aber konnten diese ihren Platz in der Phalanx wieder einnehmen, nachdem sie niedergeworfen, der Waffen beraubt, verteilt, ja durch Neubildungen ersetzt worden waren? Es mußten ihnen neue moralische Energien zuwachsen, durch die nationale Idee.

In den Jahren des überwältigenden Vordringens der Flutwelle konnte es wohl scheinen, als ob wirklich das *imperium romanum* sich erneure, als ob die Tendenz zur Einheit, im Mittelalter nur schemenhaft verwirklicht, nunmehr eine massive Realität gewinnen wolle – begünstigt von der Dynamik der aufschießenden Zivilisation. Der junge Geist aller Länder, ihre empordrängenden Gesellschaftsschichten segelten eine Strecke weit in dem Winde der revolutionären Menschheitsideen Frankreichs. Die Völker des alten Kontinents schienen wie weiches Wachs und bereit, von der Hand des Imperators sich in eine universale Form kneten zu lassen. Die Phantasie mag sich die Konsequenzen auszumalen suchen, hätte ein einheitliches Europa kontinentalen Gepräges sich in der Welt behaupten können als Mittelpunkt der Macht wie der Kultur. Sie mag sich auszurechnen suchen, welche Möglichkeiten sich bei solcher Weichenstellung eröffnet, welche anderen sich aber auch verschlossen hätten. Ist doch die Entstehung so vieler Werte, die die Folgezeit geschaffen, ohne die Vielzahl freier konkurrierender Nationen ebenso wenig zu denken wie die heutige Bedrohung dieser Werte.

Aber der Deich hielt stand: England und Rußland blieben aufrecht. Die universale Flut verebbte, und das historisch Gewordene trat wiederum zutage. Genötigt, seine Machtmittel zu überanstrengen, verlor das Empire seinen Zauber. Aufs neue triumphierte die Tendenz zur Zerklüftung über die zur Vereinheitlichung Europas, und dieses Mal endgültig. Denn nicht genug damit, daß die Kontinuität dieses vielgeteilten abendländischen Daseins sich behauptete – sie gewann gewaltige neue Lebenskraft hinzu, indem sie den jungen Geist und die empordrängenden Gesellschaftsschichten nun ihrerseits in sich aufnahm: in der Form des nationalen Gedankens. Dieser, der erstmals die revolutionierten Massen Frankreichs bei der Abwehr der Fremden entflammt hatte, verwandelte und erhitzte nun auch rückwirkend Frankreichs Gegner. Die riesigen Massenpersönlichkeiten der Nationen betraten selbstbewußt die Bühne, leidenschaftlich bestrebt, ihr ideales Wesen machtvoll zu realisieren, nie wieder knetbares Wachs, sondern von nun an harter und scharfer Kristall. Als mächtige, aber auch unheimliche Verbündete strömten die neuen nationalen Energien in das Gefüge der alten Staaten ein, erlaubten ihnen, sich wieder zu erheben und sich einzureihen in die Phalanx gegen den Imperator. Aber wären diese Staaten allein oder nur im Bunde mit England wirklich fähig gewesen, die Freiheit wiederzugewinnen? Mit welchen Opfern? Wann?

Tatsächlich jedenfalls hat die junge Flügelmacht des Ostens den Freiheitskampf des alten Kontinents unberechenbar erleichtert. Nicht zwar, daß Rußland angegriffen hätte. Im Angriffe wären seine stärksten Trümpfe auch nicht zur Geltung gelangt. Aber der Kaiser selbst glaubte sich genötigt anzugreifen – wollte er anders sein Hauptziel erreichen, den Sturz Englands. Die mit so viel Hoffnungen begonnene Zusammenarbeit mit Alexander hatte zu keinem Ergebnis geführt, so wenig wie einst die mit Paul, wenn auch in anderer Weise. Niemals konnte Rußland seinem Wesen nach aufrichtig eine Hegemonialmacht im Westen unterstützen. Und doch verlangte gerade solche Unterstützung das System der Kontinentalsperre, das unwirksam bleiben mußte, wenn sein Netz nicht lückenlos den Kontinent umspannte. So blieb dem Kaiser nur die Anwendung der Gewalt gegen das renitente Rußland übrig. Obendrein, begann er nicht den Krieg, so konnte er ihm einmal im ungeeignetsten Augenblicke von der Gegenseite aufgezwungen werden. Es konnte sich England mit Rußland verbinden, im Osten einen Brandherd entzünden, wie es ihm im Süden, in Spanien, bereits gelungen war, das Empire am langsamen Feuer zu rösten. Zuvorkommen, so lange die Auszehrung der Kräfte noch nicht weiter vorgeschritten war, das war klüger als abwarten; also Präventivkrieg! «England jede Hoffnung auf eine neue Koalition nehmen, indem man die Macht des einzigen Großstaates untergräbt, der noch sein Verbündeter werden könnte, das ist ein großer, erhabener Gedanke» (Napoleon zu Coulaincourt). Es war nun einmal die bittere Konsequenz von Boulogne und Trafalgar: die Seemacht mußte mit immer weiter ausgreifenden Landkriegen indirekt bekämpft werden. In ähnlich weichender Konjunktur hat auch Philipp II. einen extremen Entschluß fassen müssen. Aber er faßte ihn widerwillig. Napoleon jedoch überschritt mit hybrider Zuversicht am 21. Juni 1812 den Nyemen.

Wie seine Berechnungen im Westen angesichts der unbekannten ozeanischen Welt in die Irre gingen, so im Osten in dem fremdartigen eurasischen Riesenraume. Napoleon war kontinentaler Abendländer. Hier war Kontinent, aber kein abendländischer mehr. Das alte Festland hatte er als erster mit den Waffen unterworfen; weder Karl V. noch Philipp II.

noch Ludwig XIV. war Vergleichbares gelungen. Aber in dem neuen Festlande sollte seine Laufbahn sich wenden. Es sollte sich in entscheidender Stunde erweisen, was die Erweiterung des Kraftfeldes der europäischen Politik durch das russische Riesenreich für die Freiheit des Staatensystems bedeute. Auch die neue Zivilisation bot ja noch keine hinreichenden Mittel dar zur Bewältigung der ungeheuren Entfernungen des Ostens. So durfte sich Rußland nunmehr neben England als Bürgen des Systems erproben, nachdem die deutschen Mächte sich dieser Probe nicht gewachsen gezeigt hatten. Es durfte zum obersten weltgeschichtlichen Range emporsteigen, noch weit hinaus über den, den Peter und Katharina erreicht hatten.

Es spielte im Kriege alle seine wohlbekannten Trümpfe aus, die schon Karl XII. zu Fall gebracht hatten: die Weite des Landes, die Zerstörung der eigenen Städte, die Härte des Klimas. Es geschah nicht zum letzten Male!

Erst dem zurückschwingenden Pendel hängten sich dann die deutschen und anderen Staaten an, und es bildete sich schließlich, angeführt von den beiden Flügelmächten Europas, eine lückenlose Phalanx, die die Hegemonialmacht umfaßte und erdrückte. Ihre Hauptstadt fiel zweimal in die Hand der Sieger, zum sichtbaren Zeichen, daß ihre Niederlage dieses Mal, anders als unter Ludwig XIV. und Philipp II., ein Zusammenbruch war – schließlich begrüßt von einem Großteil der eigenen Bevölkerung als letzter Ausweg aus einer Lage, die keinen anderen zuließ. Die zweite französische Dünungswelle verebbte nicht langsam wie die erste; sie überschlug sich. Als überraschender Ausfall und Durchbruchsversuch in die weite Welt war sie jäh aufgestiegen. Nun sanken mit ihr die Kräfte der tief erschöpften Nation zusammen, die die Revolution bis in die letzte damals erreichbare Tiefe mobilisiert hatte. Keine Reserve, die nicht zum Einsatz gelangt wäre. Wohl hat Frankreich später noch manches Mal mit dem Anspruch auf Hegemonie gespielt. Aber niemals wieder hat es für sie sein Letztes eingesetzt. Es fühlte sich fortan zurückbleiben hinter den Fortschritten der Sieger. Seine Bevölkerungszunahme sinkt ab. Der Wille zur Macht, der in tragischen Widerspruch zum einfachen Lebenswillen der Bevölkerung geraten war, erholte sich nie wieder von seiner Überanstrengung. Der Scheitelpunkt war überschritten, wie bei Spanien 200 Jahre früher. Eine stolze Nation, die aus der Hand des Siegers eine an sich treffliche Verfassung und die Garantie ihrer inneren Zustände empfängt – sie hat eine Verletzung erhalten, von der es keine volle Genesung gibt, und mag die Gunst der Umstände und die Klugheit der anderen die sichtbare Wunde auch rasch vernarben lassen. Es ist eine Sprungfeder zerbrochen, die nicht zusammengeschweißt werden kann, und mag dieser Nation abseits der Politik noch so viel Federkraft übrig bleiben. Je höher bei den kontinentalen Machtnationen der Staat emporsteigt, um so tiefgreifender die Auswirkung seines Falles.

Während so für Frankreich der Herbst sich ankündigte, lag auf der Insel für die nächsten zwei Generationen strahlender Hochsommerglanz. Zwar konnte sie nicht mehr so unbestritten als der einzige Hauptgewinner des Sieges wie vor 100 Jahren gelten. Neben ihr beanspruchte diesmal auch Rußland einen gewaltigen Anteil an den Früchten des kollektiven Erfolges. Aber trotzdem: der englische Gipfel der Macht und des Glückes überragte auch die stolzeste Erhebung auf dem Festlande, und so empfiehlt es sich, von London aus die Resultate der abgeschlossenen Kriegsära zu überblicken.

Sie bestätigen und überhöhen das Ergebnis der beiden vorhergehenden Hegemonialkämpfe. Von neuem erweist sich das alte Festland als unfähig, eine Vormacht aus sich heraus zu entwickeln, und muß es mit ansehen, wie des weiteren seine transozeanischen Beziehungen verkümmern. Wiederum lassen sich diese beiden korrespondierenden Erscheinungen in der Londoner Sicht charakterisieren als europäisches Gleichgewicht indirekt zu Englands Gunsten hier – als direktes transozeanisches Übergewicht Englands dort. Deutlicher als je bisher bezahlt das alte Festland die Fortdauer seines freien Staatensystems mit der Auswanderung seiner Macht.

Dieser Vorgang tritt in den Veränderungen der kolonialen Besitzverhältnisse noch nicht einmal in vollem Maße in die äußere Erscheinung. Aber der Umfang, den die beiden iberischen und das holländische Imperium auch jetzt noch behalten, darf nicht darüber hinwegtäuschen, daß dieses in der englischen Machtsphäre liegt, jene – und unter englischer Nachhilfe – in einem Zustande der Unbotmäßigkeit dem Abfalle von ihren Mutterländern entgegenreifen. Die französischen Kolonien vollends können ganz offenbar nur noch als Trümmerstücke des alten Imperiums angesprochen werden. Auch erweitert England das seine immerhin in bedeutsamer Weise, systematisch bestrebt, die Wege nach Indien für alle erdenklichen Fälle in der Hand zu behalten: durch die Stärkung seiner Mittelmeerposition, die Festsetzung am Kap und die Wegnahme Ceylons. Aber viel wichtiger als all diese territorialen Veränderungen ist doch die auf keiner Karte abzulesende Monopolstellung, die England als vervollkommnetes Weltvenedig gleichzeitig auf den Gebieten der Seemacht, des Seehandels und der Exportindustrie fortan konkurrenzlos einnimmt. War doch allenfalls ein Einbruch in sein dreifaches Monopol nur von einer einzigen Macht zu befürchten, den Vereinigten Staaten.

Und damit kommen wir auf einen Schatten in dem hellen Bilde zu sprechen: der Mitteltrieb des alten englischen Imperiums war und blieb ausgebrochen. In welcher Weise und Richtung würde sich die potentielle Weltmacht Nordamerikas zu einer realen entwickeln? Eine Frage erster Ordnung für das Weltschicksal! Im Gegensatz zum Mutterlande waren die Vereinigten Staaten ins Leben getreten. Würden sie in ihm verharren? Es schien damals wahrscheinlich genug.

Wir berichteten, daß Napoleon sich Louisianas zugunsten der Staaten entäußert hatte, als der in Amiens geschlossene Frieden sich als kurzlebig erwies. Diese Resignation machte sich bezahlt. Denn so viele Nachteile die Kontinentalsperre in Europa dem Kaiser eintrug, in Amerika verschaffte sie ihm einen eklatanten Erfolg. Sie löste englische Gegenmaßnahmen zur See aus, die den gewinnbringenden Handel der Yankees mit den Neutralen lahmlegten und zu einem neuen Kriege der Staaten gegen ihr Mutterland führten. Ein denkwürdiger Moment. Während der Imperator in Rußland die Entscheidung gegen England zu erzwingen strebte, versuchten die Yankees die Eroberung Kanadas nachzuholen und damit praktisch die Anwartschaft auf alleinige Beherrschung des riesigen Kontinents zu erwerben. Freilich mißlang ihr Versuch. Aber welch großartige Perspektive auf eine völlige Wendung des europäischen Schicksals konnte seine Wiederholung eröffnen! Wie sollte künftig England das Emporkommen einer Vormacht in Europa verhindern, wenn es im Rücken und zur See von der werdenden Weltmacht der Vereinigten Staaten angepackt würde? Damals konnte eine solche Entwicklung der Dinge für eine spätere Zukunft fast als wahrscheinlich vorausgesehen werden. Aber bereits machte sich insofern eine Entspannung zwischen dem Mutter- und dem Tochterstaate geltend, als dieser sich vom Meere abzukehren und der Weite des Kontinents zuzuwenden begann. Die einzige maritime Konkurrenz, die England zu befürchten hatte, schwächte sich mehr und mehr ab.

Während also die unfertige überseeische Weltmacht nur gelegentlich in die weite ozeanische Interessensphäre Englands einschnitt, war die eurasische Weltmacht auf dem Festlande bereits zu einem gewaltigen Gegenspieler herangewachsen. Bei der Friedensregelung vor 100 Jahren war es für London nur darauf angekommen, die französische Gefahr zu bannen. Jetzt mußte es gewiß nicht weniger auch auf die russische achten. Wohl war die akute Bedrohung in Gestalt einer Hegemonie, die aus dem alten Kontinent herauswüchse, durch die Vernichtung Napoleons I. viel wirksamer beschworen als seinerzeit durch die Überwältigung Philipps II. und Ludwigs XIV. Aber der Abstieg Frankreichs war teuer erkauft um den Preis des russischen Aufstieges im östlichen Außenraume des Kontinents.

Um so mehr mußte England auch jetzt versuchen, als Gegenstück zu seinem ozeanischen Übergewichte ein festländisches Gleichgewicht herzustellen. Für das geschlagene Frankreich erwuchs aus den englischen Schwierigkeiten eine Chance, wie sie nach dem Niederbruch des Zarenreiches dem geschlagenen Deutschland in Versailles nicht zuteil werden konnte. Denn 1815 durfte England den Besiegten nur so weit herabdrücken, daß er zur Wiederaufnahme hegemonialen Strebens nicht mehr imstande wäre; es mußte ihn aber so weit stark erhalten, daß er als Gegengewicht gegen Rußland verwendbar bliebe. Beiden Gesichtspunkten entsprach das restaurierte Königtum auf das Genaueste. Angewiesen auf die Fortdauer des ausländischen Wohlwollens, dem es seine Existenz verdankte, fürchtete es den Krieg an sich, der den napoleonischen Militarismus zu erneuern drohte. Es befand sich in ähnlicher Lage, wie die deutsche Republik nach 1919, nur insofern begünstigter, als Frankreich sich sogar bessere Grenzen als vor der Revolution bewahrt hatte und im Genusse wirtschaftlicher Autarkie die bereits unter Napoleon I. gewohnte Abdrängung von Übersee verschmerzen konnte. Anderseits erschwerte das neue ansehnliche Reich der Oranier, zusammengefügt aus Holland und Belgien, einen erneuten begehrlichen

Zugriff nach dem alten niederländischen Schicksalslande des Staatensystems, und die Aufstellung des preußischen Wachtpostens am Rheine diente erst recht dazu, etwa wiederkehrenden Expansionsgelüsten einen Riegel vorzuschieben.

Die im Ganzen relativ günstige Position, die dem Besiegten zugestanden wurde, hängt nun bereits in ihrer Entstehung zusammen mit dem Bemühen Englands, das Vordringen des siegreichen russischen Verbündeten elastisch abzufangen. Frankreich hatte kein fertiges Friedensdiktat seiner Feinde zu unterschreiben. Es konnte vielmehr selbst die ihm auferlegten Bedingungen beeinflussen, indem es sich in die Friktionen zwischen den Siegern frühzeitig einschaltete und bereits auf dem Wiener Kongresse auf der Seite Englands spielte.

Denn in der Tat erneuerte sich nach dem Zusammenbruch des Empire sofort jener englisch-russische Gegensatz, der ja schon dicht vor der Revolution bis hart an die Schwelle des Krieges geführt hatte und seitdem nur durch die gemeinsame Furcht vor dem Imperator zurückgedrängt worden war. Aber nun erwies sich auch, daß die Wiederaufrichtung des Staatensystems sehr viel mehr der insularen Hauptmacht zugute kam als der kontinentalen. Jene bedrohte ja ihrem Wesen nach nicht annähernd in demselben Maße die Freiheit des einzelnen festländischen Staates wie diese. Die kleineren Staaten an den Küsten fügten sich willig dem britischen Dreizacke und fanden unter ihm ihr individuelles Gedeihen: Schweden mit Norwegen verbunden, Dänemark, die Niederlande, Portugal, Sardinien. Aber auch die binnenländische Großmacht Österreich, seit über 100 Jahren so oft mit der Insel gegen Frankreich verbündet und jetzt von dem russischen Albdruck bedrängt, hielt sich auf dem Wiener Kongreß zu England. Und nur ihr kleiner deutscher Rivale Preußen verschrieb sich der russischen Klientel, um sich seine Arrondierung in Deutschland und damit Ersatz für den Verlust weiten polnischen Gebietes zu sichern. Aber gerade Preußen als die schwächste der Großmächte wurde das Opfer des Kompromisses, mit dem die Kraftprobe zwischen den Weltmächten endete. Er bedeutete aber auch für Rußland wenigstens indirekt eine bemerkbare Hemmung seines Dranges nach dem Westen. Gleichwohl, welche Erfolge durfte der Zar dennoch buchen! Er stieß in allen drei Abschnitten seiner westlichen Angriffsfront vor: im Süden näherte er sich bereits den Donaumündungen, deren Gewinnung doch eigentlich das natürliche Ziel der Donaumonarchie sein mußte; im Norden glückte auf einen Schlag die Einverleibung von ganz Finnland, wodurch die exponierte Lage Petersburgs gesichert und die Ostseeposition nachhaltig verbessert wurde; im Westen endlich wurde zwischen die deutschen Mächte hinein 300 Kilometer weit der Warschauer Keil vorangetrieben, der die Drohung der Erweiterung in sich zu bergen schien. Aber diese Fortschritte führten doch immer noch nicht bis in die eigentliche maritime Interessensphäre Englands. Der Ausbau der russischen Ostseestellung wurde in seiner Bedeutung eingeschränkt durch das Fortbestehen des dänischen Riegels und durch die Stärkung Schwedens, das in der Union mit Norwegen einen Ersatz für Finnland gewann. Der türkische Riegel behielt seine wichtige Funktion uneingeschränkt. Einen Zugang zum Mittelländischen Meer, zur Nordsee, zum Ozean hatte Rußland trotz allem nicht gewonnen! Und so bildete der Koloß in Europa für England doch nicht eine Gefahr von der Aktualität, wie sie Spanien und Frankreich entwickelt hatten. Ähnlich in Asien. Daß Rußland den nördlichsten Zipfel des Pazifischen Ozeans erreicht, war nach Lage der Dinge für England nicht besorgniserregend, und im übrigen verlief die Südgrenze des Zarenreiches in ihrer ungeheuren Ausdehnung ausschließlich auf dem Festlande. Sie berührte sich wohl mit den nördlichen Ausläufern der maritimen englischen Interessensphäre und bot genug Anlaß zu Spannungen. Aber es fragte sich doch, welche Intensität diese bei der Rückständigkeit der festländischen Verkehrstechnik würden erreichen können.

Noch war die weite Welt außerhalb des alten Erdteils machtleer und unübersehbar groß! Die werdende Weltmacht der Vereinigten Staaten betätigte sich abseits in ihrem eigenen riesigen Machtbereiche, und nur ausnahmsweise traten Reibungen mit anderen Mächten ein. Die russische und die englische Weltmacht aber, so sehr sie sich auf der ganzen Linie als prinzipielle Gegner empfanden, befanden sich erst in dem Stadium wechselseitigen mißtrauischen Beobachtens, Abtastens, dumpfen Drängens. Es war trotz allem längst noch nicht daran zu denken, daß ihre locker organisierten Riesenkörper mit letzter Kraft gegeneinander kämpfen würden im Stile der Hegemonialkriege des Abendlandes.

Und eben hierin beruht der Grundunterschied zwischen der weiten Welt auf der einen Seite und dem enger werdenden Abendlande auf der anderen, den wir zur Charakteristik der 1815 geschaffenen Verhältnisse herauszustellen haben. Wohl hat sich dieser Grundunterschied schon im 17. und 18. Jahrhundert abschnittsweise vorgebildet. Auf der einen Seite sahen wir die beiden europäischen Flügelmächte sich in die Welt hinaus ausbreiten und ihnen als dritte erst noch potentielle Weltmacht bereits außerhalb Europas die Vereinigten Staaten nachfolgen. Auf der anderen Seite sahen wir schon vor 1789 die Weltverbindungen des alten Kontinentes der Schrumpfung verfallen. Aber erst mit 1815 gelangen diese Tendenzen zu eindrucksvollem Ergebnis. Zwei Bühnen des Geschehens sondern sich seitdem deutlich voneinander: die weite Bühne der Welt emanzipiert sich von der engeren Europas, deren bloßer Hintergrund sie lange gewesen war. Die beiden europäischen Flügelmächte üben das Vorrecht, als Hauptakteure gleichzeitig auf beiden Bühnen zu spielen. Die Vereinigten Staaten haben ihren Standort noch ausschließlich auf der weiteren; die Staaten des alten Kontinents aber ganz oder überwiegend auf der engeren. Während nun die Spannungen auf der großen Bühne sich erst im Anfangsstadium befinden und Raum in Fülle zur Verfügung steht, sind die Spannungen auf der kleineren Bühne 1815 wohl momentan zum Ausgleich gebracht, durch die natürliche Erschöpfung wie die künstliche Neuordnung. Aber sie werden sich furchtbar erneuern! Denn das festländische Abendland, im Zuge der fortschreitenden Zivilisation gesättigt mit Menschen und Kräften, bietet um so weniger Raum zum Ausweichen, als die überseeische Betätigung relativ abgeschnürt ist.

Das Schlußkapitel unserer Betrachtung wird diese zwei verschiedenen Bühnen des Geschehens in ihrem Neben- und Ineinander gleichzeitig im Auge behalten müssen, um aufzuzeigen, wie aus dem tiefen Wellentale der Restaurationszeit nach 1815 nun doch wieder allmählich eine neue und letzte europäische Dünungswelle, die deutsche, emporschwillt, wie der deutsche Hegemonialkampf aber noch weniger als der napoleonische von wesentlich europäischen Kräften entschieden wird, vielmehr vornehmlich von den außereuropäischen, wie die engere und die weitere Bühne miteinander verschmelzen und schließlich jene von dieser aufgeschluckt wird.

VIERTES KAPITEL

Das Staatensystem bis zum Scheitern
des deutschen Hegemonialstrebens
unter Hitler

Schrittweise Steigerung der Gegensätze bis zur Umgruppierung der Mächte zu Beginn des 20. Jahrhunderts

Wir beginnen damit, das Spiel auf der europäischen Bühne zu charakterisieren, von der alle Bewegung ausgeht, um zu ihr zurückzukehren. Es herrscht auf ihr nach 1815 eine idyllische Stille, wie sie nach den Entscheidungen in den früheren Hegemonialkämpfen in diesem Maße niemals eingetreten war, in eindrucksvollem Kontrast zu dem Lärm der abgeschlossenen Kriegsära, den ebenfalls in diesem Maße die Welt noch nicht erlebt hatte. Stille und Lärm aber, sie hängen in der Wurzel zusammen. Sie erklären sich beide aus der Umpflügung des gesamten Untergrundes des abendländischen Daseins durch die immer tiefer eindringende Pflugschar der Zivilisation. Wurden durch sie neue Energien dem Kampf zugeleitet, so entstand eben daraus nach seiner Entscheidung auch das Bedürfnis, mit neuen Besänftigungsmitteln seine Wiederkehr hintanzuhalten. Die Restauration goß Öl internationaler Solidarität auf die abfallende Dünungswoge und verlieh dem Wellental eine bisher nicht gekannte Glätte. Sie war sich bewußt, daß es nicht nur die Freiheit des Staatensystems zu retten galt, sondern den gesellschaftlichen Zustand, auf dem es bislang geruht hatte, daß der Kampf gegen Napoleon nicht nur der national-französischen Vormacht gegolten hatte, sondern auch der internationalen revolutionären Tendenz, mit der jene verbündet gewesen. Es genügte also nicht, mit bewährten diplomatischen Methoden die spezielle sichtbare politische Macht Frankreichs zu balancieren. Es war vonnöten, auch die generelle unsichtbare gesellschaftliche Bewegung zu fesseln. Nach der Niederringung des gemeinsamen äußeren Feindes durfte dieses Mal nicht das freie Spiel der Staaten im Rahmen des Systems von neuem anheben. Die Phalanx mußte in geschlossener Formation zusammenhalten gegen den gemeinsamen inneren Feind. Die Sorge vor dem Untergang der abendländischen Kulturwelt, 1792 erwacht, ließ sich 1815 nicht einschläfern. Verflogen war die rosenfarbene Zuversicht des vergangenen Jahrhunderts, und das neue stellte sich die Frage: wird sich der kämpferische optimistische Wille zum Leben, der einst die Eisdecke des mittelalterlichen Quietismus zersprengt hatte, belehren lassen durch die Gefahren, die aus seinem eigenen Schoß emporwachsen, wird das Abendland in seiner Spätzeit zu einer Bändigung der einzelstaatlichen Egoismen zurückfinden und das *perpetuum mobile* seines Staatensystems durch den verjüngten Geist christlicher Solidarität zur Ruhe verweisen?

Die Vereinheitlichung mit den gewaltsamen Mitteln moderner Zivilisation war dem Empire nicht gelungen. Konnte sie nun vielleicht der alten Kulturgesinnung gelingen und in diesem Zeichen die «Vereinigten Staaten von Europa» sich freiwillig zusammenfinden – nicht machtpolitisch gegen äußere Bedrohung gewandt, sondern geistpolitisch gegen innere?

Voraussetzung wäre eine epochale Umwendung des Lebensgefühls der europäischen Völker gewesen, aller insgesamt und jedes einzelnen bis in seine Tiefe. Es fehlte nicht an Ansätzen zu einer solchen Umwendung. Aber sie verkündeten keine neue Epoche. Sie beschränkten sich darauf, ein retardierendes Moment abzugeben. Sie entfalteten eben nur dort gestaltende Kraft, wo sie sich mit dem realen Interesse der durch den Fortschritt bedrohten alten Staaten und alten Gesellschaftsschichten verbünden konnten. Sie vermochten eine partielle Solidarität egoistischer Sorgen geistig zu verkleiden und zu verknüpfen. Aber es fehlte der Feueratem geistiger Erweckung, der die Egoismen insgesamt zu einem neuen Gesamtgefühl eingeschmolzen hätte. Die Restauration ist über eine sorgenvolle Defensive nicht hinausgelangt! Sie suchte mit kleinen Mitteln auszukommen, um bei Anwendung großer und offensiver nicht das Gleichgewicht zu verlieren.

Ihr natürliches Wurzelgebiet war der alte Kontinent, der soeben noch Schauplatz revolutionärer Überflutung gewesen war. Seine herrschende Schicht empfand sich als schicksalsverbundene homogene Gesellschaft, geneigt, die Egoismen der einzelnen Staaten dem Kampfe gegen die internationale Bewegung unterzuordnen, Solidarität gegen Solidarität.

War aber zu erwarten, daß auch die zwei Flügelmächte von dieser Welle der Restauration überdeckt werden würden, sie, die der Welle der Revolution Widerstand geleistet und ihr staatliches Sonderwesen siegreich behauptet hatten?

Englands sicheres insulares Herkommen war zwar ein Vorbild für die kontinentale Romantik, aber in seiner rotbäckigen Gesundheit selbst unromantisch. Hier dominierte nicht die Sorge vor der Revolution, wie jenseits des Kanales, und so fand denn auch die echte Restaurationsgesinnung hier keine bleibende Statt. So schwer die sozialen Wunden auch waren, die in dem Mutterlande der technischen Zivilisation aufklafften – noch größer waren die Heilkräfte seiner weiten und elastischen Verhältnisse. England bedurfte keines solidarischen Zusammengehens mit anderen Mächten, um sich eines inneren Feindes zu erwehren. Und es getraute sich, selbständig und aus eigener Kraft den alten Kurs weiter zu steuern und dennoch nicht in die Gefahr eines engen und ungeistigen Egoismus zu verfallen. Es hatte nicht nötig, wie das Festland seine Wahl zwischen Revolution oder Restauration zu treffen, und durfte unter dem Panier der Evolution nicht nur ein eigenes, sondern auch ein allgemeines Anliegen vertreten.

Wie anders die zweite Flügelmacht! Wohl war auch Rußland annoch unberührt geblieben von der westlichen Umwälzung, dank der primitiven Starrheit seines Gesellschaftskörpers und also aus entgegengesetztem Grunde. Wohl verfügte es ebenfalls über die Weite des Raumes, dank seiner Ausdehnung in den eurasischen Kontinent hinein. Wohl fühlte sich auch der Zar als Hauptsieger über Napoleon, getragen von einem nebelhaften Sendungsbewußtsein, das noch eine weite Bahn vor sich wähnte.

Aber Rußland besaß nicht einen harmonischen Volkskörper wie England. Die Sorgen Katharinens und die bizarren Angstvorstellungen ihres Sohnes wurden durch den großen Sieg nicht als grundlos erwiesen, vielmehr bestätigt. Schon träumte Alexander, das Festland, das er vor allem befreit zu haben glaubte, auch neu ordnen zu können, in dem christlichen Völkerbunde seiner mystischen Heiligen Allianz die Monarchen unter seiner Führung zusammenzuschließen und zugleich die Hoffnungen der Nationen durch Verfassungen zu befriedigen, da erreichte ihn Nachricht, daß die siegreiche Armee die revolutionäre Infektion mit sich heimgebracht habe: und seine längst labile Persönlichkeit brach unter der

Last des unheimlichen Geheimnisses vollends zusammen. Die Sorge, die die Herrscher des alten Kontinentes bedrängte, unterwarf sich damit auch den des neuen! Je künstlicher die Ordnung Rußlands nach dem Vorbilde des westlichen Absolutismus aufgerichtet worden war, um so größer ihre Verletzlichkeit durch westliche Freiheitsideen. Das petrinische System verlor das Vertrauen zu sich selbst und flüchtete in die Solidarität der christlichen Restauration. Wohl fühlte es sich unter den Herrschern, die auf den Neuropathen Alexander folgten, immer wieder stark genug zur Expansion in Asien und zu Vorstößen gegen Konstantinopel. Aber der Vormarsch nach Westen kam doch von nun ab für ein volles Jahrhundert zum Stehen und gerade in dem Augenblicke, in dem die Kontinentalen ihn am sichersten erwarteten – getäuscht durch ihre festländische Schweise und durch die Nachwirkung der auf sie abgestellten napoleonischen Propaganda. Die Hemmung, die auf dem Wiener Kongreß Rußlands Vormarsch nach Westen erfahren hatte, war nur diplomatischer Natur und kam von außen her. Die Hemmung, die 1818 einsetzte (damals erreichte den Zaren jene unheimliche Nachricht), stammte aus dem Innersten der gesellschaftlichen Konstitution selbst und war von Dauer. Erst der Bolschewismus sollte sie ausschalten, indem er von neuem eine, modernisierte, Verkoppelung des östlichen Menschentumes mit westlicher Technik zuwege brachte. Die Restauration aber verdankte dieser Hemmung unberechenbar viel, und speziell die konservativen Interessen der deutschen Großmächte waren ihr verpflichtet. Denn alles in allem fanden Österreich und Preußen in Rußland mehr einen Gönner als einen Zwingherrn. Sie wurden jedenfalls nicht ausgehöhlt wie einst Polen und Schweden, sondern im Gegenteil als konservative Verteidigungswerke des Zaren gegen den Westen in gutem Stand gehalten. Die gemeinsamen Prinzipien der Ostmächte überschatteten ihre Einzelegoismen.

Insgesamt aber war die defensive Solidarität der alten Staaten und Gesellschaftsschichten auf dem Festlande ja nur das Gegenbild der offensiven Solidarität des jungen Geistes und der jungen Gesellschaftsschichten.

Die erwachenden Riesenenergien der modernen Zivilisation, allein schon durch die bisher unerhörte Bevölkerungszunahme statistisch gekennzeichnet, fanden in den starren und künstlichen Organismen der sich gegenseitig beengenden kontinentalen Machtstaaten nicht das ihnen gemäße weite Betätigungsfeld, wie es die angelsächsischen Räume zur Verfügung stellen konnten. So stauten sie sich denn hier oder dort, in dieser oder jener Form immer von neuem an und drängten zu revolutionärer oder kriegerischer Entladung, allen Besänftigungsmitteln der restaurativen Therapie zum Trotz. Die große Revolution hatte die Atmosphäre nicht gereinigt. Solange die Zivilisation weiter anstieg, fehlte es nicht an immer neuen gewittrigen Spannungen.

Metternich faßte alle Bewegungstendenzen summarisch unter dem Schlagworte des Jakobinertumes zusammen. Sie hingen wohl auch in der Tat in ihrem Wurzelbereiche irgendwie mit der großen Revolution zusammen. Aber wie weit hatten sie sich seitdem verzweigt und differenziert!

In Frankreich selbst konnte ein vom Auslande gestütztes Regime als Nutznießer des Machtsturzes keine Popularität gewinnen. Das allgemeine Gefühl der nationalen Demütigung verband sich mit dem besonderen Mißbehagen des sich im Frieden gewaltig entwickelnden Bürgertums, das seine halbe Deklassierung schwer ertrug. Es bemächtigte sich des aus England stammenden Manufakturwesens, wie es bereits Napoleons Kampf gegen die Insel gefördert hatte. Und schon kündigten sich im Verfolg dieser Entwicklung neue soziale Spannungen an.

In Mitteleuropa flossen alle Sehnsüchte und Unzufriedenheiten noch undifferenziert in dem Sammelbecken der nationalen Ideen zusammen. Hier wurde vornehmlich die staatliche Einheit des Westens als Vorbild leidenschaftlich erstrebt und ihre Erreichung als Voraussetzung für Macht und Größe nach Außen, für die freie Zirkulation der gestauten Säfte im Innern angesehen. Aber sie war nicht zu erlangen ohne das Zerreißen eines Netzes alter und neuer Grenzziehungen, ohne Umgestaltung oder Umsturz des Bestehenden. Enttäuscht durch Revolution und Kaiserreich, hatte sich die junge Gesellschaft in der Ära der Freiheitskriege Glauben und Herkommen angenähert und im Kampfe gegen das internationale Empire die nationale Erneuerung erstrebt. Nun war sie wiederum von den Ergebnissen dieses Kampfes enttäuscht. Die weltbürgerlich revolutionäre Stimmung erneuerte sich; aber nicht um die nationalen Ideen zu verleugnen, sondern um sie durch wechselseitige Unterstützung der Völker untereinander und gegen ihre Regierung zu verwirklichen. So bildete sich die Solidarität gemeinsamen Angriffs, und eine solche hat es leichter, in ihren Reihen die Sonderegoismen auszugleichen als eine Solidarität der Verteidigung. Sie hat es zuversichtlich auf Gewinn abgesehen, jene denkt besorglich an Verlust.

Bei diesem Stimmungswechsel wandten sich die Blicke des Festlandes aufs neue nach Paris. Das französische Volk hatte, so konnte es scheinen, aufgehört, eine Bedrohung der Freiheit anderer Völker zu bilden, aber es war das Mutterland aller freiheitlich-nationalen Ideen geblieben. Von der Erhebung der besiegten Nation erwarteten die siegreichen ihr Heil. Warf sie die Ketten der Verträge ab, um ihr Regime frei zu bestimmen, so konnten alle Bewegungstendenzen Europas von ihr Ermutigung oder Rückhalt erwarten. Trotz 1815 hatten die Franzosen den Nimbus des kontinentalen Schicksalsvolkes nicht eingebüßt. Sie übten eine geistige Hegemonie noch aus, nachdem die machtpolitische zusammengebrochen war.

In Rußland, dem gesellschaftlich primitivsten Lande des Kontinentes, war die nationale Einigung kein erregendes Problem wie in Mitteleuropa. Aber hier drängten dafür die ganz eigentümlichen und fundamentalen Probleme ans Tageslicht, die aus der unorganischen Struktur des petrinischen Baues sich ergaben, die Bauernbefreiung vorab.

Doch so mannigfache und anschwellende Bewegungstendenzen auch unter der glatten Oberfläche der halkyonischen Tage der Restauration sich verbargen – so lange die Solidarität der Regierungen zusammenhielt, konnten sie noch nicht emporsteigen oder wurden, wie in Italien und Spanien, durch gemeinsam verabredete Maßnahmen wieder hinuntergedrückt. Nun wurde jedoch im Verlaufe der zwanziger Jahre diese Solidarität am Rande aufgelockert. Es war zuerst die englische Flügelmacht, die, innerlich der Restauration am unabhängigsten gegenüberstehend, sich bei Vertretung ihrer außereuropäischen Weltinteressen von ihr emanzipierte. Die russische Flügelmacht folgte ihr bei Vertretung ihres Sonderinteresses in Asien und im balkanischen

Vorfelde Europas nach. Immer aber blieb noch der Block des eigentlichen Festlandes im Zeichen der Restauration zusammengefügt, bis ihn die französische Juli-Revolution von 1830 in der Mitte aufklaffen ließ und die Februar-Revolution von 1848 die so lange gebändigten Egoismen der Staaten und Völker des alten Kontinentes in einer neuen stürmischen Ära europäischer Einzelkriege entfesselte.

Beginnen wir damit, die Auflösung der Restauration von der Peripherie her zu kennzeichnen. Wir werden dabei von der engen Bühne Europas gleich zu Beginn der zwanziger Jahre auf die weite Bühne der Welt geführt, als England sich von der Restauration absetzt, um seine Interessen in den aufständischen iberischen Kolonialreichen zu wahren. Seit 250 Jahren war ja ihre Durchdringung sein stetes Bemühen. Es hatte den spanischen Erbfolgekrieg wesentlich begonnen, um sich dort nicht von Ludwig XIV. zuvorkommen zu lassen. Welche Rolle in der Zeit der Kontinentalsperre diese Märkte für Englands wirtschaftliche Widerstandskraft spielten, haben wir ebenfalls angemerkt. Nun aber erhob sich unerwartet von neuem die Gefahr, daß Frankreich sich in ihnen festsetze: von der Pentarchie auf dem Kongreß von Verona mit der Niederschlagung der spanischen Liberalen beauftragt, traf es Anstalt, auch die mit ihnen sympathisierenden Kolonien unter die Botmäßigkeit des legitimen Herrschers zurückzuzwingen. So hätte es von neuem in Amerika Fuß fassen, seine Abschließung von Übersee durchbrechen und das soeben aufgerichtete englische ozeanische Monopol gefährden können. Ein Sturm der Entrüstung in allen Kreisen der öffentlichen Meinung Englands, charakteristischerweise ohne Ansehen der Partei, war die erste Folge; die zweite, daß die private Initiative – seit den Tagen der Freibeuter Sprungfeder englischer Weltgeltung – sich der Sache der Aufständischen annahm, um mit sicherem Instinkte zugleich die Sache der Freiheit und des eigenen Interesses zu vertreten. Endlich folgte die Regierung selbst nach, und Canning, obgleich Konservativer, distanzierte sich nachdrücklich von der festländischen Restauration: ihre Auflockerung vom Rande her hatte begonnen. Während in Europa jede Regung ängstlich unterdrückt wurde, wechselte jenseits des Ozeans ein ganzer Erdteil seinen Besitzer unter dem Schutze der meerbeherrschenden Flotte Albions. Wo gab es noch eine Seemacht, die ihr hätte entgegentreten können? In verspäteter, aber folgerichtiger Auswirkung der napoleonischen Kriege machte die Abschnürung des alten Festlandes von Übersee einen gewaltigen Schritt voran durch den Abfall seiner ältesten Kolonien, und England übte gleichsam Vergeltung an Spanien und Frankreich für die Rolle, die diese einst beim Abfalle seiner eigenen amerikanischen Kolonien gespielt hatten.

Aber gerade bei dieser Gelegenheit wurde nun auch der Welt demonstriert, was die Selbständigkeit der Union zu bedeuten hatte. Denn nicht mehr England allein kamen die Ereignisse in Lateinamerika zugute, sondern auf noch bedeutsamere Weise seinem Tochterstaate. Dieser erklärte die Monroedoktrin! Er stellte sich damit wohl im Augenblicke helfend an Englands Seite, aber in Geltendmachung eines eigenen gigantischen Anspruchs, der dermaleinst sich mit dem englischen Interesse kreuzen mochte: er griff nach einer Vorzugsstellung in beiden amerikanischen Kontinenten zugleich, genauer: er strebte in diesem weitesten Rahmen nach Insularität.

Wir wissen, wie das Wesen des englischen Volkes und seiner Macht aus der Insularität erwächst und wie diese in Irland und Schottland mit großen, auch fürchterlichen Anstrengungen ausgebaut wurde. Nach solcher Insularität strebte nun auch die Union eigentlich von ihrer Entstehung ab. Ebenbürtige Nachbarn zu Lande hätten sie zur Entwicklung ihres Militärwesens, zur Bildung einer Macht im kontinentalen Stile zwingen und also des angelsächsischen insularen Erstgeburtsrechtes berauben müssen. Es hieß dieser Gefahr durch eine unerhörte Expansion zuvorzukommen. Eine paradoxe Erscheinung: diese puritanisch-täuferische Bevölkerung mit ihrer freiheitsstolzen Verachtung des Krieges als eines traurigen Privilegs der alten Monarchien und Oligarchien, sie entwickelte in der Außenpolitik dieselbe Vehemenz wie in der privaten und wirtschaftlichen Sphäre. Die Ausdehnungskräfte der Zivilisation, vom Herkommen befreit und beflügelt vom Glauben, übertrafen in der neuen Welt alle Erfahrungen der alten ebenso weit, wie jene deutschen Ferngeschütze von 1918, ihre Geschosse in die dünneren Luftschichten emporjagend, die Leistungen bisheriger Artillerie. Schon der Pariser Friede von 1762 hatte das Gebiet der 13 Staaten verdoppelt, der Ankauf Louisianas von 1803 hatte diese Verdoppelung wiederholt, und inzwischen war das Gesamtgebiet durch den Ankauf Floridas noch weiter angeschwollen. Der Griff nach Kanada war zwar mißglückt, aber England keine agressive Militärmacht. War es hingegen jetzt zu dulden, daß Frankreich, die alte militärische Vormacht des Festlandes, aus Nordamerika 1762 und 1803 verdrängt, sich an Stelle des morschen Spaniens in Südamerika festsetze? War es zu dulden, daß obendrein Rußland, mit dem Frankreich der Restauration befreundet, sich gleichzeitig von Alaska bis südlich von Vancouver ausdehne? So proklamierte denn die Union die herrische Forderung, daß in keinem der amerikanischen Kontinente europäische Mächte sich ausbreiten dürften. Sie sah fortan im Grunde diesen ganzen Riesenbereich, trotz seines Auseinanderfallens in geographisch wie kulturell gesonderte Teile, als eine einzige im Ozean schwimmende Insel an, in der sie selbst ohne ebenbürtigen Gegner die Vorzugsrechte der Insularität sich zu sichern gedachte. Während wohl bei uns die Meinung geäußert wurde, in Amerika werde ein Gleichgewichtssystem in der Art des europäischen entstehen, wurde in Wahrheit die Vielzahl der lateinischen Staaten des Südens von dem Augenblicke ihrer Entstehung an bereits überschattet von dem einen großen Nachbarn im Norden. Diesen zu balancieren hätte nur mit Hilfe außeramerikanischer Mächte gelingen können. Aber daran war nicht zu denken, solange er die Monroedoktrin durchzusetzen vermochte. Wurde doch dadurch Amerika in einen abgeschlossenen Raum verwandelt. Die Freiheit eines Staatensystems aber kann sich, bei ansteigender Zivilisation, nur in einem offenen Raume erhalten, wie ein solcher der europäische war; andernfalls unterliegt sie einer Hegemonie.

Von welcher Bedeutung war es nun aber auch, daß damals die Interessen der beiden angelsächsischen Mächte den amerikanischen Ambitionen Frankreichs wie Rußlands gegenüber parallel liefen und ihr fortbestehender Gegensatz wegen Kanadas von ihrer panamerikanischen Kooperation überlagert wurde! So verletzlich die Südgrenze Kanadas nämlich auch war, wenn es den Yankees beliebt hätte sie anzugreifen, so verletzlich waren auch die weitgedehnten Küsten Gesamt-Amerikas, wenn sie nicht gedeckt wurden durch ein gutes Verhältnis der Union zu dem meerbeherrschenden England. So zeichnet sich erstmalig ein Zusammenhalten der beiden stammverwandten insularen Nationen gegen die Kontinentalen ab, wie ein solches einst die holländisch-englischen Gegensätze überbrückt hatte. Und während beider Expansion, jede für sich betrachtet, schon ungeheuerlich genug war, melden sich nun obendrein die ersten vagen Anzeichen ihres Zusammenwachsens. In Europa setzte sich nach den periodischen hegemonialen Konvulsionen die Aufsplitterung durch. Aber in der Welt sollte die Entwicklung eine umgekehrte Richtung einschlagen und zu immer gewaltigeren räumlichen Zusammenballungen führen. Dabei wirkten die Fortschritte der raumüberwindenden Technik mit, noch nicht entscheidend, wohl aber beschleunigend. Dem Telegraphen, dem Dampfboote gesellten sich bald die ersten Eisenbahnen. Die technische Zivilisation aber war europäisch-angelsächsischer Herkunft und fand in den leeren nordamerikanischen Großräumen, vorangetragen von angelsächsischer Initiative, ungehemmte Entfaltungsmöglichkeiten. Die Lateinamerikaner besaßen für sie weder rassisch noch kulturell Eignung. Die alten Grundunterschiede der englischen und der iberischen Flächenkolonien verloren auch nach Gründung freier Staatswesen ihre fortwirkende Kraft nicht.

So konnte es denn den Yankees im Zuge ihrer ununterbrochenen Westwanderung nicht schwerfallen, die Mexikaner beiseitezudrängen, um die Küste des Pazifik zu erreichen. In den vierziger Jahren erfüllten sie bereits von Ozean zu Ozean ihren Kontinent fast in dem heutigen Ausmaße, und noch einmal ließen sie ihr Gebiet um volle 80 Prozent anschwellen. Ein ungefährer Abschluß wurde in demselben Februar 1848 erreicht, in dem in Europa die Revolution emporflammte: dort Explosion eingeengter Kräfte, Expansion ungehemmter hier!

Kehren wir nun aus der neuen Welt wieder zurück in die alte. Die liberale Wendung der englischen Politik lockerte auch hier das Restaurationsgefüge und begegnete sich dabei auf sonderbare Weise mit der russischen Politik. Unter dem geraden und männlichen Nikolaus I. begann auch diese sich von dem bisherigen Quietismus Metternichscher Färbung zu emanzipieren, dem Alexander I. anheimgefallen war. Aber – bemerken wir es wohl – diese Emanzipation führte nur eine Strecke weit und bezog sich mehr auf Asien und auf das balkanische Vorfeld Europas. Denn der Dekabristenaufstand an der Schwelle seiner Regierung sowie die Informationen über die Mißstimmung in Polen mußten auch dem neuen Herrscher die revolutionäre Gefahr deutlich machen, die jede nach Westen gerichtete autonome Machtpolitik nur steigern konnte. So hat es denn Nikolaus im

Rahmen seiner abendländischen Politik an starrer konservativer Prinzipientreue nie fehlen lassen. Aber er durfte hoffen, durch eine aktive Vertretung der russischen Interessen an anderen Fronten die revolutionäre Unzufriedenheit abzulenken, ohne sie mit den gefährlichen westlichen Ideen in Berührung zu bringen. Für eine Militärdespotie wie diese sind äußere Aktionen Lebenselement.

So hat denn das konservative Rußland zunächst einmal Seite an Seite mit dem liberalen England sich ebenfalls für die aufständischen Griechen eingesetzt; sodann aber an England vorbei sich in einen Türkenkrieg auf eigene Rechnung gestürzt. Jedoch, ihm blieb, allen Blutopfern zum Trotz, eine Expansion großen Stils versagt. Den Schicksalsriegel der Dardanellen vermochte es nicht zu sprengen; nicht damals, nicht in den zwei weiteren Türkenkriegen dieses Jahrhunderts. Stets gelang es der seemächtigen Insel rechtzeitig, ihre maritimen Kräfte zu kombinieren mit dem gleichlaufenden Interesse festländischer Mächte an der Eindämmung des Rivalen, Österreichs und Frankreichs vor allem, in ähnlichen Konstellationen, wie sie schon der Wiener Kongreß ergeben hatte. Auch focht ja Rußland hier nicht mit voller Kraft; in Furcht vor dem inneren Feinde der Revolution schweifte sein Blick immer mißtrauisch nach dem Westen ab. So ist denn zwar der englisch-russische Gegensatz in der Welt fast ein Jahrhundert lang das überragende Hauptmotiv aller diplomatischen Beziehungen gewesen. Aber zu einem Weltkriege im vollen Sinne hat er dennoch nicht geführt. Es blieb bei einem Vorwärtsdrängen der großen Kontinentalmacht an der ganzen asiatisch-balkanischen Front, bald mit diesem, bald mit jenem Druckzentrum, in der Tiefe des Festlandes von unbestrittenem Erfolge gekrönt, in den Interessensphären der Seemacht jedoch immer wieder von den Küsten her aufgehalten oder zurückgedrängt.

In dieser Hinsicht fiel schon in jenen zwanziger Jahren eine Vorentscheidung, deren Tragweite wir erst heute recht zu ermessen glauben. Rußland begann sich aus Nordamerika zurückzuziehen, an dessen Westküste es früher als die Angelsachsen, schon am Ende des 18. Jahrhunderts, flüchtig Fuß gefaßt hatte. Es vermochte eben nicht über das unaufgeschlossene Sibirien hinweg von seinen schlechten Seebasen am Pazifik aus eine wirkliche Machtstellung in Amerika zu behaupten. Es wich, wie wir bereits sahen, unter dem Drucke der Monroepolitik nach Alaska zurück und gab damit ein kostbares Gebiet der Ausbreitung der Yankees wie der Kanadier frei. Und auch Alaska sollte es ja nach wenigen Jahrzehnten räumen! Seine Expansion, so gewaltig sie immer war, schränkte sich durchaus auf das Festland ein und zwar wesentlich auf die Schattenseite Asiens. Auch blieb sie an den Staatsapparat gebunden und wurde nicht von einer der angelsächsischen vergleichbaren Privatinitiative vorangetrieben, erst recht nicht von ähnlicher Eignung zur Technik. Im Gegenteil: wie der Zar den Ideen des Westens mißtraute, so auch seinen Erfindungen – im bedeutsamen Gegensatz zu Peter dem Großen.

So sind denn bei dem Wettrennen um die Ausfüllung der leeren Welträume von vornherein die beiden insularen Weltmächte im Vorsprung vor der kontinentalen.

Während sie aber alle drei in nüchterner Vertretung ihrer Wachstumsinteressen weit ausgriffen, während schon im Vorhofe Europas der Balkan in die Bewegung hineingezogen wurde – und im Mittelmeerbereiche nahm auch bereits Frankreich an ihr teil –, währenddem lag auf dem abendländischen Kontinente selbst immer noch der stille Glanz der halkyonischen Tage. Aber mit dem Jahre 1830 begann nun auch das alte Herz der weißen Welt wieder leidenschaftlicher zu schlagen. In der Juli-Revolution riß das französische Schicksalsvolk das Lilienbanner vom Flaggenmaste herab. Die europäischen Bewegungstendenzen erzwangen einen Durchbruch in der alten Hauptstadt, an der die Blicke ganz Europas längst voll Sorge oder Hoffnung gebannt hingen. Ein elektrischer Schlag durchzuckte den Erdteil. Noch war es erst das kapitalistische Bürgertum, das sich der Zügel des Staates bemächtigte, bedacht auf den friedlichen Ausbau der jungen technischen Wirtschaft, die allzu ungeheuere Aufgaben in der Heimat vor sich sah, um bereits ernsthaft über die Grenzen hinauszudrängen. Aber der Ablauf der Zivilisation nahm nunmehr ein rascheres Tempo an, und die Kräfte, die sich in der Juli-Revolution freie Bahn gebrochen, wurden durch den Erfolg nicht besänftigt, sondern nur zu breiterer Entfaltung befähigt.

Besaß die Solidarität der alten Mächte die Kraft, sie zurückzudrängen, die glatte homogene Oberfläche der Restauration wieder herzustellen, wie es nach den schwächeren Ausbrüchen in Italien und Spanien gelungen war? Rußland traute es sich zu, in einem Prinzipienkriege gegen den gemeinsamen äußeren wie inneren Feind die Koalition der konservativen Staaten anzuführen. Es liegt hierin kein Widerspruch gegen die oben gekennzeichnete Zurückhaltung seiner autonomen Machtpolitik. Aber schon Österreich und Preußen fühlten sich zu schwach zu großer Aktion; sie fürchteten der Bewegung diesseits der Grenzen Raum zu geben, wenn sie sie jenseits derselben bekämpften. Der polnische Aufstand gab ihnen recht. Er schlug auch dem Zaren das erhobene Schwert aus der Hand. England vollends empfand das friedlich-händlerische Julikönigtum als seinem eigenen Wesen verwandt und zugleich als ein nützliches Gegengewicht gegen Rußland. War es doch durch die gleichzeitige Gründung des koburgischen

Belgiens der Sorge eines revolutionären Vordringens Frankreichs in seine vitale niederländische Interessensphäre überhoben worden.

So vermochte sich denn das Julikönigtum zu behaupten. Und blieb es auch zu schwach, um hoch zu spielen, so brachte es doch einen deutlichen Anstieg der internationalen Spannungen zumal im Orient hervor und die diplomatischen Beziehungen gewannen an Labilität.

Aber schon nach Verlauf eines halben Menschenalters hatte die fortschreitende Zivilisation das Fundament auch des Julikönigtums unterspült. Louis Philippe vermochte nicht die Opfer des Maschinenwesens zu befriedigen, das Kleinbürgertum, die Arbeiterschaft.

Viel stärkere soziale Spannungen fanden zu derselben Zeit in England ihre evolutionäre Lösung: dank der Auswanderungsmöglichkeiten, dank dem Reichtum, der infolge einmaliger wirtschaftlicher Gunst zusammenströmte, dank der alten Elastizität der Gesellschaft, die den Klassengegensätzen ihre Schärfe nahm, dank dem ungebrochenen Sinn für Kontinuität, Übergangslösungen, praktische Selbsthilfe, dank dem weisen Entgegenkommen einer aristokratischen Führerschicht. Aber alle diese insularen Glücksmomente fehlten ja auf der anderen Seite des Kanals. Hier konnte nur eine große Außenpolitik von der überhöhenden Warte des Staates aus die inneren Gegensätze zum Ausgleich bringen. Die spontanen Kräfte der Gesellschaft reichten dazu nicht hin. Das obere Bürgertum, das sich der großen Apparatur des gesunkenen Machtstaates eigensüchtig zu seinem Vorteile bediente, weckte den Haß der unteren Schichten. Von Doktrinen erregt, strebten sie ihrerseits danach, sich der Staatsmaschine zu bemächtigen. Die festländische Revolution ergibt sich aus dem Zusammentreffen zweier Erscheinungen: des Machtverfalls eines Großstaates und der Verflüssigung der Gesellschaft durch das sengende Gestirn der Zivilisation.

So erfolgte 1848 eine neue Explosion in Paris. Sie erschütterte ganz Europa, ausgenommen, aus entgegengesetzten Gründen, allein die beiden Flügelmächte: England war gefeit durch die Elastizität seiner Evolution, Rußland vorerst noch durch die Starrheit seiner Reaktion. Aber für den gesamten alten Kontinent war die Februar-Revolution das lang erwartete Fanal. Zwar hatten in keinem anderen Lande die gesellschaftlichen Zustände denselben Reifegrad erreicht wie in Frankreich. Doch was den sozialen Bewegungen an Kraft gebrach, wurde, zumal in Mitteleuropa, durch die nationalen ersetzt, die weiten Sammelbecken für alle Unzufriedenheit und Sehnsucht, die auch hier durch die Auftauung der alten Zustände ausgelöst sich an den festländisch starren Dämmen der Staaten und Gesellschaften anstauten. Die Solidarität der Bewegungstendenzen im gemeinsamen Angriffe bewährte sich. Der Durchbruch gelang auf der ganzen Front des alten Kontinentes. Diesmal wurden auch die beiden deutschen Großstaaten von den Fluten mit fortgerissen, nachdem sie sich ja 1830 als zu schwach erwiesen hatten, den ersten Einbruch wieder zu beseitigen.

Sollte aus diesem äußerlich einheitlichen Vorgange auch eine neue innere einheitliche Ordnung des Festlandes hervorgehen? – eine Art «Vereinigter Staaten», nunmehr unter revolutionärem Vorzeichen, nachdem der Versuch ihrer Begründung unter dem Banner der Restauration endgültig gescheitert war? Aber auch davon konnte keine Rede sein!

Überschauen wir die Momente, die in die entgegengesetzte Richtung weisend die Zerklüftung erst recht vorantrieben. Es war der Erfolg selbst, der den Zusammenhalt der Bewegungstendenzen bedrohte und ihre innere Gegensätzlichkeit an den Tag brachte. Das gilt ebenso von den sozialen Strebungen wie den nationalen. Die sozialen des kleinbürgerlich-proletarischen Radikalismus waren es gewesen, die die Februar-Revolution zuwege gebracht hatten. Aber nicht lange – und weiteste Kreise der besitzenden Gesellschaft Frankreichs fühlten sich bedroht; neben den längst zurückgedrängten alten Schichten, neben dem soeben erst aus seiner politischen Position geworfenen Großbürgertum auch das mittlere Bürgertum, auch das breite, gesunde Bauerntum draußen auf dem Lande. Und diese Kreise waren nicht waffenlos. Die Armee stand gegen den Umsturz! Sie zerschlug bereits im Juli blutig die Herrschaft der Radikalen und bereitete damit der Sicherung der Gesellschaft durch einen neuen Cäsar die Bahn. Sie erstickte die Gefahr einer zweiten Schreckenszeit, eines zweiten Ausbruches des Vulkans, der wiederum seine propagandistisch-kriegerischen Lavaströme über die Grenzen ausgesandt hätte. Das alternde Volk begehrte keine blutigen Abenteuer im grandiosen Stile von ehemals.

Aber dieser Rückschlag am Vororte der Bewegung wirkte sich sofort auch außerhalb Frankreichs aus. Überall ersehnte der eingeschüchterte Besitz den Schutz der bewaffneten Ordnung, und die revolutionäre Angriffslust des Bürgertums, zumal des verspäteten in Mitteleuropa, wurde bereits durch die Sorge vor den Gewalten der Tiefe gelähmt, als sie kaum den ersten überraschenden Erfolg gegen die Obrigkeiten davongetragen.

Damit geriet aber auch das Vordringen der nationalen Strebungen in Verwirrung und das um so mehr, als sich doch bereits die Gegensätze der verschiedenen Nationalismen untereinander auszuweisen begonnen hatten. Welch eilfertiger Schluß, ein Sieg der nationalen Demokratie hätte Europa kommende Kämpfe ersparen können! Hatte doch die große französische Revolution die Machtmaschine des alten Regimes gar bald durch eine neue und viel furchtbarere ersetzt! Die Gewalten des modernen Lebens, die sich triebhaft in den populären Bewegungen auswirkten, verlangten im Grunde nach Expansion. Sie konnten solche auf dem eingeengten Festlande nicht mit friedlichen Mitteln gewinnen. Ihr Sieg 1848 hätte leichtlich leidenschaftliche Volkskriege nach sich ziehen können, die an zerstörender Kraft die kurzen, kühl gelenkten Kabinettskriege der beiden nächsten Jahrzehnte weit hinter sich gelassen hätten. Aber eben diesen Sieg zu ergreifen, der so nahe schien, waren die populären Bewegungen bei ihrer inneren Zersetzung nicht fähig. So kamen die Mächte des Beharrens wieder zu Atem. Sie verfügten auch in Mitteleuropa über Armeen, die darauf brannten, die bestehende Ordnung wieder herzustellen. Rußland stand überdies noch ungebrochen im Osten aufrecht und diente zum Rückhalt.

Und dennoch: an eine echte Restauration, zu deren Aufrechterhaltung schon 1830 die Kraft gefehlt hatte, war jetzt gar nicht mehr zu denken. Das unter seinem neuen Cäsar erstarkende Frankreich ging ehrgeizig seinen eigenen Weg und es triumphierte gar bald im Krimkriege über die letzte intakte Reserve der Reaktion. Die Ära geruhsamer weltanschaulicher Solidarität unter Zurückstellung der staatlichen Sonderegoismen war unwiederbringlich dahin und an ihre Stelle trat eine solche der zunehmenden Zerklüftung und höchsten Labilität. Nunmehr winkte dem Wendigen und Kühnen in Ausnutzung kaleidoskopisch wechselnder Konstellationen reichster Gewinn, wie in einem analogen Schwebezustande des Systems in der Mitte des vorhergehenden Jahrhunderts.

Unter so verwandelten außenpolitischen Verhältnissen konnten aber unmöglich die innerpolitischen auf die Norm des Vormärz zurückgeschoben werden. Es hieß vielmehr für den schöpferischen Staatsmann fortan den Augenblick der Verwirrung der populären Bewegung auszunutzen, um seinerseits diejenigen Teile ihres Programms zu verwirklichen, die sich mit dem Staatsinteresse vereinbaren ließen. Es hieß listig und wagemutig mit den populären Winden lavieren, deren Abflauen angesichts einer immer rapider voranschreitenden Zivilisation nicht wohl zu erwarten war. Es hieß die Methoden einer aktiven Innenpolitik mit den Zielen einer aktiven Außenpolitik in Übereinstimmung zu setzen. Die wilden Pferde der Zeit auf dem Platze halten zu lassen, war nicht mehr möglich: es galt sie zu bewegen, sollten sie nicht in neuen und dann gefährlicheren Revolutionen durchgehen!

So belebte denn die Auswirkung des tollen Jahres die Energien des Staates, obgleich doch die revolutionären Gewalten das Feld zu einem erheblichen

Teile wieder hatten räumen müssen – vergleichbar der Belebung, die die Vegetation des Niltales beim Zurücktreten der schlammigen Überschwemmung des Stromes erfährt. Die enge Bühne des zerklüfteten und abgeschnürten alten Festlandes wurde damit aufs neue Schauplatz erregendsten Geschehens, während draußen auf der Weltbühne unscheinbare und undramatische Entwicklungen voranschritten, die dennoch an globaler Schicksalsbedeutung dermaleinst über die heftigsten Kämpfe des alten Erdteils hoch hinauswachsen sollten.

Nicht früher fand die neue turbulente Ära ihr Ende, als bis zwei neue Großstaaten sich über kleinstaatliches Gerölle ausgebreitet hatten, als genialste Lösungen des 1848 gestellten Problems: die populären Stürme zur großen Fahrt des Staatsschiffes auszunutzen. Von da ab war das Schachbrett Europas Feld für Feld mit starken Figuren besetzt, die ohne hinreichenden Operationsraum gedrängt in unheimlicher Bewegungslosigkeit sich gegenseitig anblickten – Egoismus neben Egoismus und durch kein gemeinsames geistiges Firmament mehr überwölbt, wie es noch die stillen Tage der Restauration überglänzt hatte.

Es kann sich für uns nur darum handeln, aus dem Gewirr der Vorgänge der Jahre 1848–1871 diejenigen ins Bewußtsein zu rufen, die das Anschwellen der politischen Dynamik besonders deutlich kennzeichnen – die Kammlinie aufzuzeigen, die aus verworren gefaltetem Mittelgebirge aufsteigt zu dem alpinen Doppelgipfel der Weltkriege. Diese Kammlinie verläuft zunächst auf dem französischen Massive, um 1870 auf das deutsche hinüberzuspringen.

Unter Napoleon III. wird Frankreich auch wieder machtpolitisch und zum letzten Male das Zentrum des Festlandes, das es in geistigem und sozialem Betracht zu sein nie aufgehört hatte. Der Kaiser erwies sich als der Meister in der geheimnisvollen Kunst, die die Zeit von dem großen Staatsmanne verlangte: die Wildwasser chaotischer Bewegung kanalisiert der Mühle des Staates zuzuleiten.

Die große Revolution hatte einst den großen Cäsar aus sich geboren. Die in sich gebrochene Revolution von 1848 brachte den kleinen Cäsar hervor. Die Große war eminent französisch gewesen. Die 48er entzündete sofort eine Vielzahl außerfranzösischer Eruptionen. Und diese wieder brachten eine ganze Anzahl schöpferischer Staatsmänner auf die Bahn, die unzweifelhaft einzelne cäsaristische Züge an sich trugen. Sie alle lernten von dem neuen Napoleon, der den zeitgemäßen Cäsarismus vorbildlich ausprägte.

Er gebot der Revolution Halt, indem er der Machtdekadenz des Staates Halt gebot: im Innern dem Besitz und der Arbeit Sicherheit gewährte, den sozial Gedrückten Entlastung, allen den Genuß materiellen Aufstieges in unerhörtem Maße – im Äußeren aber brillante Erfolge darbot mit klug dosierten Opfern; und eben dies war das *arcanum imperii*. Er lehrte die wirtschaftliche Zivilisation und die Macht des Staates wieder planmäßig nebeneinander und durcheinander zu fördern, was der Absolutismus früher so wohl verstanden, die Restauration aber verschmäht hatte. Er lehrte zugleich aufs neue, wie aus einer ergebenen Armee, einer unbedenklichen Polizei und einer gefügigen Bürokratie ein zuverlässiges Machtinstrument für die Hand des Staatschefs zu schmieden sei, wie eben diese starke Hand sich mit samtenem Handschuh verhüllen ließe, Gewalt und Terror mit Propaganda. Er lehrte alle Künste der Massenführung und Massenverführung. Freilich wurden seine Erfolge um einen geheimen und schwer zu kalkulierenden Preis erkauft, der in einem Zusatze von Unfreiheit und Lüge bestand und auf Kosten echter Kultur zu einer wuchernden Ausbreitung leicht fauliger Zivilisation führte.

Daß dies Regime mit hegemonialer Prätention spiele, zeigten sein Name, sein Kostüm, seine Gesten. Wie weit hat es sich der Verwirklichung dieser Prätention annähern können, obgleich sein Träger sich im Geheimen dessen stets bewußt blieb, daß die 1815 zerbrochene Sprungfeder nationaler Energie nie wieder hergestellt werden könne?

Ein Symptom dafür, wie nahe Napoleon III. dennoch der Schwelle hegemonialer Politik kam, mag man aus dem Umstande ablesen, daß sein Frankreich mit allen drei Weltmächten, Rußland, England und den Vereinigten Staaten, in Reibung geriet – aber nacheinander. Hätte er die fatale Schwelle überschritten, so wäre ein Bündnis zwischen den rivalisierenden Flügelmächten gegen ihn die logische Folge gewesen, vielleicht bereits erweitert durch das Hinzutreten Amerikas – ein erster Weltkrieg! Tatsächlich sank aber die Lebenskurve des zweiten Kaiserreiches in dem Augenblicke ab, in dem sie eben in die Höhe solchen weltgeschichtlichen Konfliktes hinaufwuchs – nicht ohne tiefen Zusammenhang mit dem Absinken der Lebenskurve der Nation selbst. Der Thron des dritten Napoleon wurde in einem simplen kontinentalen Kriegsduell umgestürzt. Es bedurfte dazu nicht, wie bei dem ersten, einer großen Koalition und des Eingreifens von Weltmächten.

Die erste Staffel erklomm der neue Kaiser im Krimkriege, noch gedeckt durch den Gegensatz des insularen und des kontinentalen Weltantipoden. Dieser so lange schon schwelende Gegensatz erhitzte sich nämlich nach 1848 derartig, daß nun doch einmal die Kriegsflamme aus ihm emporschlug. Treibend war dabei Rußland. Allein unter allen Mächten des Kontinentes durch die Revolution unerschüttert, hatte es 1849 auf Bitten Österreichs den ungarischen Aufstand niedergeschlagen und dadurch die eine seiner deutschen Defensivbastionen gegen die Revolution wieder hergestellt, getreu der Prinzipienpolitik seines Zaren. Im folgenden Jahre glückte die Wiederherstellung auch der anderen; in Olmütz verzichtete der Preußenkönig auf seine nationalen Velleïtäten. Die vormärzliche Gleichschaltung der drei Ostmächte wurde hergestellt und der Zar durfte dabei als Schiedsrichter über Deutschland fungieren, wie einst die große Zarin Katharina, die pendelnden Schalen des deutschen Dualismus in die für sein Rußland so vorteilhafte Ruhelage zurückversetzen. Sein Selbstvertrauen war dadurch gefährlich angestiegen. Er fühlte sich stark, sein konsequent bis zu dieser Höhe emporgeführtes Regime durch einen zweiten Türkenkrieg zu bekrönen, der den großen Erfolg bringen sollte, den der erste schuldig geblieben war. In Wirklichkeit enthüllte dieser zweite Türkenkrieg Rußlands organische Schwäche! Aus Revolutionsfurcht von der westlichen Zivilisation abgeschlossen, in der Peter der Große seine Stärke gesucht hatte, ohne Eisenbahnnetz und ohne moderne Kriegstechnik, unterlag der unbehilfliche Koloß der von England angeführten westmächtlichen Koalition, die den türkischen Riegel verteidigen half. Ihr aktivstes Mitglied aber war Napoleon. Seine Armee errang Lorbeeren vor den anderen und hellte den Schatten auf, der seit 1815 auf Frankreich und seiner Geltung lag.

Im übrigen war dieser erste und bis heute einzige

Krieg der Weltrivalen alles andere als ein Weltkrieg, vielmehr ein charakteristisch begrenztes Unternehmen, das auf keiner Seite letzte Kraft einforderte, aber trotz der unbehilflichen englischen Führung zu Lande die eigentümlichen Chancen der beweglichen Seemacht hervortreten ließ: wechselnde Invasionsdrohungen trugen nicht unwesentlich zur Niederlage des kontinentalen Riesen bei. Er blieb fortan für zwei Jahrzehnte mit sich und seinen Reformen beschäftigt. Freilich konnten alle Reformen die revolutionäre Bedrohung nicht bannen.

Für Napoleon aber verhieß der erste große Erfolg eine Kette weiterer. Gewannen doch nun die nationalen Bewegungen Mittel- und Osteuropas neue Bewegungsfreiheit, und der Kaiser war längst entschlossen, als ihr Protektor sein Spiel zu spielen, von denselben Strömungen sich vorantragen zu lassen, die seinem Onkel zum Verhängnis geworden waren, klug steuernd und ohne großen Einsatz in maskierter Form die Vormacht für Frankreich zu gewinnen, die jener gegen den Strom rudernd mit aller seiner Kraft nicht hatte festhalten können.

Die Anwendung dieser Generalidee auf den Fall Italien bewährte sich zunächst glanzvoll. Hier glückte ein großer Coup, ganz aus eigener Initiative! Gab es auf dem Festlande eine Macht, die es mit diesem neuen kaiserlichen Frankreich überhaupt noch aufnehmen konnte? Befand sich eine neue Hegemonie nicht schon im Werden? Dann aber mußte nach den alten Spielregeln der europäischen Politik sich nunmehr die insulare Flügelmacht bedroht fühlen, die soeben noch den Kaiser als Trumpf gegen die kontinentale ausgespielt hatte. In der Tat: nun brach in England eine Panik um die Sicherheit der Insel aus, die in der langen Reihe ähnlicher als die heftigste vor dem zweiten Weltkriege bezeichnet werden darf. Sie wurde genährt durch die Sorge vor der erneuerten französischen Kriegsflotte, im besonderen vor ihren Dampfern. Zum ersten Male stellte die moderne Technik, ein angelsächsisches Gewächs, die angelsächsische Insularität in Frage. Sollte sie Frankreich in einem dritten Hegemonialkampfe zum Siege verhelfen?

Aber gar bald verteilten sich die drohend geballten Wolken. Die napoleonische Methode mit ihrem geringen Einsatze genügte wohl bei listiger Regie zu überraschenden Anfangserfolgen. Sie vermochte ihnen aber nicht Dauer zu sichern. Der Kaiser enttäuschte die Hoffnungen der italienischen Patrioten auf völlige Einigung ihrer Nation und ließ sich obendrein seine Hilfe durch Landabtretungen bezahlen. Solche verlangte England für die seine nicht und ohne ein Blutopfer zu bringen gewann es leicht im weiteren Verlaufe der italienischen Einigung in der öffentlichen Meinung der Halbinsel den Franzosen den Rang ab. Die Seesuprematie darf generöser sein als es die Landsuprematie sein muß! Die napoleonische Nationalitätenpolitik erwies sich als innerlich widerspruchsvoll und verlor ihren Kredit. Kaum entstanden, entwickelte das neue Italien den unbändigen Trieb zur rücksichtslosen Souveränität, der dem modernen europäischen Nationalstaat eigentümlich ist wie dem griechischen Stadtstaate. Die fortschreitende Durchführung des nationalen Prinzips vertiefte nur die Zerklüftung des Erdteiles.

Aber Frankreich hatte von je auch jenseits der Meere seine Vormacht zu verankern gestrebt. Auch unter Napoleon III. suchte es aus der Enge des Festlandes auszubrechen. Der Kaiser fand im Mittelmeer bereits eine starke Position vor, zu der das Julikönigtum, ja schon die Restauration den Grund gelegt hatten. Wir versagen es uns, auf ihren Ausbau in der alten Stoßrichtung Ägypten durch Erbauung des Suezkanals einzugehen. Wir versagen es uns auch, die französische Ausbreitung in Ostasien und im Pazifik zu verfolgen, Gebieten, in denen eine Konkurrenz mit England sich ergeben mußte. Aber wir dürfen nicht an dem mexikanischen Abenteuer vorbeigehen, denn mit ihm kreuzt Napoleon nun auch den Weg der dritten Weltmacht. Einen Augenblick schienen Kämpfe und Entscheidungen weltgeschichtlichen Ausmaßes bevorzustehen, so wie 1859, als England von seiner Invasionsfurcht geschüttelt wurde. Aber wie damals verzog sich das Gewölk.

Die französischen Lebensenergien trieben nicht mehr zu einer grandiosen Aktion. Mexiko blieb ein Abenteuer. Und doch ist es für die heutige Betrachtung von weltgeschichtlicher Problematik in mehr als einer Beziehung umwittert.

Einmal stellte es den letzten Versuch Frankreichs dar, in Amerika Fuß zu fassen und die Aspirationen dreier Jahrhunderte zu beleben, vielleicht zu übertreffen. Konnte Frankreich nicht die Schutzmacht Lateinamerikas werden, wonach es durch seine Verbindung mit dem bourbonischen Spanien im 18. Jahrhundert gestrebt hatte, dem romanischen Element in Übersee zur Ebenbürtigkeit mit dem germanischen verhelfen, selbst wieder den Rang einer großen ozeanischen Macht erklimmen und im besonderen den Mißerfolg von 1822 wieder ausgleichen? Damals war sein Hinübergreifen über den Ozean an der Verbindung der beiden angelsächsischen Reiche gescheitert. Jetzt war diese zerrissen. Mehr noch: zerrissen war das Band, das die Vereinigten Staaten selbst zusammenhielt.

Wir verließen sie im schwungvollen Ausgreifen, ohne ebenbürtigen Gegner zu Lande, praktisch im Besitze der Insularität auf beiden Kontinenten. Wir finden sie jetzt im Bürgerkriege wieder, bedroht von keinem äußeren Feinde, aber der inneren Uneinigkeit, in Gefahr, alles Erreichte zu verlieren. Behauptete sich nämlich die Spaltung, dann war es mit dem bevorrechtigten insularen Dasein vorbei; kontinentale stehende Heere mußten unterhalten werden. Vorbei war es mit dem Fernbleiben von der europäischen Politik: Verbündete mußten gesucht werden, wo man sie fand. Ja es war vorbei überhaupt mit dem Machtanstiege des jungen Erdteiles, mit seiner Tendenz zur Vereinheitlichung im geschlossenen Raum. Die Tendenz zur Zerklüftung, zur Bildung eines Staatensystems im geöffneten Raume, mußte sich anbahnen, das Verhältnis der neuen zur alten Welt rückläufig werden und die ausgewanderte Macht gleichsam über den Ozean heimkehren. Dann würde innerhalb des Angelsachsentums Englands Stern wieder emporsteigen, und diese verführerische Aussicht wurde während des Sezessionskrieges auf der Insel von weiten Kreisen offen begrüßt. Aber sie überschnitt sich mit einer anderen für England bedenklichen Aussicht. Auch Frankreichs Stern mußte unter solchen Umständen wieder emporsteigen, Napoleon die Möglichkeit gewinnen, die Beseitigung der französischen Herrschaft in Kanada nach 100 Jahren durch ihre Aufrichtung in Mexiko wieder auszugleichen.

So führt uns die Betrachtung seines amerikanischen Unternehmens dicht heran an eine wahrhaft weltgeschichtliche Wasserscheide. Daß sie nicht überschritten wurde, dafür sorgte der wohlbegründete und klare Sieg der Nordstaaten, der verhinderte, daß der Strom der amerikanischen Geschichte sich ein neues

Bett suchte. Die Staaten, sobald sie wieder «Vereinigte Staaten» geworden waren, zeigten sich stark genug, um mit bloßer Drohung den Kaiser von dem Boden ihrer Rieseninsel zu vertreiben. Sie bedurften dabei nicht der Verbindung mit England, wie in ähnlicher Lage zu Monroes Zeit. War doch Frankreich diesmal gleichzeitig auch in Europa bedenklich engagiert. Und so wuchs aus dem drohenden Verfall die Geltung der dritten Weltmacht erst recht in neuem gewaltigen Aufstiege empor.

Auch hatte Amerika nunmehr in der Stunde der Not erfahren können, wie sein Lebensprinzip durch die ozeanischen Ansprüche einer festländisch-europäischen Vormacht bedroht werde. 1812 hatten die Vereinigten Staaten noch geglaubt, Englands Verstrickung in Europa zu seiner Bekämpfung in Kanada ausnutzen zu dürfen. Sie hatten also indirekt der Vormacht Napoleons I. Hilfsdienste geleistet. Dieses Mal waren sie einfach genötigt worden, gegen Napoleon III. Front zu machen, während ihr Verhältnis zu England trotz aller Abkühlung die Zeit der Spannung überstand. Konnte doch England im Grunde eine Festsetzung Frankreichs in Latein-Amerika damals so wenig wünschen wie im Jahre 1822. So blieb denn für die Zukunft die Möglichkeit, daß sich die zwei angelsächsischen Mächte gegen eine dritte europäische zusammenfänden, ebenso offen wie die andere Möglichkeit, daß doch noch einmal ihr

Gegensatz auf kanadischen Schlachtfeldern ausgetragen werde. Die Entscheidung zwischen diesen beiden Möglichkeiten auf der Weltbühne sollte dereinst die Entscheidung der Kämpfe auf der europäischen Bühne herbeiführen. Kehren wir nunmehr zu diesen zurück.

Napoleons Scheitern in Übersee ist bereits, als Ursache und Wirkung, verflochten mit seinem herannahenden Scheitern in Europa selbst. Hatte seine Nationalitätenpolitik im Falle Italiens noch den zweideutigen Schein eines Erfolges für sich buchen können, so führte sie im Falle Deutschlands zu einem eindeutigen diplomatischen Mißerfolg, aus dem die militärische Katastrophe herauswachsen sollte. Sie hatte Geister gerufen, deren sie nicht mehr Herr blieb. Man mag sagen, das 1848 gestellte Problem, die populären Gewalten in die Berechnungen der Machtpolitik einzufügen, vermochte Napoleon auf dem entscheidenden Felde der äußeren Politik auf die Länge nicht zu meistern. Der Schlußstein des Gewölbes stürzte hernieder, dem Regime ging das *arcanum imperii* verloren. Angesichts der unzureichenden moralischen wie materiellen Kräfte, die das herbstliche Frankreich zur Verfügung stellen konnte, erwies sich das Spiel mit hegemonialen Prätentionen als eitel in jedem Betracht. Die ansteigende Kammlinie der politischen Dynamik sprang nunmehr auf Deutschland über!

Wie hat es sich fügen mögen, daß hinter der spanischen und französischen schließlich auch die deutsche Nation, als letzte unter den großen Völkern des alten Festlands, den Sturm auf den unbezwungenen Gipfel der Hegemonie hat unternehmen können, um zugleich mit seiner eigenen Geschichte die des Staatensystems zum Ende hinzuführen?

Zwar an natürlichen Kräften hat es uns nie gemangelt, volkreich und räumlich ausgebreitet wie wir vor anderen stets waren. Und hegemoniales Streben regte sich bereits am Morgen unseres politischen Daseins, und dieser Morgen brach früher und verheißungsvoller an als bei den Völkern des Westens. Aber wenn sich die deutsche Macht bisweilen wolkenhaft auftürmte, so zerrann sie auch wieder zu brauenden Nebeln, umgestaltet in gestaltlosem Lande, ohne Kern und Folge, immer werdend – nie geworden. Die Kräfte wucherten über die Grenzen hinaus und wandten sich zugleich innerhalb der Grenzen gegeneinander, das übernationale Kaisertum wurde zerfressen von dem unternationalen Territorialismus. Als in den Anfängen des Staatensystems die drei westlichen Nationalstaaten ihre Persönlichkeiten immer schärfer zusammenfaßten, hatte umgekehrt das «Reich» die Neigung, zu einem kleinen Staatensystem zu zerfließen, ähnlich dem italienischen in den vorhergehenden Jahrhunderten, das Kaisertum aber, von seiner Randexistenz aus Ranken weit über Europa auszusenden. Die Auflösung des kirchlichen Abendlandes, die im Westen der Zusammenballung der weltlichen Macht zugute kam, beschleunigte hier nur ihren Zerfall. Die überseeischen Entdeckungen, die dort unabsehbare neue Möglichkeiten eröffneten, dienten hier nur dazu, die bisherigen zu verkümmern. Dann schloß uns Rußlands Aufstieg auch noch im Osten von den Großräumen der Zukunft ab und drängte uns im Südosten von der verheißungsvollen Stoßrichtung gegen die Türken zur Seite. Und dieser Aufstieg Rußlands wirkte zugleich auf das innere Gefüge Deutschlands ein. Er beförderte Preußens Aufstieg. Dadurch aber gewann die alte Tendenz zur Desorganisation einen neuen Ausdruck. Zwei Jahrhunderte hatte ihr Habsburg mit wechselndem Erfolge entgegengewirkt, ohne doch seinerseits je die Interessen seines Hauses mit denen der Nation zur Deckung zu bringen. Aber eine mehr oder weniger große Annäherung beider war unleugbar. Und von den Rändern her, gestützt auf den weiten Bogen seiner Besitzungen, beschirmte der Kaiser tatsächlich die wirre Mitte vor dem italienischen Schicksal der Fremdherrschaft und hielt den Schild gegen Franzosen wie Türken. Als aber der preußische Rivale sich am nordöstlichen Rande erhob, da wurde mit der Vormacht Habsburgs die letzte lockere, mehr potentielle als reelle nationale Form des politischen Daseins in Frage gestellt. Denn nunmehr hielten sich zwei Randmächte dualistisch die Waage, während mitteninne das «Reich» in seiner Gestaltlosigkeit verharrte.

Wer hätte um 1770 voraussagen wollen, daß sich in diesem beschatteten, chaotisch brodelnden, von der Weite der Welt abgeschlossenen Bereiche hundert Jahre später Kräfte zusammenballen würden, stark genug, um in das Zentrum weltgeschichtlicher Entscheidung vorzustoßen?

Wenn es dennoch geschah, so dank dem Zusammenwirken besonders günstiger Umstände und Entwicklungen, die das Bleigewicht aufwogen, die das deutsche Geschick so lange hinabgezogen hatte. Aber konnten sie es für die Dauer ausschalten?

Sie ermöglichten einen steilen Aufstieg, der deutlich in zwei Abschnitte auseinanderfällt. Der erste führt hinauf bis zu der Stufe des Bismarckreiches, zu einer kontinentalen Machtstellung, die, so hoch sie immer aufragen mag, doch nicht hinaufreicht bis zu den letzten weltgeschichtlichen Höhen, denen unsere Betrachtung zugewandt bleiben möchte. Dorthin führte erst der zweite Abschnitt des deutschen Aufstieges in der Ära nach Bismarcks Ausscheiden, hinaus über die grünen Kuppen des Mittelgebirges in die toddrohende Einöde der Firne und Felsgrate. Eine vornehmlich auf die deutsche Geschichte eingestellte Betrachtung wird bei dem ersten Abschnitte verweilen und bei der Fülle dauernder Werte, die in seinem

Verlaufe zutage traten. Eine weltgeschichtliche Überlegung aber hat ihn nur insofern zu kennzeichnen, als in ihm bereits jene günstigen Umstände und Entwicklungen zum Auftriebe dienen, die dann den letzten Ikarusflug emportragen sollten. Diese lassen sich unter drei Überschriften gruppieren: die außenpolitische Lage, die wirtschaftliche Zivilisation, die moralischen Energien.

Beginnen wir mit den letzteren, dem Nationalgefühl. Es entstammt als geistiger Sammelpunkt für die junge oder verjüngte Gesellschaft dem Westen, aber erst auf seiner Wanderung nach dem Osten entwickelt es seine größten Wirkungen. Dort belebte es nur die bestehenden Staaten, hier trieb es zur Begründung wesentlich neuer. Dort akzentuierte und verbreitete es nur ein Wesen, das sich schon längst in stolzen Leistungen großer Vergangenheit geformt hatte. Hier forderte es zu seiner grundsätzlichen Neuformung in der Zukunft auf, nachem es sich seit langen Jahrhunderten verfälscht und verflüchtigt hatte. Die zerstückelten Nationen Mittel- und Osteuropas schüttelten ihre verworrene Geschichte wie einen nächtlichen Traum ab und fühlten sich geistesmächtig und tatenlustig im Morgenlichte nahender Freiheit und Einheit. So führte denn ihr Erwachen dem politischen Spiel ganz überraschende Kräfte zu, die das Verhältnis gegenüber den längst geeinten alten Völkern zugunsten der jungen verschoben.

Das gilt für Deutschland in besonderem Maße, und zwar vornehmlich bei seinem Verhältnis zu Frankreich. Das festländische Nationalgefühl trägt ein kämpferisches Element in sich entsprechend dem Daseinskampfe auf eingeengtem Raume, in dem es heranwächst. Es erstarkt an einem Gegner. Das deutsche erstarkte in dem ersten Jahrhundert des Aufstieges geistig wie politisch an der Auseinandersetzung mit Frankreich. Die Normen der französischen Hegemonie im Namen des individuellen Eigenrechtes der Völker zu durchbrechen war seine erste Leistung – ein Gesamterlebnis, wie es die Nation eigentlich seit dem frühen Mittelalter nicht mehr gekannt hatte, ein ideeller Vereinigungspunkt hoch über den Grenzlinien der Konfessionen und Territorien. Von hegemonialem Streben aber konnte dabei keine ernsthafte Rede mehr sein. War doch dies deutsche Nationalgefühl gegen die französischen universalen Ansprüche auf die Bahn getreten. Und finden sich in den Anfängen auch universale Anklänge genug, so entbehren sie der realistischen machtpolitischen Akzentuierung.

Wenn nun dieses so geartete Nationalgefühl das Alte verjüngte, das Getrennte verschmolz, die Statik überkommener Zustände mit Dynamik erfüllte, so wirkte es nur als Teilerscheinung einer allgemeineren, die sich in dem wirtschaftlichen Alltage nicht weniger deutlich abspiegelte als in politischen Idealen. Und da war es nun von ungeheurer Bedeutung, daß auch die neue wirtschaftliche Entwicklung Deutschland ähnlich begünstigte wie es die Entwicklung des Nationalgefühls tat. War es nämlich seit den Entdeckungen durch die Abschließung von Übersee im Verhältnis zu den ozeanischen Völkern benachteiligt gewesen, so teilte in der Ära Napoleons I. und der Restauration das ganze Festland den Nachteil solcher Abschließung mit ihm. Und wurde sie dank der ansteigenden modernen Industrie auch nicht allzu schmerzlich empfunden, so erwies sich je länger je mehr, daß diese Industrie auf dem Festlande vornehmlich Deutschland ihre Gunst zuwandte: sein armer Boden war reich an Kohle und Eisen, seine sich rasch mehrenden, genügsamen, organisierbaren und organisierenden Menschen geeignet zur Arbeit im Großgewerbe, überhaupt sein unerfülltes Wesen, durch keine verpflichtende nationale Kulturform festgelegt, bereit, sich in die wirtschaftliche und die ihr zugeordnete wissenschaftliche Zivilisation zu stürzen.

Aber nicht genug damit, daß Deutschland sich mit ungeahnten moralischen und wirtschaftlichen Energien erfüllte, zu gleicher Zeit nahm im Bereiche der Außenpolitik der Druck ab, den die festländischen Nachbarn in Ost und West ausübten. Denn Rußland sahen wir gelähmt durch die Revolutionsfurcht seiner Zaren, Frankreich getroffen durch das Entscheidungsjahr von 1815. So konnte denn die erste Hälfte des Jahrhunderts zwar den deutschen Aktivisten nicht genug tun, aber auf der Folie unserer dunklen Geschichte gewährt sie dennoch ein helles Bild: Würde nach der siegreichen Beendigung der Freiheitskriege, Sicherheit im weiten Rahmen konservativer Politik, stilles Wachstum inmitten eines besänftigten Europas, dessen Frieden auch die deutschen Schmerzen besänftigte. Der Dualismus der beiden deutschen Großmächte verlor seine Schärfe während des Dornröschenschlafes der Machtpolitik.

Dem Österreich Metternichs fiel ohne Anstrengung lange Jahre eine geehrte diplomatische Schlüsselstellung im Rate der Mächte zu, und es war, als ob die Restauration, mit einer prästabilisierten Harmonie zwischen dem Staatensystem und dem System des Vielvölkerstaates, die Schwächen dieses in ebenso viele Vorzüge hätte verwandeln wollen.

Preußen aber vergaß seinen alten Machttrieb, und seine kahle Zivilisation, in der napoleonischen Ära so reich befruchtet mit deutschem Geiste, umgrünte sich in den stillen Tagen des Vormärz mit vornehm-gediegener Kultur. Fast gegen den Willen seiner Staatsleitung wurde es zur Hoffnung fortschrittlicher Elemente unter den Nationalisten und Wirtschaftlern, der Zollverein zu einer nüchternen und schüchternen Vorform des kommenden Reiches. Befand sich doch der Staat seit 1815 in einer eigentümlichen Ausgangsstellung für große nationale Politik – aber ungewollt! Denn es war ja Rußlands Vordringen nach Westen gewesen, das ihn aus dem polnischen Raum in den deutschen hinein gedrückt hatte, und Englands und Österreichs Gegenwirkung, die ihm die Wacht am Rhein aufgenötigt und sein Gebiet in zwei Komplexe zerrissen hatte – ein peinlicher Schwebezustand, der einen kühnen preußischen Staatsmann dazu auffordern konnte, ihn durch ausgreifende Politik im Bunde mit der nationalen Bewegung zu überwinden. Freilich wurde diese Aufforderung im biedermeierlichen Berlin nicht gehört.

Erst das Jahr 1848 und die von ihm ausgelöste turbulente Ära brachte die schlummernden deutschen Möglichkeiten Preußens zum Erwachen, und erst der größte unter den vier schöpferischen Staatsmännern dieser Jahrzehnte hob sie in die Wirklichkeit.

Zwar brachte auch Österreich in Schwarzenberg eine Persönlichkeit hervor, die aus dem Holz geschnitzt war, das die Zeit verlangte. Aber die Bauart des alten Staatsschiffes verbot von vornherein, seine Segel den populären Winden darzubieten. Das Großösterreich, auf das der verwegene Kapitän lossteuerte, hätte wohl auf mancherlei Art dem Selbstgefühle des deutschen Elementes schmeicheln können, aber doch eben nicht trotz seines Umfanges für die Verwirklichung der nationalen Ideale Raum geboten.

Dem Zaren gelang es zudem leicht, die Entfaltung der stolzen Pläne mit Hilfe des deutschen Dualismus zu lähmen.

In ganz anderem Maße vermochte der preußische Staat seinen ursprünglich a-nationalen fridericianischen Machtegoismus national zu durchpulsen. Die Hohenzollern hatten früher genugsam das deutsche Interesse im Westen dem ihres Staates geopfert. Aber die Grenzziehungen von 1815 hatten beide zur Deckung gebracht, ganz ungerechnet den Umschwung im nationalen Empfinden, den die Ära der Freiheitskriege hervorgebracht hatte und der sich nicht wieder rückgängig machen ließ. Dem alten preußischen Expansionstrieb fiel also von selbst, sobald er sich wieder erhob, die Weihe einer nationalen Mission zu, ähnlich wie dem Ehrgeize des schicksalsverwandten Piemont. Freilich mußte die Akzentverteilung zwischen dem nationalen und dem staatlichen Gedanken hier und dort grundverschieden sein. Die von der Natur vorgeformte, von zwei Großmächten um die Wette beförderte Einheit des peripheren Italiens pflückte Cavour mit kühner Eleganz fast wie einen reifen Apfel, in harmonischer Zusammenarbeit mit der nationalen Bewegung. Deutschland aber, formlos von Natur, lag auf dem Schnittpunkte der Drucklinien der großen festländischen Politik, und seine Desorganisation war seit drei Jahrhunderten mit der Organisation des Staatensystems engstens verknüpft. Ohne umwälzende Machtverlagerungen war seine wirkliche Einigung, wenn überhaupt, nicht zu denken und selbst seine annähernde nur zu erreichen unter Ausnutzung aller jener günstigen Momente, die wir hervorhoben, und vor allem des letzten: der ermutigenden Lage der Außenpolitik. Ermutigend freilich nur gemessen mit dem Maßstabe der deutschen Geschichte und nur für einen Meister wie Bismarck. Er hat die entspannte Labilität des Systems zum Vorteil seines schmächtig-sehnigen Staates ebenso auszunutzen verstanden wie Friedrich der Große, an den er anknüpfte – sie beide Erscheinungen des Wellentales zwischen je zwei hegemonialen Dünungswellen: in beiden Fällen mußten die großen Mächte um einiges kleiner geworden sein, damit die kleine um vieles größer werde. Aber freilich: für die deutsche nationale Bewegung bot sich in einem außenpolitisch so klippenreichen Fahrwasser nur beengter Manövrierraum. Eine ähnlich gewichtige Rolle neben dem Staate wie in Italien fiel ihr nicht zu.

Wie gefährlich nämlich das Fahrwasser einer nationalen Politik war, hatte sich schon 1848/49 an einem warnenden Beispiel erwiesen; damals, als die deutsche Frontwendung gegen Dänemark eine Annäherung der beiden Flügelmächte England und Rußland aneinander herbeiführte, die ihre Rivalität am Sunde beim Auftauchen eines neuen Konkurrenten ebenso zurückstellen konnten, wie an den Dardanellen. Und Frankreichs Hinzutreten hatte bereits die ominöse Einkreisung vervollständigt. Nur dem abgründigen Spiele Bismarcks konnte es gelingen, die drei großen Mächte, von denen keine eine Stärkung der Mitte wünschen durfte, gegeneinander auszuspielen und damit seiner eigenen Aktion Bewegungsfreiheit zu sichern. Erleichtert wurde ihm seine Aufgabe durch einen Umstand, der wie ihre hoffnungslose Erschwerung aussah, den Konflikt mit der nationalen Bewegung. Er benutzte ihn als Kulisse, hinter der er seine Stärke und seine Absichten verbarg, um überraschend hervorzubrechen und vollendete Tatsachen zu schaffen. Je ungefährlicher er den großen Kabinetten erschien, um so leichter vermochte er sich im Schatten ihrer eigenen Gegensätze untereinander sprungweise vorzuarbeiten, ohne doch in das Schlepptau einer von ihnen zu geraten und so den kostbarsten Trumpf seiner Diplomatie einzubüßen, seine Bewegungsfreiheit inmitten der allgemeinen Labilität.

Beleben wir das Gesagte durch einen Blick auf sein Verhältnis zu den drei außerdeutschen Hauptmächten in den Jahren seiner großen Aktion.

Da ist Rußland voranzustellen. Längst schon selbst gehemmt durch die prinzipientreue Eingleisigkeit Nikolaus' I. war es bis zum Krimkriege eben doch auch ein Hemmnis für eine ausgreifende deutsche

Machtpolitik Preußens gewesen. Unter Alexander II. war es dazu nicht mehr in der Lage. Erbittert über die Haltung des «undankbaren» Österreichs während des Krieges und über sein Bestreben, an der Seite der Westmächte die Balkanpläne seines Retters von 1849 zu durchkreuzen, war der Zar vielmehr geneigt, im Rahmen des deutschen Dualismus die russische Gunst wieder einmal dem zuverlässigen kleinen preußischen Freunde zuzuwenden. Bismarck verstand es, ohne auf die Beurteilung seiner Politik durch «Europa» zu achten, mit seinem Verhalten im polnischen Aufstande 1863 dies Wohlwollen vollends zu rechtfertigen. Und der Zar sah ihm denn auch 1864 den Erfolg gegen das befreundete Dänemark nach, um ihm nicht seinen verdienstlichen Kampf gegen Parlament und Umsturz zu erschweren. Ähnlich 1866. Zu schwach, um als Schiedsrichter wie Katharina II. und Nikolaus I. zwischen den deutschen Mächten zu vermitteln, fand Alexander sich trotz schmerzlicher Bedenken mit der blitzartig vollendeten Umwälzung ab, die immerhin eine Bestrafung der treulosen Donaumonarchie in sich schloß. Hätte doch auch jede Verlängerung und Verschärfung des Kampfes noch ganz andere Umwälzungen zur Folge haben können, wirklich revolutionäre, gefährliche auch für Rußland selbst und seine Herrschaft in Warschau. Schließlich gewährte das Jahr 1870 mit dem Untergange des Napoleoniden

Rache an dem Hauptsieger von Sewastopol und die Abschüttelung der demütigenden Pontusklausel des Pariser Vertrages von 1856.

So konnte denn Bismarck ungehindert durch das geschwächte Rußland sein Werk vollenden, im besonderen gedeckt durch Alexanders Ressentiment gegen die alten Gegner aus der Zeit des Krimkrieges und durch seine Sorge vor dem Umsturz.

Ein andere Art von Deckung als die passive Politik Petersburgs gewährte die aktive Nationalitätenpolitik von Paris. Sie ermutigte das preußische Vorgehen in der leichtfertigen Hoffnung, bei dem erwarteten Remis zwischen den beiden deutschen Mächten die einträgliche Schiedsrichterrolle übernehmen zu können, zu der Rußland die Kraft nicht mehr hatte. Tatsächlich aber sollte sich ja erweisen, daß sie Napoleon nicht mehr besaß. Sein Stern erbleichte in Amerika. Seine nervös nach einem Erfolge haschende Hand griff ins Leere.

Wieder eine andere Deckung fand Bismarcks Aktion in London. Hier stand noch immer die Sorge vor Frankreich im Vordergrunde, wie mit Unterbrechungen seit bald 200 Jahren. Ihr gegenüber konnten von je die deutschen Dinge nur den zweiten Rang beanspruchen. Zwar wurden 1864 das schicksalsvolle Vordringen Preußens in Schleswig-Holstein, die Stärkung seines maritimen Potentials an zwei Meeren, die Demütigung des dänischen Wächters am Sunde von dem seegewaltigen Beschützer der kleinen Nationen bitter empfunden: als ein Einbruch in die eigene Interessensphäre. Aber den Blick auf die Tuilerien gerichtet, wurde er hingenommen. Wußte doch Bismarck ein ähnliches Zusammengehen der außerdeutschen Mächte, wie es 1848/49 stattgefunden hatte, meisterhaft zu vereiteln. – Auch bei der Beurteilung der deutschen Frage im Ganzen überwog in London der Gedanke an die Rückwirkung auf Frankreich. Nach Rußlands Niederlage 1856 war die Abwehr der französischen Expansion der übergeordnete Gesichtspunkt. Sie schien am besten gewährleistet bei einem friedlichen Verhältnis der beiden deutschen Mächte. Als sich freilich 1866 herausstellte, daß Preußen auch allein zu ihr imstande war, da konnte sich England ganz wohl mit der Umwälzung in Deutschland abfinden und sogar später mit Preußen gelegentlich zum Schutze Belgiens zusammenarbeiten. Ein engeres Zusammengehen gegen Frankreich schien nicht vonnöten. Aber der Tag von Sedan wurde doch noch überwiegend als Befreiung von einem Drucke erlebt. – Die machiavellistisch-kontinentalen Gewaltmethoden Bismarcks freilich mit ihrem Gemenge fridericianischer und bonapartistischer Züge erschienen auf der Insel stets als fatal. Aber man mußte erfahren, daß das festländische Deutschland kein meerumspültes Italien war. Dort, wo das englische Interesse mit dem der italienischen

Patrioten zusammentraf und die maritimen Machtmittel der Insel beide zugleich deckten, hatte England seinem Wesen und seinen Idealen Eingang verschaffen können. Hier, wo die deutschen Patrioten selbst nicht wußten, was sie wünschen sollten, wo die englischen Interessen eine gründliche Änderung des status quo widerrieten und die englischen Machtmittel nicht zur Geltung kommen konnten, hier hatte England seiner großen Anhängerschaft in der vorbismarckischen Zeit nicht viel mehr zu bieten als korrekte liberale Doktrinen, mit denen praktisch der deutschen Frage nicht voranzuhelfen war. So mußte England es erleben, daß diese Anhängerschaft zusammenschrumpfte, als sie das neue Deutschland durch Bismarck als echt festländischen autoritären Machtstaat begründet sah.

Haben wir uns ins Bewußtsein gerufen, welche besonderen Umstände und Entwicklungen – und genutzt von einem ganz außerordentlichen Manne – dazu gehörten, um das deutsche Schicksal in später Stunde aufzuhellen, so dürfen wir darüber doch nicht vergessen, wie viel unheimliche Schatten auch jetzt zurückblieben oder hinzukamen.

Auch jetzt war ja eine volle Einigung der Nation nicht erfolgt, der unlösbare Knoten zerhauen worden. Das Erreichte wurde bezahlt mit äußeren Verlusten der historischen Volkssubstanz: erst recht mit inneren. Denn nunmehr durfte das erneuerte harte urpreußische Wesen das formlose und weiche deutsche überformen, seine militaristisch-politische Zivilisation das große Bündnis schließen mit der wirtschaftlich-technischen, das sich schon im Zollverein angekündigt hatte. Das Bürgertum verlor vollends sein Selbstvertrauen, eingeklemmt zwischen dem Obrigkeitsstaate und dem vierten Stande, wie es sich im Grunde schon seit 1848 befand und auch in Zukunft blieb. Der Geist der Kultur, überall im Abendlande verwelkend, vermochte in dem steinigen Geröll der Neugründung keine tieferen Wurzeln zu schlagen, und in diesen ungefestigten Verhältnissen mußte der kulturelle Rückgang empfindlicher werden als in den altgefestigten des Westens. Das nationale Wesen vergröberte sich im Geistigen wie im Sittlichen: nach grausamster Verwirrung des Rechtsempfindens wurde es 1866 durch den Erfolg des dämonischen, charismatischen Staatsmannes neu geprägt; im Kulturkampf abgedrängt von den religiösen Tiefen, zu denen es schon infolge der Glaubensspaltung keinen rechten Zustand besessen; in seiner Humanität durch das Sozialistengesetz verhärtet. Dafür erfüllte es sich mit unbedenklicher Vitalität, derb «realpolitisch» auf Macht und Reichtum ausgerichtet und doch zugleich unfähig, das realpolitisch Mögliche zu erkennen, geblendet, wie es war, durch das plötzlich hereinbrechende, unverstandene Glück.

Wer aber mag sagen, welche Explosionen formloser Kräfte Bismarck nicht auch hintangehalten hat, welche gefährlichen Gewalten an die Stelle der preußischen Monarchie hätten treten können? Der geheimnisvoll aufschäumende Lebensdrang der verjüngten Nation, die sich in die Zivilisation hineinstürzte, ist ja von ihm nicht erzeugt worden. Er hat ihn gelenkt, aber auch eingedämmt. Er meisterte das 1848 gestellte Problem und nahm diesen Sturmwind, kühn lavierend und nach Bedarf, in das Segel des Staatsschiffes: den Kurs bestimmte allein der Staatsmann.

Er richtete ihn nach 1871 streng auf die Erhaltung des Errungenen. Er schloß die turbulente Ära ab. Der Trumpf der Einigungsbewegung war für ihn ausgespielt ein für alle Male; Deutschland saturiert; das System von 1815 durch das Hinzutreten zweier nationaler Großmächte in Mitteleuropa korrigiert, nicht antiquiert. Auch nur ein Spielen nit hegemonialer Prätention in der Art Napoleons III. kam nicht in Frage. Glitzernde Abenteuer brauchte die legitime Monarchie nicht. Wohl war Bismarck während der Aktion vor keinem revolutionär-bonapartistischen Mittel zurückgeschreckt. Aber Ziel blieb ihm stets die Erhaltung des urpreußischen Kernes, gegen dessen Bedrohung durch die populäre Bewegung er 1848 die Bahn betreten hatte. Ihn bannten weltanschaulich-gemütliche wie rationelle Motive in einen fest umgrenzten Kreis. Ohne Monarchie, königliche Armee, alte Gesellschaftsordnung konnte er nichts schaffen; und hätte er es auch gekonnt, er wollte es nicht. Die Erhaltung des Bestehenden im Innern, des Erreichten im Äußeren, sie hängen nach der Reichsgründung auf das Genaueste miteinander zusammen, und manchmal scheint aus dem Schüler Napoleons III. ein solcher Metternichs geworden zu sein.

Nicht anders hatte einst Friedrich der Große seine beiden letzten Jahrzehnte der Erhaltung gewidmet. Ein Jahr 1789 hatte der deutsche Raum seitdem trotz aller Reformen nicht erlebt. Immer noch herrschte auch im Bismarckreiche ein Gefühl der Stabilität, und trotz aller Umwälzungen war der flüssige Aggregatzustand der Gesellschaft nicht eingetreten, den in Frankreich die große Revolution herbeigeführt hatte. Das moderne Leben rankte empor an dem Spalier des ungebrochenen Obrigkeits- und Militärstaates, ein Widerspruch in sich, den nur Autorität und Glück der Führung verdecken konnten.

Die Frage der deutschen Hegemonie; der Erste Weltkrieg

Uns treibt nunmehr die große Frage weiter voran: warum wurde die im Bismarckreiche erreichte Stufe politischen Daseins so bald wieder verlassen, der Aufstieg fortgesetzt in die alpine Formation des Kampfes um die Hegemonie? Geben wir uns, um die Antwort zu finden, Rechenschaft von der Abwandlung der drei oben behandelten Momente in der Zeit nach 1871: der außenpolitischen Lage, der wirtschaftlichen Zivilisation, den moralischen Energien.

Die letzteren mußten ja wohl nach der Reichsgründung eine gewisse Sättigung erfahren, die sogar in Übersättigung übergehen konnte, in die Reichsverdrossenheit. Auf der einen Seite sammelten sich die zersprengten Elemente der Beharrung zum Widerstande gegen das junge Reich, auf der anderen Seite fanden aber auch fortschreitende Elemente in ihm kein Genüge; so nicht der modernste Stand, der vierte. Es fällt ja dem festländischen Machtstaate seinem Wesen nach schwer, gesellschaftliche Neubildungen sich anzugleichen. Wie erst dem starren Obrigkeits- und Militärstaate Preußen-Deutschlands!

Wenn also eine Zeitlang der Überdruck der nationalen Energien nachließ, zumal bei der älteren Generation, so bildete sich dafür bei der jüngeren bald ein neuer Überdruck. Ihm aber fehlte der idealistische Zug der älteren nationalen Bewegung, ihr reicher geistiger und sittlicher Gehalt. Die immer schon vorhandene Verflechtung mit den materiellen Interessen drängte fortan stärker an die Oberfläche: es handelt sich um den unheimlichen Schatten auf dem jungen Reiche, auf den wir schon hinweisen.

Jede echte Kultur birgt in sich ein Quietiv des Willens, die Zivilisation aber ein Stimulans: sie entwickelt Dynamik und verlangt Expansion. Das Bismarckreich, das der Zivilisation einen so fruchtbaren Boden gewährte, reizte unabsichtlich, schon durch sein Wesen, zum Streben nach Macht und Reichtum an. Die bürgerliche Gesellschaft stürzte sich mit vervielfachtem Schwung in die wirtschaftliche Zivilisation hinein, nachdem sie auf dem Felde der Politik vor dem Erfolge der Gegenspieler kapituliert hatte.

Bisher hatte diese wirtschaftliche Zivilisation das deutsche Segel mit günstigem Fahrwinde gebläht. Nunmehr schwoll sie zu bedrohlicher Stärke an. Bisher hatte der Expansionsdrang nur das Netz der innerdeutschen Grenzen zerreißen wollen und sich nach dem nationalen Großraume gesehnt. Nunmehr erfüllte sich auch dieser Großraum mit wuchernden

Kräften. Der stolze Anstieg der Bevölkerung spottete der Versicherung des Kanzlers, Deutschland sei saturiert. Die wirtschaftliche Stärke, die die Industrialisierung in ihren ersten Stadien dem Agrarlande eingetragen hatte, verwandelte sich in den weiteren Stadien in Verletzbarkeit; die Autarkie in Abhängigkeit von fremden Absatzmärkten und Rohstoffen. Die Schutzzollpolitik konnte die Wurzeln des Übels nicht beseitigen. In der Enge des Festlandes wurde das Gedeihen selbst zu einer Gefahr.

Diese Enge aber wurde auch auf außenpolitischem Gebiete nach der Reichsgründung erst recht empfindlich. Nun Deutschland auf dem alten Kontinente selbst in die vorderste Linie gerückt war, verringerten sich die Deckungen, die es in Petersburg, London und Paris hatte ausnutzen dürfen.

Frankreich wirkte nach dem Verluste Elsaß-Lothringens auf Deutschland als eine ähnlich lauernde Gefahr wie im 18. Jahrhundert Österreich nach dem Verluste Schlesiens auf Preußen. Die deutsche Unterstützung seiner Kolonialpolitik brachte nur zeitweise Erleichterung und war an sich ein kostbares Beruhigungsmittel, das nicht oft angewandt werden konnte. Die deutsche Bewegungsfreiheit schrumpfte ein!

Der englisch-russische Gegensatz bot nur eine problematische Erleichterung. Wie rasch wurde er 1875 zurückgestellt, als die «Krieg-in-Sicht»-Episode die drei großen außerdeutschen Mächte gegen Deutschland ebenso einigte wie einst die schleswig-holsteinische Frage 1848/49. Es barg das selbständige Spiel zwischen den rivalisierenden Weltmächten die Gefahr einer Placierung zwischen den Stühlen in sich. Optieren aber für die eine oder andere hieß eine Stufe hinabsteigen und die kostbare Bewegungsfreiheit vollends einbüßen. Wohl hatte Napoleon III. einst im Krimkriege den englisch-russischen Gegensatz auf der Seite der Seemacht für sich selbst auszuwerten verstanden. Aber Frankreich war ja nicht Rußlands Nachbar! Für Deutschland wären auf die Länge die Folgen eines noch so glänzenden Sieges über das Zarenreich beklemmend gewesen. Und umgekehrt drohte Deutschland bei einer Option für Rußland den hochmütigen Ansprüchen Petersburg ausgeliefert zu werden, das in dem Berliner Verbündeten keine ebenbürtige Macht hätte anerkennen wollen.

Und nun setzte obendrein die russische Weltmacht zu einer neuen europäischen Aktivität an wie nicht seit dem Ende des 18. Jahrhunderts. Zwar glückte es Alexander II. nicht, das väterliche Regime mit seiner imposanten Starrheit durch ein gesundes modernes zu ersetzen. Seine Reformen ließen den mangelhaften organischen Aufbau der Gesellschaft erst recht hervortreten und vermehrten nur die revolutionären Gefahren. Aber gerade daraus erwuchs der neue

Tatendrang der Außenpolitik. Die vom Westen heranrollende nationalistische Woge erreichte nun auch das Zarenreich. Der radikale Panslavismus wirkte als Ferment der Gärung. Er verband sich mit der alten Expansionstendenz des Petrinismus und suchte den so lange unterbrochenen Vormarsch des Kolosses nach Europa hinein wieder in Gang zu bringen in der Richtung auf die Adria und das böhmische Becken. Was half da Deutschland auf die Länge die ängstliche Pflege der Beziehungen zum Zaren im alten konservativen Sinne? Was half die korrekteste Haltung in und nach dem Türkenkriege? Im Gegenteil, es schmolzen die weltanschaulichen Bedenken Petersburgs zusammen, die sein gefürchtetes Bündnis mit Paris immer noch verhindert hatten. Nicht viel anders hatte ja auch Bismarck einst als Diplomat alle weltanschaulichen Bindungen abgestreift! Nun aber mußte er fürchten, das Fundament seiner Politik zu verlieren, den Rückhalt im Osten, und endlich doch von zwei Seiten her in die Zange zu geraten, sein Albtraum von jeher.

Die Verbindung mit dem absteigenden Österreich war kein ausgleichendes Abwehrmittel, und ein zweischneidiges zudem: sie reizte den Zorn der Panslavisten erst recht. Beraubte sie doch die russische Politik der altgewohnten Ausnutzung des deutschen Dualismus und gefährdete insbesondere ihre Süd-Ost-Tendenz.

Wenn aber die deutschen Beziehungen zu der russischen Weltmacht kühler und labiler wurden, so gestalteten sich die zu der englischen Weltmacht doch nicht in dem Maße wärmer und stabiler, um Ersatz zu bieten. Bei allem Wohlwollen hielt es London nicht für angemessen, gleich auf gleich mit Berlin zu verkehren.

Auf dem Grunde aller Schwierigkeiten lag eben die nicht abzuändernde Tatsache, daß die Weltmächte einer anderen Größenordnung angehörten als die Mächte des alten Festlandes. Und eben daran krankte die Harmonie des Staatensystems, die Bismarck als die Voraussetzung für Deutschlands Sicherheit immer wieder mit verbissener Virtuosität zu retten suchte.

Nichts lag ihm unter solchem Aspekte ferner, als dem inneren Überdrucke ein außenpolitisches Ventil öffnen zu wollen. Was zu Beginn seiner Laufbahn sein «grand dessin» gewesen war, ließ sich nicht wiederholen. So ging er mit dem düsteren Gedanken um, die Segel zu reffen: die populären Bewegungen, die er nicht mehr nach außen ablenken konnte, im Innern blutig niederzuschlagen, gleichsam die cäsaristischen Rezepte Napoleons III. in umgekehrter Reihenfolge anzuwenden und jeder revolutionären Regung mit dem Staatsstreiche zuvorzukommen, da die soziale Gesetzgebung allein keine Beruhigung sicherte.

Der unheimlichen Schatten wurden immer mehr zu Ende seiner Laufbahn. Hatten sich in der rasch dahinströmenden Entwicklung die staatsmännischen Ideen verbraucht, die durch die Gärung von 1848 auf den Plan gerufen worden waren – auch in ihrem größten Vertreter verbraucht? Fehlten dem alternden Junker die Instinkte für die positive Bewertung der ihm fremdartigen Riesenkräfte des modernen Lebens? Fehlten ihm damit Phantasie und Wagemut für neue Konzeptionen? Untätiges Haltenbleiben auf dem Platze war offenbar auch jetzt unmöglich: sonst gingen die Pferde durch. Und ebenfalls unmöglich war es, sie in großer europäischer Politik offensiv zu beschäftigen. Aber konnte es nicht in der eigentlichen Weltpolitik geschehen – durch Hinaustreten von der engen Bühne auf die weite?

Die junge Generation, der Monarch an ihrer Spitze, traute es sich zu, den Aufstieg fortzusetzen und sich in der alpinen Formation der Weltpolitik zurechtzufinden. Sie ließ sich von der ansteigenden Dünung emporheben und berauschte sich an den glänzenden Horizonten, die sich von der Höhe der Welle aus darboten. Sie schlug am Scheidewege frohen Mutes die lockende Straße ein, die auf einem unerwarteten Umwege dem Schrecken der letzten europäischen Hegemonialkämpfe entgegenführen sollte. Sie tat es triebhaft im Vollgefühl ihrer Vitalität. Wie viele vermochten auch nur die Sorgen zu ahnen, die den Reichsgründer in seiner eigentümlichen Einsamkeit aufsuchten? Dabei fand dessen Spiel ja noch wesentlich auf der wohlbekannten Bühne statt und in Reichweite nachbarlicher Anschauung. Aber das Kapital früherer Erfahrungen war eben durch die Neugründung entwertet, und selbst in Preußen konnte von außenpolitischer Erbweisheit unter solchen Umständen nicht viel die Rede sein, geschweige im übrigen Reiche. Um so leichter schien es forscher Unbekümmertheit, das Spiel auf die Weltbühne zu übertragen. Aber welche Instinkte konnten auf ihr den Festländer geleiten, der eben erst mit Herzklopfen eine schwindlig hohe neue Stufe des europäischen Daseins erklommen hatte und in seinem Gleichgewichte schwankte? Wie sollte sein Urteil sich in den unbekannten Weiten zurechtfinden, die sich ja selbst in rasend schneller Wandlung befanden? Die Angelsachsen kannten sich in ihnen als in ihrer Domäne aus. Aber ihre Umwelterfahrungen unterschieden sich eben derartig von den kontinentalen, daß ein völliges Verstehen hinüber und herüber auch bedeutenden Geistern nicht gegeben war. Das mochte bei den Insularen ohne verhängnisvolle Folgen abgehen: ihnen hatte die Weltgeschichte seit Jahrhunderten den Obergriff in dem großen Ringen um die Hegemonie zugebilligt. Die Festländer aber mußten ihre Irrtümer mit Blut und Existenz bezahlen. Davon redet jede Seite der spanischen und französischen Geschichte in den neueren Jahrhunderten, am lautesten aber die deutsche in den Kapiteln nach Bismarcks Entlassung. Dem desillusionierten Blicke enthüllt sich die durchgehende Unfähigkeit der Kontinentalen, die fremdartigen und verborgenen Kraftquellen der Insularen richtig einzuschätzen, als ein Urphänomen, das unter all den bunten Masken der verschiedenen Jahrhunderte, Völker, Persönlichkeiten mit ermüdender Regelmäßigkeit immer wieder hervorlugt, immer wieder sich in Millionen und aber Millionen individuell geschliffener Facetten spiegelt. Es spottet jeder Belehrung aus der Geschichte. Der Wille zum Leben ist stärker als der Intellekt. Er ist der Herr und duldet keine unbequeme Warnung des altklugen Dieners. Diesem bleibt nur, wenn die Halle geborsten ist, die Scherben des Glückes von Edenhall einzusammeln.

Das durchgehende Kennzeichen der betrachteten Hegemonialkämpfe seit Philipp II. ist der Zusammenstoß der jeweiligen Vormacht des alten Kontinentes, mit dem oder den Trägern der westlichen Seemacht. Als sekundäres Merkmal tritt unter Napoleon I. der Zusammenstoß mit Rußland hinzu, der Macht des neuen Kontinentes.

Nun konnte schon Bismarcks Staatskunst das Gespenst eines Zusammenpralles mit dem Zarenreiche nur mit letzter Mühe bannen. Aber erst als sich zu dem prekären Verhältnisse Deutschlands zur östlichen Flügelmacht auch ein entsprechendes zu der westlichen gesellte, war die abgleitende Ebene zum Hegemonialkampfe beschritten. Als der neue Kurs auf die Bühne der Weltpolitik hinaustrat, fand er sich dort überall der englischen Weltmacht gegenüber: die Auseinandersetzung mit ihr prägte fortan das Gesicht einer neuen deutschen Generation. Gänzlich abgeschlossen war die hundertjährige Auseinandersetzung mit Frankreich, die für die innere wie äußere Ausformung der modernen deutschen Nation so fruchtbar gewesen war, und wenn schon die Bismarckära einen ungeheuren Verlust an historischer Substanz mit sich gebracht hatte, so mußte nun erst recht der Frontwechsel unter Wilhelm II. dazu beitragen, eine neue Stabilisierung zu verhindern. Das zugleich laute und unsichere Auftreten Deutschlands und der Deutschen war die natürliche Folge. Der junge Monarch ging hierin voran. Er besaß Eigenschaften um zu führen, um zu verführen. Aller Kritik zum Trotz verbreitete er auf seine Weise immer wieder jene Zuversicht, die sich mit unbedenklich expansiver Vitalität so leicht verschwistert. Er sicherte noch einmal die Initiative der Staatsleitung, wie es das Wesen des festländischen Machtstaates verlangt, wenn anders revolutionäre Erschütterungen vermieden werden sollen. In der Tat, die sozialistische Gefahr steigerte sich nicht zur Explosion. Das Füllhorn materiellen Gedeihens überschüttete das rasch wachsende

Volk mit unterschiedlichen Gaben, auch solchen edlerer Art, als sie die berufene Gründerzeit nach 1871 dargeboten hatte. Aber der schimmernde Bau war errichtet auf schmalem Grunde und belastet mit der Hypothek einer geschäftigen Weltpolitik, der eine klare Einsicht in Ziele und Mittel mangelte. Er war emporgetürmt mit der typischen Instinktlosigkeit des Festländers im ozeanischen Bereiche, im besonderen noch mit der Selbstüberhebung des Spätgekommenen, immer aber auch zugleich durch den Druck zunehmender spannungsreicher Enge vorangetrieben. Dieser Druck wurde überall auf dem Festlande verspürt. Aber naturgemäß am besorglichsten in seinem inneren beschatteten Winkel. So reichten sich bei dem Streben Deutschlands, in die Welt auszubrechen, Zuversicht und Sorge in eigentümlicher Weise die Hand.

Aber wie Preußen-Deutschland bisher keine Hegemonie auf dem Festlande erstrebt hatte, sondern immer nur eine ebenbürtige Stellung im Rahmen des Systems, so lag es ihm auch jetzt fern – wir deuteten es in der Einleitung an –, die beneidete englische Seesuprematie zu beerben. Jedoch ihren Niedergang zu beschleunigen, war es entschlossen. Dazu sollte vor allem der Bau einer Schlachtflotte dienen, fähig, in der Nordsee die Entscheidung zu suchen, durch ihr bloßes Vorhandensein jede Gegnerschaft gegen die Insel zu ermutigen und in den diplomatischen

Aktionsradius des Reiches einzubeziehen. Einst hatte Friedrich Wilhelm I. auf der schmalen Basis seines ärmlichen und künstlichen Staates mit rücksichtsloser Organisationskraft den furchterregenden Bau des preußischen Heeres errichtet, das technische Instrument geschmiedet, das in der Hand seines Sohnes Preußen den Eintritt in den Kreis der großen Mächte Europas erzwang. Nun wurde dasselbe Experiment in einer neuen Dimension wiederholt. Der kühne und berechnende Geist altpreußischer Militärzivilisation, verbündet mit der emporschießenden wirtschaftlichen Zivilisation, wandte sich den Meeren zu, ohne doch in Wahrheit seine festländische Art im mindesten zu verändern. Er schmiedete ein neues technisches Instrument für einen neuen Schauplatz. Er unternahm es, aus dem europäischen System in ein neues Weltsystem emporzuwachsen. Wagte er sich an Unmögliches? Schließlich kam es darauf an, ob denn ein solches neues Weltsystem, in das sich Deutschland einzuschalten gedachte, auch wirklich im Werden war. In der Tat: alle Ungeschicklichkeiten unserer Politik im einzelnen, so stattlich ihre addierte Summe sein mag, hätten nicht hinzureichen brauchen, unseren Durchbruch in die Welt zu verhindern – wäre nur unsere Grundvorstellung vor der sich anbahnenden Weltentwicklung im Großen berechtigt gewesen, unser Vertrauen auf eine Strömung, die uns unseren Zielen entgegentragen werde.

Es fehlte ja nun zeitweilig an der Oberfläche des Stromes nicht an Erscheinungen, die jenes Vertrauen nähren konnten. Da war es vor allem der neue Aufstieg der Vereinigten Staaten nach der Bereinigung des Sezessionskrieges; er bereitete England Verlegenheit, der deutschen Einigung aber kam er zugute. Dann zeigte sich etwa bei dem gemeinsamen Auftreten Rußlands, Frankreichs und des Reiches in Ostasien im Jahre 1895, daß ein gehöriges Zusammenspiel den Festlandsmächten, an England vorbei, eine Wirkung in die Welt hinaus gestatte. Ferner Japans Sieg über Rußland, mochte er auch zunächst dem englischen Verbündeten zugute kommen, vermehrte doch aufs neue und sehr wesentlich die möglichen Kombinationen des Kräftespiels in der Welt und konnte auch einen künftigen Aufstieg Chinas glauben machen. Es ließ sich denken, daß in Lateinamerika einzelne Staaten sich konsolidieren und zu einer selbständigeren Politik die Kraft finden möchten. Endlich: war die hybride Bildung des britischen Empires dazu bestimmt, in alle Zukunft zusammenzuhalten, während die wirtschaftliche und maritime Geltung des Mutterlandes den viktorianischen Höhepunkt überschritt trotz der Hast der neuen Imperialisten, durch koloniale Ausbreitung der nachdrängenden Konkurrenz zuvorzukommen? Es mochte uns erreichbar dünken, mit unserer jungen gestrafften Kraft inmitten sich komplizierender und labiler Weltverhältnisse den beginnenden Rückgang der englischen Macht ähnlich zu unseren Gunsten auszunutzen, wie Preußen den Rückgang der österreichischen und der französischen ausgenutzt hatte.

Aber in der Tiefe nahm der Strom eine Richtung, die die deutschen Hoffnungen zuschanden machte. Ihren instinktiven Analogieschluß von dem europäischen auf das Weltsystem erkennen wir heute als verfehlt an. War es doch im Grunde das jeweilige Hinzutreten neuer Kräfte aus den Räumen jenseits der alten abendländischen Grenzen gewesen, das die staatliche Zusammenfassung der europäischen Halbinsel in allen bisherigen Hegemonialkämpfen zum Scheitern verurteilt hatte. Das Abendland war ein offener Raum – der Globus aber ein geschlossener und eben daher letztlich zur Vereinheitlichung bestimmt, nicht zur Zerklüftung, unter der einen Voraussetzung: dem ununterbrochenen Anstieg der raumüberwindenden Dynamik der Zivilisation! Geriet dieser ins Stocken, so mochte auch in dem größeren Weltrahmen die Zerklüftungstendenz triumphieren. Steigerte sich aber sein Tempo, so mußte sich mit wahrer Naturnotwendigkeit die Vereinheitlichungstendenz steigern: und eben dieser Vorgang spiegelt sich deutlich in den beiden Weltkriegen ab.

Die für Deutschland fatale Tiefenströmung kam zunächst England zugute und kompensierte bis zu einem gewissen Grade sein langsames Absinken von der Scheitelhöhe seines Glückes. Es fand nämlich die Bundesgenossenschaft der beiden anderen Weltmächte, Rußlands und der Vereinigten Staaten. Hatten sie doch alle drei ein solidarisches Interesse daran, daß sich weder in Europa noch auch in Asien neue konkurrierende Weltmächte erhöben. So vermochte denn England nicht nur den russischen Rivalen auf seine Seite zu ziehen, wie schon beim Kampfe gegen Napoleon I., sondern auch die amerikanische Tochternation. Es vermochte die große Koalition früherer Jahrhunderte gegen die jeweilige Vormacht auf dem alten Kontinente in den Weltmaßstab hinaufzusteigern.

Unter diesem Gesichtspunkte ordnet sich die Vorgeschichte des ersten Weltkrieges. Um die Jahrhundertwende bietet die englische Politik noch das widerspruchsvolle Bild einer sumpfigen Wasserscheide. Sie ist sich im Zweifel, ob sie ihre Energien weiterhin gegen den russischen Weltrivalen wenden oder ob sie der nahen und intensiven deutschen Gefahr den Vorrang erteilen soll vor jener entfernten und chronischen. Sie tastet die Möglichkeit ab, die deutsche Gefahr eben durch eine Verbindung mit dem Reiche abzufangen und dadurch zugleich eine Hilfe gegen den russischen Gegner zu erhalten. Aber ihre Sondierungen prallen an unserem Stolze ab, der sich nicht in eine undankbare Rolle zweiten Ranges hineinmanövrieren lassen will und auf die Fortdauer der englisch-russischen Antagonie vertraut als eines Grundelementes des Weltsystems. Im Bewußtsein, selbst keine Hegemonie zu erstreben, kommt uns nicht der Gedanke, daß England uns einen Hegemonialkampf aufzwingen könnte, daß es seinem alten Verfahren vor hundert Jahren gemäß sich zeitweilig mit Rußland gegen uns als gemeinsamen Gegner vereinigen, daß es auch andere Gegnerschaften dem neuen überragenden Gesichtspunkte unterordnen könnte.

Schließlich aber entschied sich England dahin, in Deutschland den Feind Nr. 1 zu erblicken, einen Gegner von dem Range Spaniens im 16. Jahrhundert, Frankreichs im 17., 18. und 19., also einen Anwärter auf die Hegemonie. Es fühlte sich wie nur je im innersten Kerne seiner Machtstellung bedroht, obgleich doch das eingeschlossene Deutschland über keinen ozeanischen Sektor verfügte, der sich mit dem spanischen oder auch nur dem französischen vergleichen ließ. Es war eben der Bau der deutschen Schlachtflotte, bestimmt zum entscheidenden Einsatz in den Küstengewässern der Insel, der unmittelbar die englische Insularität bedrohte. Es war die deutsche wirtschaftliche Prosperität, die dem jungen Rivalen ein atemberaubendes Wettrüsten gestattete. Es war endlich doch auch das Ausgreifen Deutschlands in den vorderen Orient, das auf die große Schlagader des Empire um so beunruhigender drückte, als es das Reich nicht nötig hatte, wie Frankreich unter Napoleon I. den Seeweg zu beanspruchen, sondern über die Landbrücke des Balkans und der Türkei hinweg mit seinen eigensten festländischen Machtmitteln in die Welt hinaus wirken konnte. Die alten habsburgischen Südosttendenzen erlebten ungeahnte Auferstehung. Die Überschneidung der englischen Interessenlinie Kap–Kairo durch das deutsche Kolonialstreben blieb daneben von sekundärer Bedeutung.

So traf denn England mit derselben erbweisen Methodik wie gegen frühere Hegemonialmächte jetzt gegen Deutschland seine diplomatischen Vorsichtsmaßnahmen und spann das Netz seiner Freundschaften, die sich automatisch um den Gegner zusammenziehen mußten, wenn er seinen Weg weiter verfolgte, die freilich aber auch der stolzen Bindungslosigkeit der *splendid isolation* ein Ende bereiteten.

Die englisch-französische Entente war der Auftakt. Sie gelang unschwer. Da Frankreich seit dem Untergange der Napoleons als Gegner hegemonialen Formates nicht ernstlich in Frage kam, war es erlaubt, ihm große Zugeständnisse zu machen, zumal es noch soeben bei Faschoda zurückgewichen war.

Schwieriger war es, die Entente mit Rußland anzubahnen und damit der neuen Koalitionsfront den mächtigen Ostflügel zu schaffen. Zugeständnisse an den Weltrivalen aus Furcht vor Deutschland konnten so viel bedeuten wie Satans Austreibung durch Beelzebub. Die englischen Staatsmänner hatten eine Gratwanderung zwischen Abgründen zurückzulegen, um sich mit Rußland zu verständigen. Aber sie wurde ihnen durch zwei Umstände erleichtert: durch den Sieg des verbündeten Japans über Rußland und durch die Politik Deutschlands gegenüber den Türken. Rußlands Niederlage in Ostasien verringerte für England die Gefährlichkeit von Konzessionen an das zudem revolutionär unterminierte Zarenreich. Und Deutschlands Auftreten im Orient führte die beiden Rivalen ähnlich zusammen wie es einst die orientalische Politik Frankreichs unter Napoleon I. oder Louis Philippe getan. Gegen einen dritten zusammenzustehen und das Ausbrechen einer altkontinentalen Macht in die Welt zu vereiteln, war in solcher Konstellation ihr nächstes Interesse und ein gemeinsames. Was danach kommen würde, mochte der Zukunft vorbehalten bleiben. So wagte es denn England, auch im nahen Orient und auf dem Balkan den Russen unerhört weit entgegenzukommen, um im Ernstfalle ihrer Hilfe gegen die deutschen Mächte sicher zu sein, die es voneinander zu trennen vergeblich versuchte. Es gab die so oft beschützte Türkei preis, die es mit Deutschland hielt, und gewährte großzügig den Russen eine weite Interessensphäre in Persien ungeachtet der so heraufbeschworenen Bedrohung Indiens.

Nachdem es erst die östliche Weltmacht gewonnen hatte, konnte die Einflechtung der Staaten zweiten und dritten Ranges in das Netz der Koalition fast als sekundäre Aufgabe gelten.

All diese diplomatischen Aktionen überschritten noch nicht prinzipiell den Kreis derjenigen der napoleonischen Ära. Anders steht es mit der ungeschriebenen Entente Englands mit den Vereinigten Staaten. Mit ihr tritt die oben gekennzeichnete Tiefenströmung nun erst recht dominierend an die Oberfläche. Indem sich erstmalig innerhalb der Spitzengruppe der drei Weltmächte die beiden angelsächsischen Imperien verbinden, gewinnt die Welttendenz zur Zusammenballung gegenüber allen Tendenzen zur Zerklüftung einen nicht einzuholenden Vorsprung. Amerika aber fällt dabei die Führung zu. Nach dem Abschlusse des Sezessionskrieges standen der amerikanischen Expansion zwei Möglichkeiten offen. Sie konnte die steckengebliebene Auseinandersetzung mit England um Kanada und die anderen englischen Positionen in Amerika zu Ende führen und damit gegen die letzte europäische Macht, die als Gegner in Amerika selbst ernsthaft in Frage kam, die volle Insularität gewinnen – sie konnte aber auch umgekehrt mit England zusammengehen und in Fortsetzung der parallelen Politik Monroes und Cannings die Bedrohung des gemeinsamen insularen Daseins vom europäischen Kontinent her abwehren. Daß die letztere Marschrichtung eingeschlagen würde, schien zunächst eher unwahrscheinlich. Die Erbitterung über Englands Zweideutigkeiten im Bürgerkriege blieb lange lebendig. Der Kauf Alaskas, durch den das Zarenreich nunmehr völlig vom amerikanischen Festlande verdrängt wurde, konnte als die Vorbereitung zur Verdrängung auch Englands gelten. Wurde doch fortab Kanada von zwei Seiten her von amerikanischem Gebiete umklammert.

Aber aus den Tiefen des Volksbewußtseins heraus bahnte sich ein Umschwung an. Gegenüber fremdartigen Völkern und Mächten in Asien wie in Europa wurde beiden Nationen nach und nach ihre wesensmäßige Verwandtschaft wichtiger als ihre alte Gegnerschaft. Die Diplomatie Washingtons und Londons wußte diese Gefühlswandlung dann in der Praxis der Außenpolitik auszuwerten. Ähnlich hatten einst im 17. Jahrhundert die beiden Seemächte ihre Konkurrenz vergessen, um gemeinsam ihr insulares Wesen gegen die festländische Vormacht zu verteidigen. So trug auch jetzt der Aufstieg des festländischen Deutschlands nicht wenig dazu bei, die Insularen schrittweise zusammenzuführen. Im 17. Jahrhundert bezahlte das kleine, verletzbare, aber früher ausgereifte Holland den sichernden Bund mit der großen, erst später ozeanisch orientierten Insel mit langsam würdevollem Abstiege. Nicht so ganz anders sollte sich jetzt das Verhältnis der kleinen englischen Insel zur großen amerikanischen entwickeln. Die goldene Ära nach Trafalgar ging zu Ende, wie einst die entsprechende Hollands nach der Kanalschlacht. Die amerikanische Insel, die mit dem Sezessionskriege ihre innere Form gefestigt hatte, wandte ihre ausgreifende Energie den Ozeanen zu, wie es die englische Insel nach den Revolutionen getan hatte. Sie baute eine Flotte, sie erwarb Kolonien, kurz: sie begann nach den defensiven nunmehr auch die offensiven Chancen ihrer Insularität zu entdecken und neben denen der englischen zu entwickeln, ja bald über diese hinaus. Sie wurde dabei vorangetrieben von dem Explosionsmotor der Technik. Deren raumüberwindende Kräfte, die auf dem alten Kulturkontinente sich gefährlich anstauten, beflügelten auf dem jungen Kontinente die Entwicklung der Expansion. Die weißen Dominien Englands aber, die ähnliche Verhältnisse darboten, dienten als Brücke zwischen dem kleinen Mutterlande und dem großen Tochtervolke.

Der Preis, den England für die amerikanische Rückendeckung bezahlte, war sein Desinteressement am Panamakanal. Sein Bau wurde von den Vereinigten Staaten allein ins Werk gesetzt. Er verdoppelte die Auswirkung ihrer Flottenrüstung, wie der Bau des Kaiser-Wilhelm-Kanals die der deutschen. Er brach ein Tor in die lange Mauer der amerikanischen Kontinente und aus ihm konnten die Energien der atlantischen Küste sich in gesteigertem

Maße in die Weite des Pazifik ergießen. England sah zu – auch das gehörte zu dem Preis, den es entrichtete –, daß hier in den machtpolitisch noch nicht verfestigten Räumen des Stillen Ozeans die Stellung Amerikas immer bestimmender emporstieg. Es bereitete sich die Teilung der Weltozeane zwischen den zwei angelsächsischen Mächten vor, die nach dem ersten Weltkriege offenkundig wurde. Bezeichnend schon die Rolle, die die Union bei der Vermittlung des Friedens von Portsmouth spielte. Hatte sie ein halbes Jahrhundert zuvor Japan gewaltsam der westlichen Zivilisation geöffnet, so sorgte sie jetzt dafür, daß es nach der Niederlage Rußlands aus ihr keinen gefährlichen Gewinn zöge. In der Tat erwies sich das Inselreich des Ostens während des ersten Weltkrieges auch noch nicht als fähig, sich von der Weltkoalition zu emanzipieren. So zeichnete sich also auch in Asien, Japan gegenüber, ein solidarisches Interesse der drei Weltmächte ab, keinen ebenbürtigen Konkurrenten in ihren engen Kreis eindringen zu lassen.

Während also auf der Weltbühne ein reicher gegliedertes Spiel ebenbürtiger Staaten über Ansätze nicht hinausgelangte, behauptete es sich auf der europäischen Bühne blutig von neuem: im ersten Weltkriege. In ihm blieb zwar der Mittelpunkt des Geschehens der alte Erdteil. Aber England hat es doch durch die vorsorgliche Ordnung seiner Beziehungen zur Union und zu Japan erreicht, daß auch die überseeischen Mächte Mitspieler, und zwar auf seiner Seite, wurden und daß gleichsam unter seiner Regie die Vorgänge auf der weiteren Bühne mit denen auf der engeren koordiniert werden konnten. Durchaus nur auf diese Weise gelang es, Deutschland in vier Jahren zu überwältigen. Wer will ausrechnen, welcher Zeitraum ohne die Hilfe der Union erforderlich gewesen wäre? Erwies es sich doch, daß die beiden Flügelmächte England und Rußland vergleichsweise nicht mehr dieselbe Leistungsfähigkeit entwickelten wie zur Zeit Napoleons I. Zwar Englands Seeherrschaft konnte auch jetzt nicht erschüttert werden, seine Schlachtflotte durfte die Herausforderung durch die deutsche einfach ignorieren, seine Insularität blieb schließlich auch gegen die U-Boot-Gefahr gesichert. Aber wie viel erschöpfender waren doch die blutigen und materiellen Verluste, die diesmal die Insel zu tragen hatte. Sie zehrten an der Substanz ihrer Weltstellung. Auch bedeutete es etwas, daß Deutschland anders als das napoleonische Frankreich über einen Landweg nach Vorderasien verfügte. Vor allem aber: es glückte Ludendorff, was dem Imperator mißlungen war, Rußland außer Gefecht zu setzen. Hätte er nicht mit der Zeit die deutsche festländische Vormacht dauerhafter und ausgreifender organisieren können als jener? Wenn ihm eben nicht aus dem fernen Amerika die Macht entgegengetreten wäre, die 1812 Englands Rücken bedroht hatte!

Zwar lagen ja Deutschlands ursprünglicher Konzeption festländische Hegemonialpläne im napoleonischen Sinne fern. Aber es wurde dennoch genötigt oder verführt, sich ihnen schrittweise anzunähern. Indem es sich in Belgien festsetzte, betrat es fast unversehens jenen niederländischen Schicksalsraum, der in allen Hegemonialkämpfen seit Philipp II. seine Rolle gespielt hat. Ohne die Erweiterung der europäischen Basis war nicht die Basis für eine Weltmacht unter Weltmächten zu sichern. Und doch blieb ein solcher Aufstieg die tiefste Sehnsucht der Nation. Der unerwartete Kampf gegen «eine Welt voll Feinden» steigerte nur ihr trotziges Selbstgefühl. Mit dem ungesicherten europäischen Dasein in der alten Enge wollte sie sich nicht begnügen. Der Vergleich mit dem Hubertusburger Frieden als Präzedenz eines Sieges ohne Gebietserweiterung schlug nicht durch. Behauptete doch 1763 Friedrich der Große mit den bisherigen Grenzen zugleich auch seine Großmachtstellung. Wilhelm II. umgekehrt hätte die von ihm selbst genährten leidenschaftlichen Hoffnungen der Nation auf eine Weltmachtstellung für immer preisgegeben, wenn er nicht mehr als den status quo aus dem ungeheuren Ringen heimbrachte. Schon vor 40 Jahren hatte Seeley den festländischen Staaten Europas ihr Schicksal vorausgesagt, angesichts der rapiden politischen und wirtschaftlichen Weltentwicklung zur Zwergenhaftigkeit einzuschrumpfen.

Deutschland ahnte dieses Schicksal, und seine ganze Vitalität sträubte sich dagegen, an der entscheidenden Wegegabel in die abwärts führende Richtung gedrängt zu werden. Es brach nicht früher zusammen, als bis das Eingreifen Amerikas jede verständige Hoffnung auf Sieg vernichtet hatte.

Damit war zum vierten Male eine altkontinentale Vormacht angesichts des unbezwungenen Gipfels der Hegemonie abgestürzt. Und es galt zum vierten Male, die gerettete Freiheit des Systems in großen Friedensschlüssen zu sichern.

Aber freilich, die Verträge von 1919 haben nicht eine ähnlich dauernde Ordnung fundamentiert wie ihre Vorgänger. Lag es nur allgemein an der Schnelligkeit der Entwicklung im Zeitalter des Explosionsmotors, die säkulare Veränderungen auf wenige Jahre zusammendrängte? Es wirkten doch auch sehr besondere Gründe mit, die mit den angedeuteten Eigentümlichkeiten des letzten Kampfes eng zusammenhingen.

Immer schon fanden wir, daß das Gleichgewicht des Systems in seinen großen Krisen balanciert wurde durch Gegengewichte, die sich aus der Einwirkung junger Räume jenseits der Grenzen des alten Abendlandes ergaben, daß die Aufrechterhaltung der Freiheit bezahlt wurde mit der Machtminderung des zerklüfteten Festlandes und mit seiner Absperrung von jenen jungen Räumen, daß demzufolge die Macht langsam aus einem der alten Kernländer des abendländischen Festlandes nach dem anderen abwanderte. Aber diese wohlbekannte Tendenz entwickelte im ersten Weltkriege eine bisher unbekannte Energie und Form. Die Übersee wirkte nämlich nicht mehr wie früher nur indirekt über England als Drehpunkt auf Europa ein, sondern – mit dem Eingreifen der Union – ganz direkt und an England vorbei. Die Machtwanderung kam noch 1815 den Randmächten England und Rußland zugute – nun übersprang sie den Ozean. Und nicht nur das alte Festland bezahlte seine Freiheit erneut mit Machtminderung, sondern diesmal fiel auch auf Rußland ein furchtbarer Schatten, ja auch auf das siegreiche England: denn der Aufrechterhaltung des Gleichgewichtes in Europa entsprach nicht mehr eine Festigung seines eigenen Übergewichts im ozeanischen Bereich, trotz der grandiosen Erweiterung seines Kolonialbesitzes. Seine finanzielle und industrielle Weltmacht schmolz dahin, ohne die der Kolonialbesitz zur Last werden mußte.

Die Union führte die militärische Entscheidung herbei – so konnte die neue Friedensordnung nur von Dauer sein, wenn sie von der Union inspiriert und garantiert wurde, wenn das Spiel auf der engeren und weiteren Bühne, das im Kriege zunächst unter Englands Führung ineinander verflochten war, im Frieden zusammengeklammert blieb, unter Amerikas Führung.

In der Tat brachte auch die Union in diesem Sinne einen großen Plan zum Verhandlungstisch, den Völkerbund. Nach 1815 hatte die monarchische Restauration, am tiefsten in Mittel- und Osteuropa verwurzelt, sich an der Bändigung der einzelstaatlichen Egoismen versucht, um die Kultur vor den mörderischen Endkämpfen des Staatensystems zu retten, die die alte Gesellschaft herannahen fühlte. Jetzt wurde vom Westen her eine solche Bändigung der einzelstaatlichen Egoismen angestrebt, von den angelsächsischen Demokratien, die von jeher auf die Machtkämpfe des Festlandes tugendstolz herabgeblickt hatten, von der amerikanischen Demokratie zumal, der die diplomatischen und kriegerischen Zusammenstöße auf dem fernen europäischen Kontinente gänzlich unverständlich, sündhaft erscheinen mußten. War aber die Restauration ängstlich, starr und auf den Kontinent beschränkt gewesen, so zeigte sich die angelsächsische Konzeption global ausgerichtet, zuversichtlich auf den Fortschritt eingestellt, erfüllt von dem echt insularen Geiste freier gesellschaftlicher Evolution, unter Ablehnung, ja Ignorierung machtstaatlicher Methoden. Sie bot die idealistische Form dar, in der sich die angelsächsische Weltführung unter dem Vorantritt Amerikas zum ersten Male ankündigte. Wie bescheiden und peripher hatte das insulare Wesen in den Anfängen des Staatensystems ausgeschaut, verglichen mit den großartigen

Erscheinungen des festländischen Wesens: nun war aus dem Seitentriebe ein Baum emporgewachsen, der sich anzuschicken schien, mit seiner Krone den Globus zu überschatten. Mit Staunen und Erschütterung wurde bei uns die Möglichkeit einer «pax anglosaxonica» als eines weltweiten Gegenstückes zu der «pax romana» diskutiert. Plötzlich stand die Welttendenz zur Vereinheitlichung riesenhaft vor dem Beschauer, bereit, die auskristallisierten Nationalstaaten Europas zu mediatisieren und ihre Tendenz zur Zerklüftung in einem größeren Zusammenhange zu überkuppeln.

Aber wie konnte diese Konzeption des Völkerbundes anders, wenn nicht verwirklicht, so doch der Verwirklichung angenähert werden als durch den zielbewußten Einsatz der Union selbst? Er fand nicht statt. Amerika, geistig nicht vorbereitet auf die Weltrolle, die ihm plötzlich angeboten wurde, schlug sie aus und zog sich in die «splendid isolation» seiner Rieseninsel zurück. Selbst im Pazifik nahm es sein Interesse nur nachlässig wahr. Wie lange hat doch Rom gebraucht, seine Weltrolle zu lernen!

Die engere Bühne sah sich also auf sich selbst verwiesen. Und sie behielt nicht einmal ihren alten Umfang. Denn wenn sie von der siegreichen amerikanischen Weltmacht verlassen wurde, so auch von der besiegten russischen. Rußland verschwand in den gleichförmigen Riesenräumen, aus denen es unter

Peter dem Großen hervorgebrochen war, immer noch stark genug, seine neue sphinxhafte Daseinsform zu verteidigen gegen die widerspruchsvollen Versuche der ermatteten Westmächte, sie zu beseitigen.

Wahrlich, auf dem Hintergrunde einer verworrenen, unreifen weltpolitischen Lage wurden die europäischen Friedensprobleme ihrer Lösung entgegengeführt: eine reife und also dauerhafte konnte es wohl nicht sein. Ihr eignete kein elastischer, weltweiter, der Zukunft zugewandter Geist. Vielmehr behauptete noch einmal das in Jahrhunderten erwachsene altkontinentale Machtwesen in starrer Unerbittlichkeit das Feld, in seiner Auswirkung aber ungeheuerlich verstärkt durch die Druckmittel, die ihm die moderne Zivilisation zur Verfügung stellte.

Es verkörperte sich in Frankreich. Ihm fiel nach dem Beiseitetreten Amerikas und Rußlands eine unerwartete Hauptrolle zu. Eben mit letzter Not dem eigenen Zusammenbruch entronnen, war es entschlossen, auch das letzte Mittel anzuwenden, um die überlegene Vitalität des zusammengebrochenen Gegners nicht wieder zu Atem kommen zu lassen. In dieser späten Stunde ging es um Sein oder Nichtsein. Auf rechtzeitige Hilfe der Weltmächte war kein Verlaß. Sollte der Faden der französischen Geschichte nicht in einer Endkatastrophe abreißen, so galt es den Ausbruch eines neuen Krieges mit Deutschland methodisch auszuschließen.

Dazu diente die Nationalitätenpolitik. Seit 1815 hatte sie die Phantasie der französischen Politiker beschäftigt. Unter Napoleon III. hatte sie Schiffbruch erlitten. Die Einigung der beiden großen mitteleuropäischen Nationen erwies sich als Gefahr für Frankreich. Nun hieß es diese Gefahr auszugleichen durch das Bündnis mit den mittleren und kleinen Nationalstaaten, die auf dem Boden der niedergebrochenen drei alten Ostmächte emporwuchsen. Es genügte ja nicht, Deutschland mechanisch zu knebeln und seine Grenzen zu zernagen. Es mußten in seinem Rücken lebendige Gegenkräfte zu seiner Bewachung aufgerufen werden, die als geborene Verbündete auf Gedeih und Verderb zu Frankreich hielten. Schließlich hatte ja schon die französische Politik des ancien régime nichts anderes bezweckt.

Aber der späte Triumph der französischen Nationalitätenpolitik konnte über den Wandel der Zeiten nicht hinwegtäuschen. Einst hatte die französische Ermutigung der nationalen Bewegungen einen hochgemuten, zukunftsfrohen Zug an sich getragen. Jetzt lag auf der äußerlich so stolzen Stellung Frankreichs ein Schatten, die Sorge um die eigene Sicherheit.

Und England? Es hatte 1815 das Los des Besiegten weitschauend gemildert. Frankreich blieb ja damals ein unentbehrlicher Stein auf dem europäischen Schachbrette, zumal als Gegengewicht gegen den russischen Koloß. Aber für die Schonung Deutschlands sprachen nicht Gründe gleicher Bedeutung. Rußland war zunächst ausgeschaltet. Und ließ sich überhaupt Deutschland als zuverlässiges Gegengewicht gegen Rußland verwerten? Die Genesis der preußischen Macht in ihrer engen Verflechtung mit der russischen sprach dagegen. In Frankreich aber fürchtete England ja längst nicht mehr eine Nation, die noch einmal ernstlich nach der Hegemonie greifen könnte. Als Gegengewicht gegen sie war Deutschland nicht vonnöten. So hat die junge deutsche Republik bei England trotz mancher Anläufe doch nicht den Rückhalt gefunden, der einst der restaurierten französischen Monarchie zuteil geworden war.

Der Zweite Weltkrieg

Diese Friedensordnung, aus widerspruchsvollen Kompromissen aufgebaut, schuf also keine dauerhafte Lebensordnung.

Vor hundert Jahren mochte man gleichmütig Staaten wegwischen und neue errichten. Die politischen Leidenschaften schlummerten noch, die wirtschaftlichen Verhältnisse waren stabil und unempfindlich. Wie anders im 20. Jahrhundert! Die neuen Nationalstaaten besaßen bei der Gemengelage und Übereinanderschichtung der Völker Osteuropas keine überzeugenden Grenzen. Die Nationalismen, hier befriedigt, wurden dort verletzt, überall aber erhitzt und zu offener oder gesetzlich maskierter Gewalt angetrieben. Dann aber die wirtschaftlichen Folgen der neuen Grenzziehungen! Der Fortschritt der Zivilisation hatte immer größere Menschenmassen von dem glatten Funktionieren einer sich komplizierenden wirtschaftlichen Maschine abhängig gemacht. Nun wurde ihr Funktionieren gehemmt. Es wurden große Wirtschaftskörper zerschlagen und ihre Fragmente mit den Ansprüchen einer kostspieligen Verwaltung, einer gesteigerten Rüstung und wirtschaftlicher Autarkie belastet.

Waren das Schwierigkeiten, die schon von den neuen Staaten, den Nutznießern der Neuordnung empfunden wurden, wieviel hatte erst das besiegte Deutschland zu leiden! Die Bitternisse der politischen Auswirkung der Niederlage bleiben beiseite. Aber lebensbedrohend war als das Allerelementarste die wirtschaftliche Auswirkung. Die deutsche Inflation des zwanzigsten Jahrhunderts bedeutete etwas Furchtbareres als die französische des achtzehnten. Die Abtrennung von wertvollsten Grenzgebieten, der Verlust von Leihkapital, Kolonien, Weltverbindungen zusammen mit dem Alpdruck der Reparationen brachten Verelendung in einem Ausmaße hervor, gegen das die primitiven Wirtschaftsformen früherer Jahrhunderte gefeit waren. Die Sorge um Absatzmärkte und Rohstoffe, um Ernährung und Lebensstandard, die in die Weltpolitik hineingeführt hatte, verwandelte sich nach deren Scheitern in nackte Not. Amerikanische Anleihen konnten sie eine Zeitlang verdecken, nicht beseitigen. So sammelten sich in den neu geformten Gebieten Mittel- und Osteuropas Krankheitsstoffe an. Konnten sie von den Volks- und Staatskörpern verarbeitet werden, bevor sie sich zu Krankheitsherden zusammenfanden?

Die Gesundung wurde verhängnisvoll erschwert durch die Lage, in die der Kontinent im ganzen zu den außereuropäischen Bereichen geraten war, den überseeischen zumal. Die Gewichtsminderung, mit der gerade auch im abgelaufenen Hegemonialkampfe des Staatssystem seine Freiheit bezahlt hatte, wirkte sich wirtschaftlich als Verschuldung Europas an Amerika aus, also als Umkehr des finanziellen Gefälles, und zugleich als Aufstieg der überseeischen industriellen Konkurrenz. Zu dieser traten zeitweise auch forcierte russische Exporte. Die alten atlantischen Staaten, immer noch im Besitz kolonialer Imperien, reichen Auslandskapitales, großer Handelsflotten, empfanden freilich die Gegenströmung noch nicht so fatal wie vor allem Mitteleuropa, das übervölkerte und hochindustrialisierte, dem solche Korkgürtel mangelten. Abhilfe hätte eine Kooperation europäischer Staaten theoretisch anbahnen können. Verlangt doch die Zivilisation zu ihrem Gedeih nach immer weiteren Räumen. Aber an eine solche Kooperation zu denken war Träumerei. Die Tendenz zur Zerklüftung, eben noch von neuem triumphierend, war nun einmal der *charakter indelebilis* des Systems.

Aber auch in der weißen außereuropäischen Welt – von dem in sich abgeschlossenen Rußland sei nicht die Rede – verfinsterte sich gegen Ende der zwanziger Jahre das Bild des Gedeihens. Die wirtschaftliche Zivilisation hatte einen solchen Grad weltweiter Verflechtung erreicht, daß eine weltweite Krise unerhörten Ausmaßes möglich wurde. Die Tendenz zur globalen Vereinheitlichung fand in ihr gleichsam einen negativen Ausdruck. Aber angesichts der Verkümmerung des Völkerbundes fehlte es an einer globalen Organisation, die ihr positiv hätte entgegentreten können. Man möchte sagen: die politische Entwicklung, die sich in Europa in vollem Widerspruch zu den wirtschaftlichen Bedürfnissen befand, hatte mit diesen doch auch in der Welt nicht Schritt halten können. Absatzstockung und Arbeitslosigkeit wanderten von Land zu Land. Auch die mächtigsten Wirtschaften mußten für sich sorgen und konnten nicht den schwächeren helfen.

Alle Rückschläge aus den weiteren Bereichen trafen aber das an sich schon gefährdete und desorganisierte Mitteleuropa am schwersten. Wie konnte sein zerrissenes und entzündetes Gewebe in einem kranken Gesamtorganismus abheilen? So bildeten sich in Italien, vor allem in Deutschland Krankheitsherde, aus denen sich ein neues Fieber in die Welt verbreiten sollte. Das Schreckliche geschah: aus der gurgelnden Tiefe, in die sich überschlagend die letzte Hegemonialwelle ungeheuerliche Opfer hinabgerissen hatte, stieg schon nach einem halben Menschenalter eine neue Welle überraschend empor.

Freilich nicht in Mitteleuropa allein sammelten sich Gegenkräfte gegen den status quo von 1919. Es geschah auch in Rußland, auch in Japan, in viel gewaltigeren und unabhängigeren Machtgebilden als Italien oder gar Deutschland. Und doch hat sich nicht von dort her der neue Weltkampf entzündet.

Japan war soeben erst auf seine Rechnung gekommen, indem es sich im Gefolge der Weltmächte in die große Koalition gegen Deutschland einreihte. Aber es traute sich zu, selbst eine Weltmacht zu werden und, wie Deutschland bis zum Bersten mit Dynamik angefüllt, in den mit Macht noch nicht gesättigten Weiten Asiens zu erreichen, was dem Reich in der Enge Europas mißlungen war. Es durfte ebenfalls ein zu Lande wie zu Wasser gleichmäßig ausgebildetes Machtinstrument von höchster technischer und moralischer Vollkommenheit in Rechnung stellen – obendrein aber seine kostbare Insellage. Warum mag aus ihr so gar kein freies insulares Wesen hervorgegangen sein, das sich mit dem venezianischen, holländischen, englischen, amerikanischen vergleichen ließe? Vielleicht doch, weil das lange abgeschlossene Inselreich keine große Vermittlerrolle zwischen zwei Welten hatte erwählen wollen und können.

Während das asiatische Japan, unberechenbar in seiner Verbindung östlichen Urwesens mit westlicher Zivilisation, sprungbereit dalag, war Rußland in seiner immer schon beschränkten Offensivkraft durch den Zusammenbruch noch völlig gelähmt. Aber etwas Unberechenbares asiatischer Färbung haftete doch auch ihm mehr denn je an. Aus dem leidensvollen Chaos der Niederlage entwickelte es in der Stille originelle schöpferische Kräfte, die auf den westlichen Betrachter als überaus fremdartig wirkten und ein «reculer pour mieux sauter» bedeuten sollten. In diesem aus zwei Schichten zusammengesetzten hellenistischen Mischwesen traten die asiatischen Züge jetzt stärker hervor, als die dem Abendlande zugewandten oder von ihm befruchteten. Und doch blieb die abendländische Komponente immer spürbar und wurde auf speziellen Gebieten sogar gewaltig verstärkt. Hatte doch die bolschewistische Revolution im Westen ihren Vorläufer in der «terreur» der großen Revolution. Auch sie führte Staat und Gesellschaft in einen neuen Aggregatzustand hinüber. Auch ihr totalitäres System verflüssigte alle ererbten festen Lebensformen und leitete damit ebenfalls dem Räderwerk des erneuerten Machtapparates ungeahnte Energien zu. Vollführte sie doch denselben paradoxen Übergang aus der tumultuarischen Zerstörung der verrosteten alten Maschine zur Errichtung einer blanken neuen. Auch ihre revolutionären Energien verdichteten sich in einer herrschenden Partei, die neben den beiden alten Machtinstrumenten von Armee und Bürokratie als drittes und überlegenes das Zentrum des Staates einnahm. Auch hier wurde der Geist christlicher Kultur als Hemmung tunlichst ausgeschaltet und dafür mit allen Mitteln von Terror und Propaganda die politisch-wirtschaftliche Zivilisation steil emporgeführt. Auch hier wurde die Einmischung des Auslandes abgewehrt. Man spürt ein typisches Element in der

Entwicklung der beiden großen festländischen Machtstaaten trotz des zeitlichen Abstandes ihrer Revolutionen. Aber gleichzeitig prägt sich auch die völlige Andersartigkeit der historischen Untergründe aus. Wir befinden uns in Rußland ja nicht auf ältestem gewachsenem Kulturboden, sondern im Bereiche jüngerer und künstlicher hellenistischer Mischzivilisation, charakterisiert durch die Verbindung artverschiedener Teile mit den Mitteln gewaltsamer Despotie. Zu dieser, als dem Vertrauten, strebt das revolutionäre Geschehen in Rußland mit einer Art von Selbstverständlichkeit zurück, und während in Frankreich der improvisierte totale Staat sich nur für eine kurze Zeitspanne behaupten konnte, richtete er sich hier für die Dauer ein, als die Verjüngung alter Zustände unter neuem Vorzeichen. Das Werk Peters des Großen wird in so mancher Beziehung auf anderer Entwicklungsstufe erneuert; mit seiner gewaltsamen Verbindung modernster westlicher Technik mit dem östlichen knetbaren Menschentum. Die Furcht der späteren Zaren vor der Revolution, die die Weiterführung des Werkes gehemmt hatte, wurde mit der Beseitigung des Zarentums durch die Revolution selbst beseitigt und damit der Weg frei gemacht für eine neue Dynamisierung des Kolosses.

Zu dieser trugen aber auch die geistigen Mittel der Revolution das ihre bei. Dem petrinischen Systeme fehlten sie in vergleichbarer Kraft. Peter der Große war Westler gewesen, der das altrussische Selbstgefühl vergewaltigte. Das neue Rußland setzte sich stolz vom Westen ab, so viel es von ihm auch technisch lernte, und steigerte auf seine Weise das nationale Selbstgefühl. Es predigte einen Fanatismus, der die leere Stelle ausfüllte, die die verdrängte Religion eingenommen hatte. Es lieferte damit das Individuum erst recht als gefügiges Instrument in die Hand des Staates.

Daß die Staatsdoktrin westlichen Ursprungs war, stand nicht in Widerspruch zu dem neuen Selbstgefühl. Dienten doch die praktischen Folgerungen, die aus ihr gezogen wurden, alle der Macht Rußlands, ihrem nach wie vor militärischen Kerne wie ihrer geistigen Ausstrahlung über die Grenzen hinaus. Denn wenn bisher Rußland sich dem alten Europa gegenüber mehr lernend verhalten hatte, so vermochte es jetzt auch zu lehren und die Heere seiner Anhänger in anderen Ländern mit Doktrinen und Direktiven zu versorgen. Und wenn der demokratische Völkerbund den gequälten Völkern eine Überwindung der mörderischen Machtkämpfe in Aussicht stellte, so versprach ihnen die bolschewistische Weltrevolution das gleiche. Es begannen sich nicht nur im Westen, sondern auch im Osten die Akzente von dem zerklüfteten und zermürbten alten Kulturkontinente fortzuverlagern zu den jungen Großräumen der Zivilisation.

Zu Beginn der dreißiger Jahre waren freilich die Erfolge des neuen Rußlands noch umstritten. Zu gewaltig waren selbst für die fanatische Energie der Bolschewisten die Aufgaben, die sie mit der Durchpulsung dumpfer Menschenmassen und unerschlossener Riesenräume zu bewältigen unternommen hatten. Eben erst wurden ja weite Gebiete Asiens dem Blutumlauf moderner Zivilisation angeschlossen, und zu einer Zeit, als Japan bereits den Sprung nach der Mandschurei wagte, war die planende Tatkraft des Bolschewismus noch durchaus mit der Entwicklung unübersehbarer innerer Möglichkeiten beschäftigt. Auch durfte sie darauf vertrauen, daß die gesellschaftlich-politischen Zersetzungserscheinungen im europäischen wie im asiatischen Vorfelde ihren Höhepunkt noch nicht erreicht hätten. Unbedroht von außen her konnte der Koloß in der Hinterhand bleiben und seiner Stunde warten.

Kam es also gar nicht in Frage, daß Rußland einen Sturmlauf gegen den status quo begönne, so gab doch auch Japans Aktion zu ihm noch nicht eigentlich das Signal. Das blieb vielmehr der deutschen Erhebung vorbehalten!

Immer noch war ja das alte Kratergebirge Europas so hoch getürmt, daß eine Eruption der hier eingepreßten Riesenenergien weithin die Welt mit Lavaströmen bedrohen mußte, während eine Machtverlagerung in dem lockeren Gefüge Ostasiens längst nicht dieselben akuten Wirkungen auszulösen brauchte. Noch einmal bestimmte die Handlung auf der engeren Bühne auch die auf der weiten. Noch einmal war Deutschland Träger dieser Handlung, in einen engen Winkel auf der engeren Bühne getrieben und doch zugleich dumpf davon träumend, es besäße noch ungenutzte Kraftreserven, die bei rechter Führung einen Durchbruch durch den Ring des Schicksals gestatten könnten.

Zuversicht und Sorge hatten schon unter Wilhelm II. ihre Überredungskräfte vereint, um dem deutschen Volke das Hinauswachsen aus seiner Enge als möglich, als notwendig erscheinen zu lassen. Inzwischen hatte sich die Sorge in echte Not verwandelt: sie fachte die glimmende Zuversicht an, die die Niederlage nicht endgültig hatte auslöschen können, bis eine helle Flamme emporloderte.

Wäre diese Not nicht gewesen und hätte die Republik den Massen eine auskömmliche Existenz gewähren können – die Erinnerung an die dahingesunkene Macht hätte sich vielleicht auf die Eliten der alten Gesellschaft beschränkt und ihren werbenden Zauber eingebüßt. Wer freilich will es mit Sicherheit behaupten? Ein Volk vergißt nicht so leicht den Trunk aus dem Becher der Macht, und auch der vierte Stand hatte ihn getan, eingefügt in die kameradschaftliche Opfergemeinschaft der Armee. Die Not jedenfalls, in ihrem Gefolge Ratlosigkeit, ja Panik, unterhöhlten vollends das Ansehen der Republik, die sich ja nicht berufen konnte auf nationale Anstrengungen wie die russische oder die dritte französische, vielmehr an der Niederlage eben deswegen so schwer trug, weil sie ihr allein ihre Existenz verdankte. Der zusammengepreßte Nationalismus der alten Gesellschaft dehnte sich nunmehr wieder aus. Entscheidend aber war die Haltung der Jugend. Verzweifelt, wie sie war, z. T. durch die Inflation deklassiert, entlief sie den republikanischen Parteien, ja fast allem bisherigen Parteiwesen überhaupt. Sie wollte nicht das Reifen bescheidener Erfolge abwarten, die sie in der Perspektive unabsehbarer Arbeitslosigkeit doch nicht sättigen könnten. Sie suchte das Heil nicht mehr in bewahrendem Zusammenschließen nach der Mitte, sondern im Abwandern zu den extremen Flügelparteien, von denen es galt: «les extrêmes se touchent», im totalitären Wesen, in dem sich revolutionärer Elan verbände mit straffster Organisation und Führung. Sie gehorchte damit nur dem typischen Instinkte der späten festländischen Machtnation, die sich erstmalig in der Krise der großen französischen Revolution als schöpferisch erwiesen hatte, der soeben noch Rußlands Freiheit gerettet und bei der Neuordnung Italiens, Spaniens, auch der Türkei Pate gestanden hatte: dem Instinkte, in der Bedrängnis das altgewohnte Prinzip des Machtstaates revolutionär zu steigern, nach dem Gesetze, nach dem er angetreten.

Das letzte autoritäre Hindenburg-Regime, bereits ein zweideutiger Beschützer des Geistes von Weimar, aber immer noch Damm gegen totalitäre Überflutung, vermochte mit seiner greisenhaften Unkraft die Hoffnungen nicht zu fesseln, die der Name seines Trägers um sich gesammelt hatte.

Und nun fragte sich, welcher der beiden Flügelparteien die bessere Aussicht auf Machtergreifung zufallen werde.

Der Kommunismus galt wesentlich doch als Wegbereiter einer kommenden russischen Expansion, als ein Symptom des Fragwürdigwerdens der nationalen Staaten und Gesellschaften, die in ihrem engen Rahmen den Massen keine gesunde Zukunft zu bieten vermochten, also als Gefährdung der nationalen Existenz von innen heraus. Aber diese Gefährdung weckte die Abwehrkräfte des deutschen Volkskörpers. Seine Vitalität war noch nicht gebrochen, sondern aufgespeichert zum letzten Aufgebot. Sie klammerte sich an alle Erinnerungen und Argumente, die sie bestätigten: an Zahl, Gesundheit, Arbeitswillen des Volkes, an die unzerstörte Kraft der wirtschaftlichen Zivilisation, vor allem aber an die große militärische Tradition, die die Frontkämpfer zusammenschloß und in ihnen das Bewußtsein unausgeschöpfter Möglichkeiten wach erhielt. Die nationalen Aktivisten wollten die Entscheidung des Weltkrieges nicht als sinnvoll anerkennen, sich nicht klar machen, daß sie nur das Ergebnis der früheren Hegemonialkämpfe bestätigt hatte, nicht verstehen, daß sie im Verein der alten europäischen Haupttendenz mit der neuen Welttendenz zustande gekommen war. Sie lebten und webten vielmehr in unserer eigenen preußisch-deutschen Geschichte, ohne sich darüber Rechenschaft zu geben, daß deren Aufstieg auf begrenztem Felde und begünstigt durch zeitgebundene Umstände vor sich gegangen war. Der Wille zum Leben ist bei den Massen noch schwerer als bei den Einzelnen durch den Intellekt einzudämmen und spottet der Belehrung aus der vieldeutigen Historie. Jene Verengung des Gesichtsfeldes zudem, die mit dem Zurücktreten Rußlands und der Union einherging, erleichterte es dem triebhaften Optimismus, die Lage zu verkennen. Er fand sich nach dem scheinbaren Niederbruche Rußlands, auf dem Festlande jedenfalls, nur der französischen Macht und der ihrer kleinen Satelliten gegenüber und durfte sich sagen, daß seine Vitalität diesen Gegnern überlegen sei. Alle alten festländischen Ressentiments, erst recht vergiftet durch die «Demütigungen von Versailles», standen aufs neue auf und fesselten den Blick auf die Nähe. Und England? Konnte es sich nicht mit einer Erholung Deutschlands abfinden als eines Gegengewichtes gegen Frankreich und Rußland? Und besaß es überhaupt noch die Kraft, um seine traditionelle Riegelstellung zu halten? Kurz, schloß man nur die Augen vor der Fähigkeit und Bereitschaft der Weltmächte, einem neuen hegemonialen Anlauf Deutschlands entgegenzutreten, so boten sich der deutschen Phantasie lockende Gedankengänge genug, die in kühnen Windungen an den unverstandenen Tatsachen vorbeiführten. Die Fata morgana eines aufgelockerten Weltstaatensystemes zeigte sich von neuem. Das Auftreten Japans, der Türkei und vor allem Italiens bewies, daß der Kühne noch immer die Bleidecke des status quo durchstoßen und überraschend aufzusteigen vermöge. Wie ein schwer verwundeter Löwe richtete sich der Preußengeist aus seiner Betäubung auf.

Was konnte ihm die vorsichtig vorlavierende Politik der verachteten Republik bieten? Die Erfolge, die ihr – erschreckt von der deutschen Not – die alten Gegner spät genug einräumten, wollte blinde Massenleidenschaft nicht wahr haben. Aber freilich – und diese ernste Frage darf gerade kühle Rückschau nicht abweisen – welches war die Tragweite dieser Erfolge? Reichte die praktische Beseitigung der Reparationen hin, um die tiefen Ursachen der Not zu beseitigen? Diese ergab sich doch überhaupt nicht nur aus den Bestimmungen von Versailles, so sehr sie von ihnen verschärft wurde, vielmehr im Grunde aus dem allgemeinen Absinken Europas, das schon aus den Statistiken der Wirtschaft sich deutlich ablesen ließ, in dem unseligen deutschen Depressionsgebiete aber am frühesten verhängnisvolle Rückwirkungen hervorrief. Gewiß, der «Zufall» spielt in Zeiten der Krise eine noch sichtbarere Rolle als in normalen. Aber der «Zufall» Hitler ist eben doch zugleich als das akute Symptom eines chronischen Siechtums zu werten. Erst in abenteuerlicher Lage setzt sich der Abenteurer durch! Hitler hätte wohl auch ausgeschaltet werden können. Aber wären dann nicht früher oder später andere, aber nicht weniger akute Symptome zutage getreten, wie innere Unruhen in Verbindung mit Interventionen benachbarter Mächte? Jede Brücke hat ihre Höchstbelastung. Wird diese überschritten, so treten unheilverkündende Risse auf, mag ihr Verlauf im einzelnen auch «zufällig» sein, bestimmt durch einen Fehler im Baumaterial hier oder eine Nachlässigkeit in der Ausführung dort.

Hitlers Kommen bedeutete etwas ganz anderes als ein großer Teil des Volkes wähnte, verführt von demagogischer Kunst: nicht die friedliche Heilung chronischen Siechtums durch einen Zaubertrank, vielmehr die vorbereitende Narkose zu einer Operation mit dem Messer. Eingenebelt von zweideutigen Versicherungen wurden die Dinge von dem Geleise der inneren Politik hinübergeschoben auf das der äußeren. Nicht anders hatten seit der großen Revolution alle dem Cäsarismus angenäherten Regierungen gehandelt. Aber nie hatte dabei das Leben einer Nation im Wortsinne auf dem Spiele gestanden wie diesmal.

Vor 1914 waren die Ziele der deutschen Politik unklar, aber begrenzt gewesen: wider Erwarten hatten sie in den Hegemonialkampf hineingeführt. Jetzt waren sie, im Kopfe des Diktators, völlig klar und völlig unbegrenzt und Hitler von vornherein entschlossen, vor keinem Kampfe auszuweichen, der zu ihrer Verwirklichung dienlich wäre, mochte er auch hoffen, sich ihr in Einzelaktionen sprungweise zu nähern und einen zweiten Weltkrieg zu vermeiden.

Damit war aber nun im Innern auch für Deutschland der Augenblick für eine totale Mobilisierung seiner letzten Kräfte gekommen, unter Ausschöpfung aller Möglichkeiten, die die Regierungstechnik des festländischen Machtstaates überhaupt darbot. Zu der erneuerten altpreußischen militärisch-bürokratischen Tradition traten nun die modernsten revolutionären Methoden hinzu. Denn der Ungeheuerlichkeit des Zieles mußte notwendig die Ungeheuerlichkeit der Mittel entsprechen. Sie wurden freilich hinter einem Schleier bereitgestellt. Das Raubtier verbarg seine Krallen im Anschleichen, um sie erst im Sprunge zu gebrauchen.

Wohlbekannte Züge unserer neuen Geschichte finden sich an ihrem Ende wieder, aber in fieberhafter Übersteigerung. Unter dem Gewehranschlag Europas war das Bismarckreich geschaffen worden und nicht viel anders die preußische Großmacht: dank der Verbindung selbstherrlicher Führung oben mit disziplinierter Hingabe unten; beides Kennzeichen des Genius des festländischen Machtstaates überhaupt, aber hier, in dem gefährlichen Grenzfalle, von vornherein auf das schärfste ausgeprägt. Sie bestimmen nun den Hergang des Endkampfes.

Ringt ein Mensch mit dem Tode, so drängen sich diejenigen Kräfte seines Wesens schreckhaft in den Vordergrund, die dem reinen Daseinskampfe dienen. Sie suchen edlere beiseite zu stoßen, die ihnen in glücklichen Tagen die Waage halten. Aber wie ungerecht wäre es, gerade in den Erscheinungen der Agonie das wahre Wesen einer Persönlichkeit zu suchen und von hier aus ihr vorhergehendes Leben als Vorstufe zu interpretieren. Nicht anders verbietet es sich, nur diejenigen Linien der deutschen Geschichte einzuschwärzen, die in das Endgeschehen einmünden, und darüber die harmonischen Züge in vorhergehenden Epochen zu übersehen, nur die Gefahren und Schwächen unserer historischen Konstitution anzumerken und nicht auch der Gegenkräfte zu gedenken, die sie kompensierten. Vor allem aber verbietet es sich, den letzten Akt unserer Geschichte nur aus den Vorgängen auf der deutschen Bühne zu erläutern. Er bleibt demjenigen unverständlich, der sich nicht die umfassenden Druckverlagerungen auf dem schrumpfenden Globus vergegenwärtigt, die erst die furchtbaren Faltungen und Verwerfungen des deutschen Schicksales hervorpressen halfen.

In Wahrheit rang im Dritten Reiche zum ersten Male eine der großen Nationen, und eine noch rüstige und lebensvolle, mit dem Tode. Polen wurde einst zerhackt, bevor es zum vollen nationalen Bewußtsein erwachte. Nur die antike Geschichte bietet echte Parallelen. Die aus der neueren entnommenen Maßstäbe wollen nicht zulangen für ein Geschehen, das bisher in ihr ohne Vorgang dasteht, wenn es auch vielleicht nicht ohne Nachfolge bleiben wird.

Ohne Vorgang – aber nicht ohne Ankündigungen! Der Prototyp des von der Krise erfaßten festländischen Machtstaates, der gleichzeitig im Innern die überlieferten Daseinsformen im Schmelztiegel der Revolution total verflüssigt und im Äußern nach grenzenlosen totalen Herrschaftszielen greift, ist Frankreich. In der großen Revolution und im Empire klingen erstmalig die Motive, episodenhaft und abgerissen, an, die das Hitlerregime mit der vollen Instrumentierung einer vorgeschrittenen Zivilisation in dröhnenden Rhythmen variiert.

Aber auch die russische Revolution bedeutete ja in vielem eine Steigerung der französischen, deren ältere Improvisationen sie auf einer anderen Schraubenwindung der Zivilisation zum System ausbaute und auf ein anderes Milieu übertrug. Aber hier ermöglichte der flüssige Aggregatzustand im Innern eine überraschende Kraftentfaltung des gesunkenen Machtstaates nach außen, nur daß dieser – gesichert durch seinen peripheren Riesenraum – es nicht nötig hatte, aus der geglückten Defensive alsbald in die riskante Offensive eines Hegemonialkampfes auszubrechen, geschweige denn, einen verwegenen Kampf ums Dasein zu inszenieren, wie es Hitler getan hat.

Auch der italienische Faschismus unternahm es mit wurzelverwandten Methoden, eine sinkende Großmacht emporzureißen. Aber er brauchte in einer leichter zu meisternden Lage keine extremen Konsequenzen zu ziehen, weder in der Innenpolitik, noch auch – solange er sich frei fühlte – in der äußeren.

Erst recht ist das spanische System der Falange nur ein Ausläufer der totalitären Welle und von beschränktem Wirkungsradius wie das türkische – auch sie beide charakteristisch gewachsen auf dem Boden alter herabgekommener Machtstaaten.

Das Dritte Reich nun wurde das Sammelbecken, in dem die Anregungen des revolutionären Cäsarismus von nah und fern zusammenflossen, neue Verbindungen eingingen und zum Sieden erhitzt wurden. Die russische Beimengung tritt dabei mit den Jahren vor anderen hervor – Symptom der Verlagerung der Entwicklungsakzente in die außerabendländischen Räume und zugleich Fortführung der mannigfachen Verflechtung des Preußentums mit dem Russentum seit den Tagen Friedrich Wilhelms I. und Peters des Großen. Freilich wollte es etwas anderes besagen, wenn sich jetzt auf ältestem abendländischem Boden, emporschießend aus ihm, ein System ans Werk machte, das eine totale Trennung von allen abendländischen Persönlichkeitswerten bewußt einleitete! Auf dem hellen Grund europäischer Kultur nahm sich die düstere terroristische Machtzivilisation unheimlicher, sündhafter aus, als in der Dämmerung Halbasiens. Wohl hatte auch im alten Abendlande schon seit Jahrhunderten der kontinentale Machtstaat seine Sphäre auf Kosten des metaphysischen Eigenwertes des Menschen ausgedehnt, erst langsam, dann immer zielbewußter. Aber in dem Abenteuer des deutschen Endkampfes steigerte sich dieses Streben zu einer bis dahin unvorstellbaren Ausschließlichkeit, ermutigt durch die russische Entwicklung und in manchem Betracht über sie hinausgehend. Denn der Bolschewismus vermochte ja immer noch wie einst die französische Revolution an menschheitliche Ideale zu appellieren: nicht mehr das Dritte Reich. Seine Ideologie umschrieb nur die Ansprüche Deutschlands und der es beherrschenden verschworenen Bande. Sie entwickelte nicht die Kraft einer Weltmission. Die Macht zeigte sich hier in brutaler Nacktheit und ohne Hülle des Geistes – auch insofern Steigerung ins Extrem dicht vor dem Umschlag in das Nichts.

Alle inneren Methoden Hitlers aber zur Mobilisierung der letzten Kräfte Deutschlands wollen zusammengeschaut sein mit seinen letztlich unbegrenzten äußeren Herrschaftsplänen. Sein Buch entläßt den Leser mit der Prophetie: die Herrschaft der Erde wird dem Volke zufallen, das seine rassische Substanz zu schützen weiß. Daß eine von solchem napoleonischen Triebe geleitete Politik zum Hegemonialkampfe führen mußte, also zum Zusammenstoße mit Angelsachsen und Russen zugleich, entsprach fast der Logik. Trotz aller Künste seiner Diplomatie und Propaganda scheiterten die Versuche Hitlers, mit überraschenden, begrenzten Aktionen die Weltmächte gleichsam zu unterlaufen, bevor sie sich des Umfanges der ihnen drohenden Gefahr bewußt geworden wären. Es scheiterten auch seine Versuche, das Nebeneinander in ein Nacheinander zu verwandeln und die Russen mit angelsächsischer Rückendeckung zu bekämpfen oder auch die Angelsachsen mit russischer. Die Weltmächte reichten sich vielmehr über einen weltanschaulichen Abgrund hinweg die Hände. Ihr Interessenbündnis vom ersten Weltkrieg her erneuerte sich im zweiten – Erweiterung des Interessenbündnisses Englands und Rußlands ein Jahrhundert zuvor. War es doch elementarer Grundsatz ihrer Politik, zusammenzustehen gegen jede Macht, die Miene machte, ihnen den Rang abzulaufen. Ihr enger Kreis besaß die geheime Tendenz zur Schrumpfung: eine Erweiterung durch den Hinzutritt aufsteigender Mächte wollte er nicht dulden – weder in Europa noch in Asien. Die Solidarität der großen Drei bewährte sich schließlich auch gegen Japan wie gegen Deutschland. Das Bündnis mit Tokio reichte allenfalls hin, um Hitlers Untergang zu verzögern, nicht um ihn abzuwenden. Aufs neue erwies sich in der Weltpolitik dieselbe Vorstellung als ein Irrlicht, die sich auf dem alten Kontinent in der preußisch-deutschen Geschichte so ruhmreich bewährt hatte, als ob der Kühne den status quo überrennen und überraschend aufzusteigen vermöge. Nicht Heroismus, nicht Verbrechen konnten die Gegenströmung bezwingen. Umsonst alle jene Anstrengungen, das jenseitige Ufer dennoch zu gewinnen, die in ihrer Planung so häufig an entsprechenden Anstrengungen in früheren Hegemonialkriegen gemahnen. Da ist es der alte Kampf um die Niederlande, der sich erneuert, dann sind es die so oft geschmiedeten Landungsprojekte, dann nach ihrem Versagen das wohlbekannte Streben, durch Ausbreitung auf dem Kontinente sich zu entschädigen, im Osten Rußland zu unterwerfen, mit dem sich unter Stalin so wenig wie unter Alexander I. ein fruchtbares Zusammengehen gegen die Insularen ermöglichte, im Südosten und Süden nach Vorderasien und Afrika auszubrechen, um auch ohne Flottenmacht der Enge Europas zu entrinnen; die verzweifelten Versuche also, wieder einmal durch Ausweitung der festländischen Position die auf den Meeren unerschütterliche Seemacht zu balancieren und zu übertrumpfen. Es ist nicht schwer, für jede dieser Strebungen einen ganzen Stammbaum aus den früheren großen Kriegen abzuleiten!

Aber auch das Ergebnis des letzten Hegemonialkampfes trägt die Familienähnlichkeit mit den vorhergehenden an der Stirne, nur daß die Züge tragisch verschärft sind. Wiederum wird der Ansturm der festländischen Vormacht auf die Höhe der Hegemonie abgewiesen. Aber diesmal bezahlt der Angreifer sein Unternehmen so teuer wie nie zuvor. Philipp II. und Ludwig XIV. hatten trotz ihrer Mißerfolge gegenüber den Seemächten noch eine große Stellung auf dem Festlande behaupten können. Der Ausgang der napoleonischen Kriege hatte den Besiegten schon weit tiefer hinabgedrückt und erst recht der Ausgang des ersten Weltkrieges. 1945 aber trat ein Äußerstes ein: der Verlierer verlor seine politische Existenz und gefährdete seine physische.

Und mehr als das! Werfen wir die Frage auf, ob überhaupt der alte Kontinent noch einmal einen neuen Hegemonialkampf aus sich werde gebären können, so vermögen wir sie nicht zu bejahen. Es scheint uns heute so, das große Spiel sei ausgespielt, das in der Neuzeit Europa in Atem gehalten hat und schließlich die Welt.

Das leuchtet erst recht ein, wenn wir neben dem Schicksale der hegemonialen Vormacht auch das des säkularen Gegners der jeweiligen Vormacht ins Auge fassen, des europäischen Staatensystems. Wohl erlebte es einen letzten Triumph, als es noch einmal verhindern half, daß eine Macht aus seinem Kreise die Freiheit der anderen unterdrücke. Aber es bezahlte diesen Triumph ebenso mit seinem Leben, wie das anstürmende Deutschland seine Niederlage. Es ist, als ob sich Duellanten wechselweise durchbohrt hätten.

Immer wieder haben wir hervorgehoben, wie die Freiheit des alten Staatensystems bezahlt wurde mit ansteigender Verschuldung an die jungen Außenräume in West und Ost. Das Gleichgewicht des Abendlandes blieb nur um deswegen erhalten, weil immer neue Gegengewichte aus dem Bereiche jenseits seiner Grenzen gegen die Hegemoniebestrebungen in die Waagschale geworfen werden konnten. Aber das Verhältnis der eigentlichen abendländischen Kräfte zu den außerabendländischen verschob sich dabei schon im ersten Weltkriege nachdrücklichst zugunsten der letzteren. Im zweiten Weltkriege aber wurden die Rollen vollends vertauscht. Die aus Europa sukzessive ausgewanderten Kräfte, in der Weite der jungen Räume dank dem rasenden Anstiege der Zivilisation emporgewachsen zu ungeheurer wirtschaftlicher und politischer Macht, sie kehrten überraschend ihre Front dem Bereiche ihres Ursprungs zu, so wie im Hochgebirge überraschend das Echo zurückkehrt zu dem Bergsteiger, der es mit seinem Rufe geweckt hat. Das alte kleinteilige System der Kulturstaaten wurde gänzlich überschattet von den jungen Riesenmächten der Zivilisation, die es zu seiner Hilfe herbeigerufen hatte; denn selbst helfen konnte es sich ja weniger denn je. Frankreich, seit Jahrhunderten das Schicksalsland des Kontinentes, das noch den Stoß der Armeen Wilhelms II. so lange aufgefangen, erlag denen Hitlers momentan wie vom Schlage berührt. Und Englands Insularität hing im Zeitalter des Flugmotors an einem Haare. Wohl hat die Insel noch einmal ihre alte Rolle in großer Haltung durchgespielt. Aber welches wäre ihr Schicksal gewesen, hätte sich nicht die große Tochternation gewappnet ihr zur Seite gestellt? Der Sieg offenbarte erst den Grad ihrer Erschöpfung. Noch in ganz anderem Maße als der erste Weltkrieg hatte der zweite an der Substanz ihrer finanziellen und industriellen Weltstellung gezehrt. Jetzt war es die Union, die in die geräumten Positionen nachrückte, so wie einst England selbst in die von Holland geräumten nachgerückt war. Die große Vermittlerrolle zwischen zwei Welten, der es seine Größe verdankt, schmilzt zusammen. Die Übersee emanzipiert sich von seiner Vermittlung. Kostbarster Kolonialbesitz entgleitet der matten Hand. Das Schicksal des absinkenden alten Festlandes wirft seinen fatalen Schatten auf die ihm gleichsam nähergerückte Insel. Dieses

Schicksal aber, im einzelnen differenziert, nimmt im ganzen gerade nach der Zerschmetterung Deutschlands immer unheimlichere Züge an. Es sind die moralischen und materiellen Kräfte im Schwinden. Unfähig, aus eigenem etwas Entscheidendes zu ihrer Befreiung vom deutschen Joche beizutragen, gewinnen die europäischen Staaten aus dieser Befreiung keinen frischen Auftrieb. Erst Schlachtfeld fremder Heere, werden sie nun Schlachtfeld fremder Diplomatie. Sie vermögen diesmal ihr freies System nicht wieder aufzurichten. Sie zerfallen in zwei Gruppen, deren jede als Interessensphäre einem der Weltriesen zugeordnet ist. Die Teilung in eine westliche und östliche Sphäre hat sich seit dem 18. Jahrhundert vorbereitet, erhält aber nun einen neuen Sinn – den des Verlustes der Selbständigkeit. Das europäische Kratergebirge stürzt in sich zusammen. Keiner der europäischen Staaten außer England besitzt noch eine volle Souveränität alter Art. Damit eröffnet sich wohl die Möglichkeit, die Zerklüftung zu beschränken, aber auf Geheiß der Weltriesen, nicht freiwillig. Der *charakter indelebilis* schwindet nicht früher als die Lebenskraft des Erdteils.

So ist denn der alte Rahmen in der Auflösung begriffen, der das europäische Geschehen – und es war bis 1945 das zentrale für die Welt – umschlossen hatte. Die engere Bühne verliert ihre überragende Bedeutung als Spielfeld einer eigenen starken Truppe und geht auf in der weiteren Bühne. Hier wie dort übernehmen fortan die beiden Weltriesen die maßgebenden Rollen.

Aber tritt nun an Stelle der zerfallenden Form mit ihrer, in viereinhalb Jahrhunderten und in einem halben Dutzend Krisen, bewährten Lebenskraft eine neue Form, die Dauer verspräche? Ist das Ergebnis des letzten Hegemonialkampfes eine Friedensordnung, die wie die Friedensordnungen bis zum Wiener Kongresse einschließlich eine tiefe Entspannung mit sich brächte oder auch nur die Hoffnung auf eine solche, wie noch die Pariser Vorortsverträge von 1919? Die Frage stellen heißt sie verneinen. Ein zerklüftetes Staatensystem kehrt immer wieder in den Schwebezustand zurück. Aber die alte europäische Tendenz zur Zerklüftung wird ja nunmehr beiseite gedrängt durch die junge Welttendenz zur Vereinheitlichung. Und diese mag in ihrem stürmischen Vordrängen nicht zur Ruhe kommen, ehe sie sich auf dem Erdballe durchgesetzt hat.

Zwar noch liegt die globale Ordnung, so scheint es, erst in ihren furchtbaren Geburtswehen. Die Welt ist erst bei Verzweiheitlichung angelangt, wie sie eigentlich schon Seeley voraussah. Der erneuerte Völkerbund, welcher Art seine Rolle auch in der ferneren Zukunft sein mag, kann vorerst daran nichts ändern. Denn nach dem endgültigen Verschwinden des alten europäischen Hegemonialproblemes tritt automatisch das jüngere Weltproblem des russisch-englischen, heute des russisch-angelsächsischen Gegensatzes, in den Vordergrund. Schon im frühen 18. Jahrhundert hat es sich angemeldet, hatte nach 1815 das ganze 19. Jahrhundert hindurch die Blicke gefesselt, ohne daß sich doch an ihm der erwartete Weltbrand entzündete. Noch fanden ja beide Rivalen in einer weiten und unorganisierten Welt nebeneinander genug Expansionsraum. Noch lag ja zwischen ihnen der lebensvolle europäische Kontinent, der dauernd ihre Aufmerksamkeit beanspruchte und sie zusammenführen mußte, als aus ihm die für beide bedrohliche deutsche Gefahr aufstieg. Entsprechendes gilt in Asien für die russisch-amerikanischen Beziehungen, die durch den gemeinsamen Gegensatz zu dem aufsteigenden Japan zusammengekoppelt wurden.

Aber diese retardierenden Momente haben heute ihre Geltung eingebüßt. Kaum, daß das letzte Gewitter sich entladen, ballt sich ein neues zusammen. Mit der Schrumpfung des Raumes als einer Folge der Zivilisation geht die Schrumpfung der Zeit einher: jede Erfindung beschleunigt den Ablauf. Wieder stehen sich das kontinentale und das insulare Prinzip gegenüber, und zwar in letzter Vereinfachung und Steigerung im Weltmaßstab. Rußland, Nachfahre all der großen europäischen Festlandsmächte früherer Jahrhunderte und aus ihrer Tradition in die Welt hinauswachsend – auf dem anderen Pole die Union, in der Welt sich ausbreitend von der europäischen insularen Tradition aus. Welcher besonderen Glücksfügung hatte es auf der einen Seite bedurft, daß dieses insulare Prinzip sich ununterbrochen aus den bescheidensten Anfängen, zunehmend getragen von einem einzigen Volkstum, bis zu seiner heutigen Höhe emporentwickeln durfte, in Europa so oft die Hegemonie anderer zerbrechend und nun in der Welt nach der eigenen greifend, ohne in der Atmosphäre eines abgemilderten politischen Daseinskampfes trotz des Bundes mit der technischen Zivilisation das Grundelement freier elastischer Menschlichkeit je einzubüßen! Umgekehrt, welche entsprechende Ungunst des Schicksals, daß das festländische Prinzip in all seinen machtvollen Ausprägungen bei verschiedenen Nationen immer wieder unterlag und durch härtesten Daseinskampf schließlich zu starrer, unpersönlicher Staatlichkeit zugespitzt wurde! Aber hüten wir uns wohl, aus den Ergebnissen der früheren Kämpfe zwischen den beiden Prinzipien auf den Ausgang eines möglichen künftigen Kampfes zu schließen. Der eigentümliche Mechanismus der europäischen Geschichte findet ja in der Welt keine Entsprechung, und beiden Gegnern wachsen heute Gefahren und Hoffnungen neuer Art zu. Hüten wir uns aber vor allem auch, im Augenblick hervortretende Linien einfach in die Zukunft zu verlängern und darüber zu vergessen, daß in der wilden Jagd der Erscheinungen die eben zusammengeballten Wolken durch unerwartete Entwicklungen auch wieder auseinandergetrieben werden können. In der Tat, es wäre vermessen vorauszusagen, auf welchen Wegen und Umwegen die Tendenz zur Vereinheitlichung des täglich schrumpfenden Erdballes ihr Ziel erreichen könnte: nur aufgeben wird sie es nicht, es träte denn das Wunderbare ein, daß die Menschheit allenthalben gleichzeitig einen Sinnenwandel erlebte und den Weg der Zivilisation und des Machtkampfes verließe, auf dem sie, gepeitscht von dem entfesselten Dämon des Willens zum Leben, vorwärtsstürmt trotz des Grauens, von dem sie dabei geschüttelt wird.

AUSKLANG

Wir stehen am Beschluß unseres Versuches, dessen Wagnis allein durch seine Notwendigkeit zu rechtfertigen ist: mit einer Skizze der neueren Geschichte zu deuten, wie es denn gekommen ist.

Aber gestehen wir: die Befriedigung, die dem objektiv betrachtenden Geiste jede Ordnung äußerer Tatsachenmassen abwirft, wird in unserem Falle aufgewogen durch die Unheimlichkeit der Perspektive, die sich aus ihr für unsere subjektive Existenz ergibt, für die Möglichkeit sinnvollen Daseins, für den physischen Bestand selbst. Es wird ja auf den vorhergehenden Seiten das von Ranke hinterlassene Bild nicht nur erweitert, sondern zugleich mit einer ganz anderen Farbenskala übermalt. In der Tat, ob wir dieses Bild nun als Weltbürger betrachten, als Europäer oder gar als Deutsche – es vermittelt die Ahnung herannahender letzter Entscheidungen, die für unser Gefühl die Kontinuität zerreißen könnten, auf die zu vertrauen Rankes Glück ausmachte. An Stelle dieser Kontinuität tauschen wir die Erwartung eines völlig andersartigen Zustandes ein, der – vielleicht nach furchtbaren Katastrophen erreicht – uns endgültig abtrennen muß von so vielem, was uns Heimat im engen und weiten Sinne bedeutet. Was wir verlieren werden, ist uns deutlicher bewußt, als was wir, überlebend, gewinnen können. Wenn es nun aber keine Geschichtsbetrachtung geben mag, die nicht – ob unbewußt – die Vergangenheit mit lebenspendendem Zukunftsglauben durchhauchte, so stellt sich die bange Frage, welcher Zukunftsglaube denn uns noch vergönnt sei. Gewiß, Dasein ist Pflicht und sei's im Augenblick, Pflicht zu ringen, zu retten und zu gründen und immer wieder zu hoffen. Aber dennoch wäre es heute unredlich, das tiefe Gefühl der menschlichen Ohnmacht zu verharmlosen, das sich nicht abweisen läßt. Es ist ein Gefühl, das auf den wüsten Schlachtfeldern und unter den Entmachteten gebieterischer auftritt als in den geordneten Bereichen der Sieger, das aber doch auch in diesen zu Worte kommt. Ist es nicht geradezu ein Grundgefühl unserer Zeit, in geringerer oder größerer Tiefe überall auftretend wie das Grundwasser?

Die Neuzeit setzte ein mit zuversichtlichem Lebensdrange, der allüberall mit seiner heißen Dynamik die Eisdecke der mittelalterlichen Ordnungen durchbrach. Sie setzte ein mit der Entstehung eines Systemes kämpfender souveräner Staaten, mit der Emanzipation der Politik als des mächtigsten Exponenten und Motors jenes Lebensdranges. Während wir nun ahnen, daß dieser Hauptmotor des äußeren Geschehens nach Stabilisierung einer globalen Friedensordnung zum Stillstand kommen könnte, erleben wir gleichzeitig in unserem eigenen Innern, wie jener zuversichtliche Lebensdrang sich überschlägt oder verebbt. Allzu laut ist die Sprache unserer eigensten Erfahrung! Wohl haben wir uns die äußere Welt wirklich in einem Ausmaße unterworfen, das auf der Schwelle der Neuzeit kein Faust ahnen konnte. Aber darüber haben wir die Herrschaft über unsere innere Welt eingebüßt, und so verwandelte sich der Sieg auf unerwartete und doch logische Weise in Niederlage. Wir sind selbst unterworfen, den Mitteln nämlich, die unsere Zwecke fördern sollten. Wir sind Sklaven unserer eigenen Schöpfungen, des Machtstaates vorab. Die Diener haben sich zu Herren aufgeworfen, weil wir ihnen insgeheim unsere Seele verkauft haben. Die Fabel von dem Pakt mit dem Teufel ist Wirklichkeit geworden. Der Tod grinst uns in dem Augenblicke entgegen, in dem wir die verwegene Hand nach den höchsten und lockendsten Früchten der Zivilisation ausstrecken.

Sollten wir nicht mehr fähig sein, aus einer Unsumme schrecklichster Erfahrungen ein Fazit zu ziehen, die Dämonen zu bekämpfen, die sich ihrer Fesseln entledigt haben, in dem ungeheuren äußeren Wandel uns innerlich zu wandeln? Sollte nicht das Pendel nach fünf Jahrhunderten zurückschwingen können?

Wenn die Betrachtung der Geschichte dabei mitwirkte, dann entginge sie ja wohl dem Vorwurfe, kein Verhältnis zur Zukunft zu besitzen! Je rücksichtsloser sie die Gefahren einer Endzeit der Politik beim Namen nennt, um so heilsamer kann sie sich als Schwerkraft erweisen, die das Pendel zurückzieht. Und nicht nur durch die Logik des Grauens, die sie vor allem als moderne politische Geschichte doziert, vermag sie zur Ein- und Umkehr aufzurufen. Ebenso auch durch die Ermutigung, die sie uns zuspricht, indem sie von den Bezeugungen des Geistes berichtet, den kein Grauen zu ersticken vermag.

Der Historismus des 19. Jahrhunderts hat auf das Großartigste dazu beigetragen, den Triumph des Menschen über die äußere Welt zu vervollständigen, insofern er ihm die Vergangenheit unterwarf. Aber er hat das nicht vermocht, ohne die Herrschaft über die innere Welt zu untergraben, insofern er die absoluten Werte relativierte und durch den historischen Determinismus das Verantwortungsgefühl des Einzelnen gefährdete: er erhellte, was war, aber verdunkelte, was sein soll. Könnte er nicht in Zukunft andere Wirkungen erstreben, andere Beziehungen zur Vergangenheit herstellen und zwar im neuen Sinne fruchtbare, weil geeignet, die innere Welt wieder zu festigen?

Auch an einem Wegweiser auf solcher Bahn fehlt es nicht. Unsere Betrachtung ging von Ranke aus: sie endet bei Jacob Burckhardt. Sie ist diesem nicht weniger als jenem verpflichtet. Burckhardt erwartete sich bereits eine innerlich verwandelnde Wirkung von der Geschichte; sie sollte ihn weise für immer machen. Auch besaß er ja bereits das klarste Bewußtsein davon, in einer Endzeit zu leben. Nur daß seine geniale Sensibilität nicht erst machtpolitische Weltgewitter zu erleben brauchte, sondern bereits durch die Veränderungen in der allgemeinen Atmosphäre des Daseins, die jene Gewitter vorbereiteten, hinreichend belehrt wurde: er stützte seine Diagnose auf eine weite kulturgeschichtliche Schau und verließ damit die von Ranke gebahnte Straße wesentlich außenpolitisch begrenzter Betrachtung. Wir haben uns noch einmal dieser Straße anvertraut. Aber sie führte uns unversehens zu derselben Aussicht, zu der Burckhardt längst auf seinem Wege gelangt war.

Diese Aussicht in die Zukunft ist bei ihm von früh an verknüpft gewesen mit der Ahnung eines verwandten Ablaufs der späten abendländischen und der späten antiken Geschichte. Und auch unsere Betrachtung mündet zum Schluß unwillkürlich in einen Vergleich beider ein, der schon so manches Mal auf den obigen Seiten anklang. Erwächst doch in Hellas so gut wie im Abendlande auf reich modellierter Halbinsel ein freies System artverwandter und konkurrierender Staaten, das sich keiner Vormacht eines seiner Glieder beugen will. Und hier wie dort entsteht aus diesem politischen Grundverhältnisse zuerst der Segen unerhörter Kulturentwicklung und sodann der Fluch der Erschöpfung und des Verfalls. Beide Male werden das zerklüftete System und seine kleinen kristallinischen Teilgebilde überschattet von Mächten einer ganz anderen Größenordnung, die ihre Expansion über weite Kontinente, die überkommene Kultur des Mutterlandes aber in der Richtung auf Zivilisation vorantreiben. Im Endstadium tritt dann hier wie dort die Tendenz zur Vereinheitlichung im größtmöglichen Maßstabe dominierend zutage und bereitet die Schließung des Janustempels vor, das Ende der Machtpolitik im alten Sinne.

Könnte ein solcher Vergleich nicht auch dazu dienen, unsere Hoffnung auf innere Wandlung zu stärken? Hat sie doch im Altertume tatsächlich stattgefunden als rettende Reaktion auf den Verfall der freien Staaten, ausgehend von den Einzelnen und nach und nach sich ausbreitend in den Massen. Je weniger der atomisierte Privatmensch die äußere völkisch-politische Umwelt noch als echte Heimat werten konnte, um so sehnsüchtiger suchte er nach einer inneren Heimat im Anschlusse an Gesinnungsgenossen, bis im späten Weltreiche die Weltreligion an die Stelle vielfältiger philosophischer und kultischer Gemeinschaften trat. Zu dieser Entwicklung, die Sieger und Besiegte in eine seelische Einheit verschmolz, haben sie beide Unentbehrliches beigetragen, die Sieger das weite Gefäß, die Besiegten aber aus der Tiefe ihres Leidens das Kostbarste seines Inhaltes.

Wenn uns solche Zusammenhänge in unserer heutigen Lage tief anrühren mögen, so werden sie uns doch nicht dazu verführen, einen verwegenen Analogieschluß von damals auf heute vorzunehmen und gar auf ihm irgendeine Art von Prophetie aufzubauen. Das hieße ja nicht nur hochmütig die unserem Verstande gesetzten Grenzen mißachten, sondern kleinmütig unsere Freiheit. Nicht eine Fesselung unserer Phantasie, sondern ihre Auflockerung sollte uns der vergleichende Rückblick eintragen; eine Schärfung unseres Gefühles für unsere unabdingbare persönliche Verantwortung, nicht eine Abstumpfung durch das Phantom eines gesetzlichen Determinismus, der uns der Verantwortung enthöbe. Sind doch die Vorstellungen der verschiedenen Wissenschaften von einer Zwangsläufigkeit menschlicher Geschichte allesamt Ausfluß der Hybris des Zivilisationsdenkens: ihr entgegenzutreten heißt die Wurzelkraft der Kultur beleben, das persönliche Leben. Und dabei kann allerdings der Blick auf die Geschichte entscheidend helfen, nicht zwar auf ihren uns unverständlichen, «sinnlosen» Totalablauf, aber auf die Schreck- und Vorbilder, die er vorweist. In der flüchtigen Zeitspanne, die uns gegönnt sein mag, kann sie bald als Buß-, bald als Erbauungspredigt die innere Wandlung des Einzelnen vorbereiten, die allein die Herstellung sinnvollen Daseins verspricht. Die zu Ende gedachte und zu Ende gehende politische Geschichte weist zur Urzelle aller Geschichte zurück, zum Menschen.

> «Dies ist die Zeit der Gnade und der Sünde
> Und unsere Zeit, die niemals wiederkehrt,
> Da Gott das Herz, das tief verwirrte, lehrt,
> Daß es im Weltenlauf sich selbst ergründe.»

(Reinhold Schneider)

ZEITTAFEL

aus der Erstausgabe von Dehios Werk (1948)

I. KAPITEL
Entstehung des Staatensystems. Karl V.

1492 Eroberung Granadas und Vertreibung der Mauren aus Spanien; erste Reise des Kolumbus.

1494 Einfall Karls VIII. von Frankreich in Italien; Beginn des Kampfes Frankreichs, Spaniens und des Kaisers um die Halbinsel.
Vertrag von Tordesillas: Teilung der Kolonialwelt zwischen Spanien und Portugal.

1508 Liga von Cambrai (Papst, Kaiser, Könige von Frankreich, Aragon u. a.) gegen Venedig.

1517 Luthers 95 Thesen gegen den Ablaßhandel.

1519 Karl V. zum Kaiser gewählt; das habsburgische Weltreich.

1526 Böhmen und Ungarn gelangen an Habsburg.

1527 sacco di Roma: kaiserliche Landsknechte plündern die Stadt.

1547 Sieg Karls V. bei Mühlberg über die Protestanten.

1552 Abfall Moritz' von Sachsen vom Kaiser; die Bistümer Metz, Toul und Verdun fallen an Frankreich.

1558 Tod Karls V.; schon ab 1556 Teilung der Habsburger in eine deutsche und eine spanische Linie.

Philipp II.

1555 Vermählung Marias der Katholischen von England mit Philipp von Spanien.
1556 Thronbesteigung Philipps II.
1558 Thronbesteigung Elisabeths von England.
1559 Friede von Cateau-Cambrésis: Spanien behält Italien und Burgund.
1562 Ausbruch der französischen Religionskriege.
1566-1572 Papst Pius V.; Höhepunkt d. Gegenreformation.
1572 Beginn des Aufstandes der Niederlande; Wilhelm von Oranien Generalstatthalter.
1580 Portugal mit Spanien vereinigt.
1584 Wilhelm von Oranien ermordet.
1587 Maria Stuart enthauptet.
1588 Untergang der spanischen Armada.

II. KAPITEL

Das Staatensystem bis zum Antritt der Selbstregierung durch Ludwig XIV. 1661

1618 Ausbruch des 30jährigen Krieges.
1629 Höhepunkt der Macht des Kaisers.
1630 Gegenwirkung Frankreichs u. Schwedens setzt ein.
1640 Portugal löst sich von Spanien.
1642 Ausbruch des englischen Bürgerkrieges.
1648 Friede von Münster und Osnabrück.
1649 Karl I. enthauptet; Cromwell.
1652-1654 Erster Seekrieg Englands gegen Holland; Holland erkennt die Navigationsakte an.
1660 Wiederherstellung der Monarchie in England unter Karl II.

Ludwig XIV.

1661 Beginn der Selbstregierung Ludwigs XIV.
1667-1668 «Erster Raubkrieg» Ludwigs XIV. gegen Spanien in den Niederlanden; beendet unter dem Drucke Hollands und Englands.
1670 Geheimabkommen Ludwigs XIV. mit Karl II. gegen Holland.
1672-1678 «Zweiter Raubkrieg» Ludwigs XIV. gegen Holland, Spanien und das Reich.
1672-1674 Zweiter Seekrieg Englands gegen Holland.
1680-1682 Französisches Kolonialreich in Nordamerika von Quebec bis zur Mississippimündung.
1681 Straßburg wird französisch.
1683 Wien von den Türken belagert.
1688 Jacob II. von England, der letzte Stuartkönig, in der «glorreichen Revolution» gestürzt; Wilhelm III. von Oranien wird König von England.
1688-1697 «Dritter Raubkrieg» Ludwigs XIV. gegen die große Allianz.
1692 Niederlage der französischen Flotte bei La Hogue.
1701-1714 Spanischer Erbfolgekrieg.
1710 Sturz des kriegsfreundlichen Ministeriums in England.
1712 Friede von Utrecht zwischen Frankreich und den Seemächten.
1714 Friede zu Rastatt zwischen Frankreich und Kaiser und Reich.

III. KAPITEL

Die drei «Weltmächte» bis zur großen Revolution

1689-1725 Peter der Große.
1700-1721 Der nordische Krieg.
1700 Peter von den Schweden bei Narwa geschlagen.
1709 Peter besiegt die Schweden bei Poltawa.
1713-1740 Friedrich Wilhelm I. von Preußen.
1720-1721 Preußen erwirbt von Schweden Vorpommern mit Stettin.
1722-1725 Peters Krieg gegen Persien; Baku russisch.
1733-1735 Polnischer Erbfolgekrieg; Lothringens Anfall an Frankreich gesichert.
1736-1739 Unglücklicher Krieg Österreichs gegen die Türkei.
1739-1741 Englisch-spanischer Krieg in Westindien.
1740-1786 Friedrich der Große.
1740-1742 Erster schlesischer Krieg.
1741-1748 Österreichischer Erbfolgekrieg.
1744-1745 Zweiter schlesischer Krieg.
1755-1762 Englisch-französischer Krieg.
1756 Neutralitätsvertrag zu Westminster zwischen England und Preußen; Bündnis von Versailles zwischen Österreich und Frankreich.
1756-1763 Siebenjähriger Krieg.
1762 Tod der Zarin Elisabeth; ihr Nachfolger Peter III. ermordet.
1762-1796 Katharina die Große.
1768-1774 Russisch-türkischer Krieg; Dnjeprmündung und Krim an Rußland.
1772 Erste polnische Teilung.

ZEITTAFEL 383

1775-1783 Amerikanischer Unabhängigkeitskrieg.
1778 Bündnis Frankreichs mit den Vereinigten Staaten.
1779 Der kurze österreichisch-preußische Kartoffelkrieg durch den Frieden von Teschen beendet; Spanien erklärt England den Krieg.
1780 Rußland erklärt bewaffnete Neutralität gegen Englands Seekriegsführung; Ausbruch des Krieges zwischen England und Holland.
1788 Zuspitzung des Verhältnisses Rußlands zu England und Preußen.

Die große Revolution und das Kaiserreich

1789 Ausbruch der großen französischen Revolution.
1792 Frankreich erklärt den Krieg an Österreich; Septembermorde in Paris; Schlacht bei Valmy; revolutionäre Auslandspropaganda; u. a. Belgien von Frankreich besetzt.
1793 Ludwig XVI. hingerichtet; England erklärt Frankreich den Krieg an der Spitze der ersten Koalition; zweite Teilung Polens.
1794 Robespierre hingerichtet.
1795 Frankreich verwandelt das eroberte Holland zur batavischen Republik; dritte Teilung Polens; Preußen schließt den Sonderfrieden zu Basel.
1796 Paul I. folgt auf Katharina die Große.
1797 Friede von Campo Formio zwischen Frankreich und Österreich.
1798 Die ägyptische Expedition; die französische Flotte bei Abukir vernichtet.
1798 Russisch-englisches Bündnis.

1799 Ausbruch des zweiten Koalitionskrieges; Machtergreifung Napoleons durch den Staatsstreich vom Brumaire; Austritt Rußlands aus der Koalition.
1801 Friede zu Lunéville zw. Frankreich u. Österreich; Ermordung Pauls I.; Nelsons Sieg bei Kopenhagen.
1802 Friede von Amiens zw. England und Frankreich.
1803 Wiederausbruch des Krieges.
1804 Napoleon im Lager von Boulogne.
1805 Dritter Koalitionskrieg; Napoleons Sieg bei Austerlitz; Vernichtung seiner Flotte bei Trafalgar.
1806 Schlacht bei Jena; Beginn der Kontinentalsperre.
1807 Der Friede zu Tilsit.
1808 Beginn des spanischen Aufstandes.
1812 Napoleons Feldzug gegen Rußland.
1815 Europas Neuordnung auf dem Wiener Kongreß.

IV. KAPITEL

Schrittweise Steigerung der Gegensätze bis zur Umgruppierung der Mächte zu Beginn des 20. Jahrhunderts

1815 Die Heilige Allianz, von Rußland ausgehend; England schließt sich ihr nicht an. Daneben die «Pentarchie» als diplomatische Organisation der fünf Großmächte, von England befördert.
1821 Der Absolutismus in Piemont und Neapel durch österreichische Truppen wiederhergestellt.
1823 Der Absolutismus in Spanien durch französische Truppen wiederhergestellt.
ca. 1820 Abfall der lateinamerikanischen Kolonien von ihren Mutterländern; Chile 1816, Argentinien 1817, Brasilien 1822, Mexiko 1823, Peru 1824.

1823   Erklärung der Monroedoktrin.
1825   Zar Nikolaus I. folgt Alexander I.; Dekabristenaufstand.
1828-1829   Russisch-türkischer Krieg, erwachsend aus dem Freiheitskampfe der Griechen.
1830   Französische Juli-Revolution; Louis-Philippe, der «Bürgerkönig»; Belgien reißt sich als selbständiger Staat unter dem Hause Coburg von den oranischen Niederlanden los.
1830-1831   Polnischer Aufstand.
1848   Französische Februar-Revolution; Revolutionen in Italien und Deutschland; General Cavaignac schlägt im Juni den Pariser Arbeiteraufstand nieder; Louis Napoleon wird im Dezember Präsident.
1849   Der ungarische Aufstand wird mit russischer Hilfe unterdrückt.
1850   England, Rußland und Frankreich beschließen die Aufrechterhaltung des dänischen Gesamtstaates; preußisch-österreichischer Konflikt in Olmütz unter russischem Drucke beigelegt, diplomatische Niederlage Preußens.
1852   Louis Napoleon wird Kaiser.
1859   Italienischer Einigungskrieg.
1861-1865   Amerikanischer Sezessionskrieg.
1862-1867   Mexikanische Expedition Napoleons III.
1864   Der deutsch-dänische Krieg.
1866   Der Krieg um die Vorherrschaft in Deutschland und um die Stellung Österreichs in Italien.
1870-1871   Der deutsch-französische Krieg.

Die Frage der deutschen Hegemonie; der erste Weltkrieg

1868 Reform-Ära in Japan, das seit 1853/54 für Fremde geöffnet ist.
1875 «Krieg in Sicht»-Episode; England, Rußland und Frankreich wenden sich gegen etwaige Kriegsabsichten Deutschlands.
1877-1878 Russisch-türkischer Krieg.
1878 Berliner Kongreß.
1879 Deutsch-österreichischer Bund.
1881 Frankreich in Tunis; Dreibund; soziale Gesetzgebung in Deutschland.
1882 England in Ägypten.
1883-1885 Deutsche Kolonien; Frankreich in Tonking und Madagaskar.
1888 Wilhelm II.
1890 Bismarcks Entlassung.
1894 Russisch-französischer Zweibund.
1898 Faschoda; Frankreich weicht vor England zurück.
1899-1902 Burenkrieg.
1900 Deutsches Flottengesetz.
1901 England sondiert eine Bündnismöglichkeit mit Deutschland.
1902 Bagdadbahn.
1904 Englisch-französische Entente.
1904-1905 Russisch-japanischer Krieg, Frieden v. Portsmouth von den Vereinigten Staaten vermittelt.
1907 Englisch-russische Entente.
1914 Die Ära der Weltkriege beginnt.

NACHWORT

von Klaus Hildebrand

Wem es vergönnt ist, auf überschaubarem Raum eine deutungsmächtige Abhandlung der neuzeitlichen Geschichte vorzulegen, welche die Zeitgenossen zu fesseln versteht und die Späterlebenden zum Nachdenken anregt, die der fachlichen Kritik alles in allem standhält und die wechselnden Orientierungen der Historiographie überlebt, der findet mit Recht Aufnahme in die »Manesse Bibliothek der Weltgeschichte«. Die Rede ist von Ludwig Dehios »Gleichgewicht oder Hegemonie« überschriebenen »Betrachtungen über ein Grundproblem der neueren Staatengeschichte«.

»Von den Schranken kontinentalen Denkens« und »Der letzte kontinentaleuropäische Hegemonieversuch« hatte der Autor, als er sich nach einem zwölfjährigen durch die nationalsozialistische Diktatur erzwungenen Schweigen wieder zu Wort meldete, die im Jahre 1946 in der Göttinger Universitäts-Zeitung veröffentlichten Überlegungen zu »Geschichtsbild und Gegenwart« betitelt, die als Auftakt zu seiner »grandiosen Geschichtsskizze« (Karl Hammer) gelten dürfen: Sie hat – 1948 erstmals erschienen – durch Übersetzungen in mehrere Kultursprachen inzwischen weltweite Verbreitung gefunden. Daß der schlanke Essay zeitgenössische Beachtung erregte, verdankte er nicht zuletzt der Gunst der Stunde, in der er publiziert wurde, ihrer Hingabe an die neue Freiheit und ihrer Sehnsucht nach kritischer Orientierung. Doch weit darüber hinaus hat die souveräne Interpretation ihre Gültigkeit bis heute bewahrt, was für die zeitenthobene Qualität ihrer Deutung und die intellektuelle Kompetenz ihres Verfassers spricht.

Durch kühne Reflexion der Vergangenheit bahnte Ludwig Dehio den Weg aus der von ihm beklagten »Labilität« der Zeitverhältnisse zu einem handlungsanleitenden Verständnis seiner Gegenwart. Weil ihn Details weniger interessierten als das Gesamte, weil historisches Spezialwissen ihn nicht gerade in ehrfürchtige Bewunderung zu versetzen vermochte, weil Einzelheiten und Stoff nicht ängstlich behandelt, sondern kraftvoll geordnet wurden, schuf er, dem es über das Aufspüren von Kausalitäten hinaus um die Sichtbarmachung von Werten ging, letztlich etwas Bleibendes: eine Morphologie der Geschichte vom Ausgang des Mittelalters bis zum Ende des Zweiten Weltkrieges, deren Grundmuster über sich hinausweist und auch noch den heute Lebenden Erklärung bietet.

Zu seiner verwegenen Expedition in die unübersichtlichen Gefilde der europäischen Geschichte angetrieben hat Ludwig Dehio die existentielle Angst um das Bestehende, das ihm in seinen Tagen auf das äußerste gefährdet erschien. »Best safety lies in fear«, lautet der einsichtsvolle Ratschlag, den William Shakespeare in seinem »Hamlet« den Laertes der Ophelia erteilen läßt. Und mutatis mutandis war es furchterfüllte Sorge, die den der braunen Tyrannis soeben entkommenen, umgehend mit der roten Gewaltherrschaft konfrontierten Historiker zur geistigen Durchdringung des Vergangenen bestimmte, seine Neigung zur Resignation vertrieb und den Hang zur Selbstbehauptung stärkte. Die düsteren Ahnungen Dehios vom drohenden Untergang der abendländischen Welt waren die Kehrseite seiner verzweifelten Hoffnung: Das warnend Beschworene zu vermeiden, blieb sein niemals aus den Augen verlorenes Ziel. Geschichtsschreibung avancierte zur Methode, um dem Unverstandenen zu begegnen, um der Tatenlosigkeit zu wehren, um das Humane zu bewahren.

Wer ist der Autor, dem dieser klassische Text in vergleichsweise fortgeschrittenem Alter gelang, der danach noch über geraume Zeit zur Spitze der deutschen Geschichtswissenschaft zählte und an dem sich alles in allem doch, wie es sein Schüler Karl Hammer einfühlsam beschrieben hat, Michelangelos Einsicht bewahrheitete: »Zu hohen neuen Dingen gelangt man spät und bleibt dann nicht mehr lang«.

Der am 25. August 1888 in Königsberg Geborene entstammte dem akademischen Bildungsbürgertum. Sein Vater war der bekannte Kunsthistoriker Georg Dehio, dessen »Handbuch der deutschen Kunstdenkmäler« weit über den wissenschaftlichen Zusammenhang hinaus bis heute zum Grundbestand des Gebildeten zählt. Mütterlicherseits war er der Enkel des berühmten Altphilologen Ludwig Friedländer, dessen »Sittengeschichte Roms« nach wie vor zum Kanon der Altertumswissenschaften gehört. Seine entscheidenden Jugendeindrücke gewann Ludwig Dehio in Straßburg, wo sein Vater als Universitätsprofessor wirkte. Geschichte und Kunstgeschichte, die den Sohn zeitlebens begleitet haben, umgaben ihn gleichsam auf Schritt und Tritt in der oberrheinischen Kulturmetropole. Sie vermittelte ihm den Glanz und ließ ihn gleichzeitig die Problematik des neuen Nationalstaates spüren, der in drei Kriegen entstanden war und mit der Bürde des annektierten Reichslandes Elsaß-Lothringen beschwert blieb. Der ästhetische Genuß, der sich aus der eigenartigen Begegnung der altreichsstädtischen Erscheinung Straßburgs mit den Zeugnissen der französischen Barock- und Rokokozeit ergibt, konnte niemals darüber hinwegsehen lassen, »auf einer Art von vulkanischem Boden zu leben, der beruhigt schien, und doch schon wieder eine leise Unruhe verriet« (Karl Hammer).

Nach dem im Jahre 1906 bestandenen Abitur begann Ludwig Dehio mit dem Studium der Geschichte, Kunstgeschichte und Nationalökonomie. Der Beschäftigung mit zwei vertrauten Disziplinen korrespondierte die eher unorthodoxe Hinwendung zu einem Fach, das ausgesprochen modern wirkte. Einer Zeit, die den Überlebenskampf großer Reiche als wirtschaftlichen Wettbewerb von globalem Ausmaß heraufziehen sah, sollte die Lehre von der Volkswirtschaft den erforderlichen Aufschluß bieten, um für die Zukunft gewappnet zu sein. Nach einem kurzen Studienjahr in der nicht gerade geschätzten Reichshauptstadt Berlin wurde Dehio, zu dessen bevorzugten akademischen Lehrern in Straßburg Heinrich Wölfflin und Georg Friedrich Knapp gehörten, 1914 mit einer Dissertation über »Innozenz IV. und England« bei Harry Bresslau promoviert.

Allein, die strenge methodische Schule der positivistischen Mediävistik vermochte ihn, der sich schon früh zu Sprachkünstlern wie Friedrich Rückert, August Graf von Platen und Conrad Ferdinand Meyer hingezogen fühlte, kaum nachhaltig zu begeistern. Die intellektuellen Eindrücke, die ihm das Elternhaus in so überreicher Art und Weise vermittelte, ließen ihn eine ganz andere Richtung einschlagen. Schon vor dem Ersten Weltkrieg wurden Beziehungen zu Friedrich Meinecke geknüpft. Sie ließen Ludwig Dehio sodann »Anschluß an die Berliner Historikerschule« finden, »die in ihren großen Vertretern wie Meinecke selbst und Otto Hintze längst aus dem Bannkreis eines engen Borussismus herausgetreten und zu nationalgeschichtlichen Problemen von grundsätzlicher Bedeutung oder zu universalgeschichtlichen Fragen vorgedrungen war« (Theodor Schieder).

Der Erste Weltkrieg unterbrach eine sich früh abzeichnende Gelehrtenkarriere. Als Reserveoffizier des kgl. Sächsischen Infanterie-Regiments 105, bei dem er in Straßburg als Einjähriger gedient hatte, zog Ludwig Dehio wie Millionen anderer junger Männer ins Feld. Eine bis zum Leichtsinn übliche Siegeszuversicht und ein ins Nationalistische übergehender Patriotismus waren seine beständigen Begleiter; in der die Nation spaltenden Debatte um die Kriegsziele fand er seinen politischen Standort schließlich in der kompromißlos den Siegfrieden propagierenden Vaterlandspartei des Großadmirals Tirpitz. Der unerwartete Zusammenbruch der westlichen Front, die militärische Niederlage der scheinbar unbesiegten Armeen, die zwangsweise Flucht aus Straßburg markierten für ihn wie für viele seiner Landsleute einen tiefen Bruch.

Aus gesundheitlichen Gründen zog der inzwischen Dreißigjährige einer akademischen Laufbahn den Archivdienst vor, der ihn an das Preußische Geheime Staatsarchiv in Berlin führte. Indes, Akteneditionen waren nicht die Sache eines Mannes, der später so souverän, nicht selten sogar erbarmungslos mit den Fakten verfuhr. Hingezogen fühlte er sich dagegen zu den individuellen Zeugnissen der handelnden, strebenden und leidenden Menschen; persönliche Papiere und Briefschaften fesselten sein Interesse. 1922 führte er einen Beschluß des deutschen Archivtages herbei, »der zur Sammlung dieser schriftlichen politischen ›Nachlässe‹ aufrief und die Veröffentlichung von Listen solcher Persönlichkeiten empfahl, deren Papiere bereits in die Obhut der großen Staatsarchive übergegangen waren« (Johannes Papritz). Hier deutet sich an, was den notorischen Pessimisten, der zunehmend stärker von »›lugubren‹ Grundstimmungen« (Friedrich Meinecke) geplagt wurde, nach der epochalen Zäsur des Zweiten Weltkrieges in einem gesteigerten Gefühl der allgemeinen Bedrohung durch die totalitäre Barbarei dazu antrieb, dem Genus dieser Archivalien als den Zeugen einer untergehenden Gesellschaft noch viel eingehendere Aufmerksamkeit zu schenken. Denn nach Dehios düsterer Überzeugung spiegelte sich gerade »in ihnen die Massenkatastrophe, die materielle wie die geistige, am unmittelbarsten wieder«.

Daher gewannen die privaten Quellen im Vergleich mit den staatlichen Akten eine höhere Bedeutung als zuvor. Zu sichern war nicht mehr allein wie nach 1789 und 1917 der »Niederschlag abgestorbener

Staaten«, sondern nach 1945 ging es um mehr: »Die Daseinsformen der bürgerlichen Epoche, die Basis, von der aus der Historismus in die älteren Jahrhunderte zurückblickte, sie sind plötzlich in historische Distanz gerückt, und es heißt, ihre tausendfach bedrohte Überlieferung zu retten, bevor die Trümmer vor unseren Augen untergegangen sind«. Wenigstens das Abgelebte einer sozialen Schicht, die der politischen Katastrophe zum Opfer gefallen war, sollte bewahrt und tradiert werden.

Schon frühzeitig machten sich die wissenschaftlichen Neigungen eines späteren »Außenseiters der Zunft« (Winfried Schulze) bemerkbar, dessen gelehrte Studien während der zwanziger Jahre eine charakteristische, eigentümliche Auseinandersetzung mit der preußischen Geschichte suchten. In seiner – in der »Historischen Zeitschrift« veröffentlichten – Abhandlung über »Edwin von Manteuffels politische Ideen« zeigt sich beispielsweise, daß ihn eine Persönlichkeit anzog, die über dem Handeln die Reflexion nicht vernachlässigte, die davon träumte, als »konservativer Napoleon« die Staatenwelt ordnen zu können, die über dem verpflichtenden Zwang zur Tat »die Schale der spekulativen Phantasie« nicht entbehren wollte.

Manteuffel zählte für ihn zu den »Besiegten von Königgrätz«, und die von ihm einmal so genannten »Gegenspieler«, das »Lager der Besiegten« schlechthin – sie beschrieben zunehmend mehr das eher melancholisch als hochgemut stimmende Terrain seiner historischen Interessen. Die Führer der Fortschrittspartei, Benedikt Waldeck und Karl Twesten beispielsweise, fanden, ohne daß der Autor sich mit ihnen identifiziert hätte, in seiner 1929 gleichfalls in der »Historischen Zeitschrift« erschienenen Untersuchung »Die Taktik der Opposition während des Konfliktes« seine auf objektive Distanz gegründete Sympathie. Ohne das Vorwaltende und Siegreiche zu mißachten, schenkte er dem nicht zum Zuge Gekommenen und Besiegten seine kritische Aufmerksamkeit, die der Historiker dem einen wie dem anderen schuldet. Über den einschlägigen Zusammenhang hinaus heißt das zum Beispiel: Der triumphierende Richelieu, den die Nachwelt mit Recht würdigt, darf den unterlegenen Olivares nicht in Vergessenheit geraten lassen.

Auf das Werk freilich, dem Ludwig Dehio seinen Rang in der Geschichtsschreibung verdankt, verweist in diesen Jahren kaum etwas, es sei denn seine Reflexionen zum Verhältnis von innerer und äußerer Politik in der preußischen Geschichte. Gerade »in einem jungen, bedrohten oder gar unfertigen Staatswesen, wie dem damaligen Preußen« dominiere »das Gefühl..., daß der innere Zustand mit dem äußeren Schicksal aufs engste verflochten ist, ja, daß Sieg und Niederlage auf dem Schlachtfelde erst die letzten Entscheidungen auch über innere Konflikte mit sich führen«. Doch schon damals gab sich der fragende, bohrende und zweifelnde Geist mit dem konventionellen Befund nicht zufrieden, sondern ergänzte ihn vielmehr, fast bis zur umgehenden Relativierung des soeben Festgestellten: »dieselben Umstände, die die objektive Übermacht der äußeren Verhältnisse so augenfällig machen, begründen auch die Schwäche des Staatsgefühls, die subjektive Übermacht des Parteigeistes. Jener theoretische Satz von dem Primat der Außenpolitik war in dem alten Preußen, in dem er nicht zufällig geprägt worden, zugleich in seiner praktischen Geltung aufs härteste bedroht«.

Doch die vorausschauende Einsicht in die wachsende Macht des Gesellschaftlichen und die transzendierende Fortentwicklung der These vom Primat der äußeren Politik in diejenige vom Dominat der internationalen Verhältnisse, die für Dehios Gedankenbildung später kennzeichnend werden sollten, vermochten sich vorläufig noch nicht zu entfalten. Alles andere als freiwillig mußte sich Ludwig Dehio, von der ordinären Gewalt plebejischer Jakobiner dazu gezwungen, vom Schicksalsjahr 1933 an in bitteres Schweigen hüllen. Der unter Friedrich Meineckes maßgebendem Einfluß vom Alldeutschen zum Vernunftrepublikaner Gewandelte, der au fond stets konservativ gesonnen blieb, hatte, weil er mütterlicherseits jüdischer Herkunft war, im inneren Exil unterzutauchen.

Der fundamentale Bruch mit seiner bisherigen Existenz traf ihn über alle äußeren Zurücksetzungen, Benachteiligungen und Drangsalierungen hinaus tief im Inneren seines Selbstverständnisses. Ein Manuskript über Friedrich Wilhelm IV. von Preußen wurde nicht publiziert und dem Autor sogar abgenommen; erscheinen konnte das Buch über den »Baukünstler der Romantik« erst im Jahre 1961 und führte als sein letztes Werk zu jenen Anfängen der historischen und kunstgeschichtlichen Studien zurück, bei denen er dem berühmten Vater einst zur Hand gegangen war. Ludwig Dehio überlebte die nicht enden wollenden Jahre der totalitären Diktatur in einer im Brandenburg-Preußischen Hausarchiv in Charlottenburg geduldeten Position, wo er die schriftliche Hinterlassenschaft der Hohenzollern bearbeitete.

Der äußere Zwang ließ ihn um so beharrlicher nach innerer Freiheit streben; bis dahin Gültiges wurde ihm fragwürdig; feste Bindungen begannen sich zu lösen. Der Isolierte sah sich beinahe ausschließlich auf das Geistige zurückgeworfen und fühlte sich vom Religiösen angezogen; der von der Zunft nicht mehr Beachtete gab sich der Reflexion hin, ohne auf die Üblichkeiten derjenigen zu achten, für die er einfach nicht mehr vorhanden war. Jetzt fand die Weltgeschichte ihren »Konstrukteur«, als den Friedrich Meinecke ihn im September 1944 charakterisiert hat. Kommendes, das »Gleichgewicht oder Hegemonie« hervorbrachte, deutete sich an: Inmitten seiner existentiellen Unfreiheit sicherte er sich die gedankliche Unabhängigkeit, um einen neuen Entwurf der europäischen Geschichte zu konzipieren.

Noch vor dem Ende des Zweiten Weltkrieges wurde Ludwig Dehio an das Marburger Staatsarchiv abgeordnet, zu dessen Direktor er am 15. August 1946 ernannt wurde. Eine endgültige Berufung auf den Lehrstuhl für Neuere Geschichte der Marburger Philipps-Universität, den er im gleichen Jahr kommissarisch übernommen hatte, wies er mit nobler Geste zurück, weil er nach seinen eigenen Worten nicht in den Verdacht geraten wollte, als »nichtarischer Konjunkturritter« zu erscheinen. Die Ernennung zum Honorarprofessor verlieh ihm die Lehrbefugnis für das Fach der Mittleren und Neueren Geschichte und gewährte dem angesehenen Archivar die akademische Freiheit, die ihm das Eigentliche zu entfalten ermöglichte: Das Ergebnis der Marburger Lehrtätigkeit, die noch gleichsam auf den Ruinen des Weltkrieges begonnen wurde, verdichtete sich in seiner Veröffentlichung »Gleichgewicht oder Hegemonie«, in der »die deutsche Katastrophe« (Friedrich Meinecke) als ein, wie Dehio es einmal umschrieben hat, »Ausschnitt aus der Krise des Abendlandes« gedeutet wird.

Über die europäische Dimension hinaus ließ ihn aber das nationale Schicksal, das von dem Göttinger Historiker Siegfried August Kaehler zur gleichen Zeit so genannte »Rätsel deutscher Geschichte«, niemals zur Ruhe kommen: Der wegweisende Ertrag dieses anhaltenden Nachdenkens hat sich in verschiedenen essayartigen Abhandlungen niedergeschlagen, die im Jahre 1955 unter dem Titel »Deutschland und die Weltpolitik im 20. Jahrhundert« auswahlweise publiziert worden sind.

Geraume Zeit zuvor schon, im Jahre 1949, war der grüblerische Einzelgänger auf die eindringliche Empfehlung von Friedrich Meinecke, dem er nur ein Jahr zuvor seine aufsehenerregende Geschichtsdeutung »in Ehrerbietung dargebracht« hatte, mit der Herausgeberschaft der einst von Heinrich von Sybel begründeten »Historischen Zeitschrift« betraut worden. Der ehrenvolle Auftrag, den Ludwig Dehio als Mandat zur Versöhnung von Neuanfang und Tradition verstand, war, fürs erste jedenfalls, mit enormen Schwierigkeiten behaftet, die in dem vom gerade erst Vergangenen fatal geprägten Zustand des Faches begründet lagen.

Auf publizistischem Feld wurde Ludwig Dehio, von einer ihn niemals verlassenden Furcht vor der unersättlichen Expansionsgier der totalitären Sowjetunion geradezu panikartig getrieben, zum politischen Protagonisten deutscher Westbindung, zum überzeugten Befürworter des amerikanischen Patronats, zum entschiedenen Anhänger der NATO, zum Fürsprecher Konrad Adenauers. Bis zu seinem Tod am 24. November 1963 ließ ihn sein tief verwurzelter, beinahe rituell wirkender Pessimismus nicht daran zu erinnern müde werden, daß die westliche Welt, wollte sie die tödliche Herausforderung des östlichen Kommunismus bestehen, zu kämpfen bereit sein mußte. Dem angsterfüllt Mahnenden, der sich noch im vorgerückten Alter dem Geborgenheit verheißenden Katholizismus der römischen Una Sancta anvertraute, erwuchs aus der habituellen Unsicherheit jedoch niemals Resignation, sondern durchgehend Tatkraft. Zum Überleben des Westens und Deutschlands trug er das Seine bei: Die nationalstaatliche Einheit, die er als Ziel nicht aufzugeben bereit war, hatte erst einmal hinter das überlebensnotwendige Postulat der allgemeinen Freiheit zurückzutreten, ohne deren ungeteilte, durch nichts eingeschränkte Existenz ihm die Wiedervereinigung Deutschlands wertlos vorkam. Daß sich seine dilemmabehaftete Entscheidung als richtig erwies, lag in einer Zukunft aufgehoben, die erst ein Menschenalter später Wirklichkeit wurde.

Allein, es waren nicht seine tagespolitischen Beiträge, die Ludwig Dehio zu bleibender Bedeutung gelangen ließen. Dazu verhalfen ihm vielmehr die »von dem hohen Scherbenberge eigener Erfahrungen aus« entworfenen Betrachtungen über Gestalt und Wesen der neuzeitlichen Geschichte, über die Verwandtschaft ihrer Krisen, die in »Gleichgewicht oder Hegemonie« diagnostiziert werden.

In metaphorischer Sprache, die manches Mal zu artifizieller Überladenheit neigt, wird das Panorama der Staatenwelt vom Mittelalter bis zur Gegenwart skizziert, findet die »Weltgeschichte Europas« (Hans Freyer) ihre Erklärung. Der Wagemut der Interpretation, die Überzeugungskraft der Gedankenführung und das Unvermutete der gestifteten Verbindungen erstaunen und überzeugen in einem. Leopold von Rankes Werk, auf das der Autor sich achtunggebietend beruft, wird ebenso meisterhaft rezipiert wie eigenständig weiterentwickelt. Als Jacob Burckhardts Eleve, der sich zudem mit Nietzsche, Schopenhauer und Spengler auseinandergesetzt hat, will Ludwig Dehio nicht als schierer Epigone des verehrten Altmeisters verharren. Sein methodischer Ehrgeiz reicht daher weit über das Rankesche Vermächtnis hinaus, nämlich »die Erscheinungen des staatlichen Lebens mit solchen anderer Lebensgebiete, die Ranke ferner lagen, kombinieren« zu wollen, wie er auf den ersten Seiten seiner Großskizze über ein

Grundproblem der neueren Staatengeschichte bekennt. Der »Witterung für die Dynamik der kommenden gesellschaftlichen und wirtschaftlich-technischen Gewalten«, die dem von den halkyonischen Tagen des 19. Jahrhunderts geprägten Vorbild fast gänzlich abging, gab er mit einer Art von widerwilliger Neugier nach, um »den unter einander verwandten Bereichen von Expansion und Zivilisation auf die Spur zu kommen«. Denn beinahe unverhofft brachen, wie er in seiner Analyse der revolutionären Wende der europäischen Geschichte im 18. Jahrhundert feststellt, »mit der Gewalt eines Geysirs aus den Massen und aus der Technik ungeahnte Energien« hervor, setzte »aus den... überschüssigen Kräften der elastischen Gesellschaft heraus die industrielle Revolution ein, die eine Mutation des Erscheinungsbildes menschlichen Daseins heraufführen sollte«.

Gewiß, die phänomenologische Ähnlichkeit, ja die essentielle Verwandtschaft der diesseits und jenseits des 18. Jahrhunderts untersuchten Gegenstände ist unübersehbar: Die immer wiederkehrende Tendenz der europäischen Geschichte zur Hegemonie fügt sich in das vom Autor ausgelegte Muster und wird durch die wechselnden Inhalte der voranschreitenden Zeit illustriert: vom Spanien Philipps II., dessen »Würde, Konsequenz und Devotion« der »schweifenden habsburgischen Macht eine feste nationale Basis« verlieh; über das Frankreich Ludwigs XIV., dessen geradezu »triebhaftes Selbstvertrauen« der jungen Jahre sich in eine »fortschreitende Hybris des Alternden« verirrte, und das Empire Napoleons, der als »Sohn der Revolution« bis zur »Dekadenz des Besessenen« seinem »expansiven Cäsarismus« huldigte; bis zu dem Deutschland Wilhelms II., der sich vom kontinental-europäischen Boden der Reichsgründung Bismarcks aus in die »alpine Formation« der Weltpolitik verstieg, und dem »Dritten Reich« Hitlers, dessen ruinöses Desperadotum sich »erst in abenteuerlicher Lage« durchzusetzen vermochte.

Allesamt forderten diese historischen Repräsentanten das letztlich Unbezwingbare heraus; sie scheiterten an der »mystischen Unverletzlichkeit« überlegener Dispositionen und riesiger Reiche, an der bis 1945 insularen Unverwundbarkeit der Angelsachsen und an der »meerhaften Weite der eurasischen Tiefebene«. Insgesamt: »Das durchgehende Kennzeichen der betrachteten Hegemonialkämpfe seit Philipp II.«, resümiert der die historische Welt aus der Vogelschau Betrachtende das fast gesetzmäßig anmutende Ergebnis europäischer Geschichte, »ist der Zusammenstoß der jeweiligen Vormacht des alten Kontinentes mit dem oder den Trägern der westlichen Seemacht. Als sekundäres Merkmal tritt unter Napoleon I. der Zusammenstoß mit Rußland hinzu, der Macht des neuen Kontinentes«.

Aber die unverkennbare Tatsache, daß die hegemoniale Attacke auf das europäische Gleichgewicht, auf den Genius Europas schlechthin, zunehmend radikaler, leidenschaftlicher und zerstörerischer geführt wurde, erforderte andere, intensivere und umfassendere Erklärungen als diejenigen, die Leopold von Ranke im 19. Jahrhundert geläufig sein konnten. Vor dem Hintergrund der Erfahrungen mit dem 20. Jahrhundert war der »real-geistige« Vorgang durch Berücksichtigung des Materiellen, Zivilisatorischen und Revolutionären zu ergänzen, teilweise aufzuheben und teilweise in eine ganz neue Qualität der Interpretation zu überführen. Die inneren und gesellschaftlichen, die neuen Tendenzen der Moderne also besitzen Autonomie und erklären die bis zur Selbstzerstörung ihrer Protagonisten sich auftürmende Steigerung der Hegemonialkämpfe: Sie sind es, die das scheinbar ewig Gleiche dynamisieren, die das natürlich Bleibende in historischen Fluß versetzen. Das perpetuum mobile der Staatenwelt erscheint somit als eine sich wandelnde, wechselhafte Abfolge von einander ähnelnden und sich radikalisierenden Krisen, die einander bedingen und sich gegenseitig steigern: »So gelingt es Dehio, die Jakobiner der französischen Revolution ebenso wie die deutschen Jakobiner um Hitler in diese Ablaufreihe als gleichsam notwendige Glieder in der Kette einzureihen« (Theodor Schieder).

Ja, darüber hinaus hebt ein unübersehbarer, beileibe nicht unproblematischer Determinismus in der Argumentation, der seine suggestive Plausibilität aus der Geographie zu gewinnen versucht, Ludwig Dehio, der sich als Historiker einer Endzeit verstand, beinahe prinzipiell vom großen Vorbild ab. »Ein Grundgesetz« europäischer Geschichte scheint, der Morphologie Dehios zufolge, in der neu zutage geförderten Erkenntnis zu liegen, »daß die Außenräume im Westen wie Osten, direkt oder indirekt, als Gegengewichte gegen die Zusammenfassung der Mitte wirken«. Diesem ganz bewußt so genannten »Grundgesetz« entspricht die säkulare Tatsache, daß »eine Abwanderung der Macht«, seit dem Erwachen der russischen und vor allem der amerikanischen Potenz der Weltgeschichte, selbst »von der [englischen] Insel« einsetzte: »Wie aus einer vollen Brunnenschale das Wasser in eine zweite überfließt, so wandert die Macht von der Insel noch weiter nach Westen über den Ozean hinüber. Der Ring schließt sich. Der ozeanische Anhauch hatte Westeuropa, und zuletzt und am meisten England, emporblühen lassen. Nun setzt eine rückflutende Bewegung ein. Der koloniale Raum, der als gehorsamer Diener europäischer Staaten indirekt die Freiheit des Systems der alten Welt hatte sichern helfen, er will nun seine eigene Freiheit erringen und selbst Herr sein. Jener Satz, daß neu in das Spiel einbezogene Räume als Gegengewichte gegen jedes Hegemoniestreben das System balancieren, enthüllt seinen Pferdefuß. Das alte Abendland muß für seine Freiheit zahlen mit der beginnenden Auswanderung der Macht«.

Seit den Tagen, als im italienischen Quattrocento das kleine Modell einer ausbalancierten Staatenwelt hervortrat und zum Vorbild für das große System der europäischen Geschichte wurde, stritt das kontinentale Prinzip einer dominierenden Machtballung mit dem insularen Grundsatz der indirekten Vorherrschaft um Hegemonie oder Gleichgewicht. Am Anfang dieser die Jahrhunderte durchziehenden Auseinandersetzung fand die Idee von der Balance ihre Verkörperung in einer insularen Potenz, die Ludwig Dehio noch eher als amphibisches Wesen erschien und die er in Anlehnung an Robert Seeley als »Weltvenedig« porträtierte; es gewann seine zwischenzeitliche Gestalt in dem Handel und Schiffahrt auch mit militärischen Mitteln schützenden Holland; und es kulminierte endlich in den Meere und Kontinente beherrschenden Imperien der Briten und Amerikaner.

Dem geschlossenen Etatismus der Kontinentalmächte entsprach die offene Gesellschaft der Seemächte, welche im Sinne des Erhalts ihrer inneren Freiheit durchgehend darauf bedacht waren, nicht durch eine äußere Überbürdung ihrer Kraft zum öden Kasernenstaat abzusinken. Mit dieser libertären Präferenz hatte es aber auch zu tun, daß mit einer gewissen Regelmäßigkeit des historischen Verlaufs in den zahlreichen Kriegen »die festländischen Machtstaaten... dank ihrer Organisationskraft einen Vorsprung« gewannen, »bis das lässige Inselreich seine materiellen und moralischen Reserven mobilisiert« hatte und das Ringen zu seinen Gunsten zu entscheiden verstand. Dieses wie gesetzmäßig wirkende Wesensmerkmal haftete selbst jenen desperaten Wiederholungen »heroisch gescheiterter Anstrengungen« an, denen sich Frankreich und in gewissem Sinne auch Deutschland im Verlauf der neueren Geschichte unterzogen haben, ehe ihre erschöpften Gesellschaften sich neue Ziele setzten und nach anderen Werten trachteten.

In der atemverschlagenden Logik des gleichsam zwingend Entfalteten, in der fast nötigenden Überzeugungskraft des kontrolliert Abgehandelten und in den schwelgerischen Bildern des kunstvoll Gezeichneten treten aber auch die problematischen Grenzen des ebenso einleuchtenden wie betörenden Entwurfs zutage. Der Systemcharakter des Gesamten ließ Friedrich Meinecke, den damaligen Nestor der deutschen Historiker, der mit seinem 1946 vorgelegten Buch »Die deutsche Katastrophe« über das Schicksal seiner Nation und Europas Rechenschaft abzulegen versucht hatte, nach der Lektüre der ihm dedizierten »Betrachtungen« unter dem Datum des 4. Juni 1948 über das inszenierte »Inferno der Geschichte des

Staatensystems« mit würdigender Kritik feststellen: »Determinismus und Historismus, welch ein dunkles, kaum lösbares Problem! Sie wollen sich das ›Phantom eines gesetzlichen Determinismus‹ vom Auge wegrücken – und dennoch rückt der ganze unglaublich reiche Inhalt Ihres Buches eben dies Phantom einem immer wieder vor's Auge!«

Ohne Zweifel: Gewisse Defizite der gewählten Methode sind kaum zu übersehen. Zum einen stellt die Zukunftsbedeutung des Kommenden, auf die der suchende Blick des Autors gerichtet ist, die Gegenwartsbedeutung des Tatsächlichen, die an sich den bevorzugten Gegenstand des Historikers darstellt, nicht selten über Gebühr stark zurück. Zum anderen wird die vom Verfasser diagnostizierte »Tendenz zum Monismus« der Staatenwelt, auf die er besonders in dem 1960 verfaßten »Nachwort« zur amerikanischen Ausgabe des Werkes eingeht, so einseitig hervorgehoben, daß darüber die Eigenständigkeit staatlicher und zivilisatorischer Existenz, ja die Tatsache divergierender Entwicklungen weithin übersehen werden.

In seiner schon erwähnten Einlassung gelangte Friedrich Meinecke schließlich, was Ludwig Dehios durch nichts Überflüssiges beschwerte Studie angeht, zu einem Urteil, das auch der heutige Leser noch zu teilen vermag: »Mir imponiert... besonders die Fähigkeit, jeweils das Individuellste und Universalste an den einzelnen Erscheinungen [des] Staatensystems herauszufinden, – so eng beides miteinander zu verbinden, daß es einem vor dem Auge schon flimmert, – und das wäre eigentlich das Einzige, was ich an Ihrem Buche auszusetzen hätte, daß es *zu* reich ist an Gedanken, daß es zu sehr nur Quintessenz darbietet und dem Leser auf einmal zu viel zumutet«.

Doch in dieser Beziehung gilt für Ludwig Dehios Meisterstück, was das Studium eines jeden Klassikers der Geschichtsschreibung seit den Tagen des Thukydides und Tacitus bis heute erfordert – man muß sich dem Text immer wieder aufs neue nähern: »Aber diesem Mangel«, riet demgemäß schon Friedrich Meinecke, »läßt sich leicht dadurch abhelfen, daß man das Buch eben öfter liest, – also ähnlich wie man mit Burckhardts Weltgeschichtlichen Betrachtungen umgeht«.

In der Tat: Erst dann erschließen sich die Vorzüge dieses durch die zeichnerische Kunst des interpretierenden Weglassens charakterisierten Buches, seine maximenhaften Einsichten, seine literarische Qualität, seine diagnostische Kraft und seine zeitenthobene Botschaft. Diese versteht den Leser davon zu überzeugen, daß »der Wille zum Leben... stärker [ist] als der Intellekt«; daß aus pessimistischer Skepsis vitale Kraft zu erwachsen vermag; daß aus der beschworenen »Geweihtheit zum Untergang« (Theodor Schieder) neue Energien entstehen können.

Doch über das Allgemeine, Überzeitliche, Universale hinaus überzeugen auch ganz konkrete Befunde: Kaum eine andere Betrachtung über die Weltgeschichte ist so eindringlich klarzumachen geeignet, daß das Schicksal von Völkern und Staaten, von Individuen und Gesellschaften in hohem Maße von den internationalen Verhältnissen abhängt, von der Macht der Staatenwelt also, die den Gang der Geschichte maßgeblich prägt.

Das hat Ludwig Dehio gerade uns Deutschen ins Stammbuch geschrieben, die wir im Verlauf der beiden letzten Jahrhunderte im Grunde niemals eine große weltgeschichtliche Potenz dargestellt haben, wie es die Briten und Russen, die Amerikaner und Sowjets gewesen sind, sondern die wir, ungeachtet der uns selbst und andere täuschenden Größe, durchgehend im Zustand »relativer Zwerghaftigkeit« verharrt haben. Durchgehend behielt für das in der europäischen Mitte eingepferchte Deutschland gebietende Relevanz, was seit der Begründung des Nationalstaates in der zweiten Hälfte des 19. Jahrhunderts verbindlich geblieben war, als Bismarck die durch die Abwendung der Engländer und Russen vom kontinentalen Zentrum entstandene »Krimkriegssituation« (Andreas Hillgruber), also »die entspannte Labilität des Systems zum Vorteil seines schmächtig-sehnigen Staates ebenso auszunutzen verstanden« hat, »wie Friedrich der Große, an den er anknüpfte – sie beide Erscheinungen des Wellentales zwischen je zwei hegemonialen Dünungswellen: in beiden Fällen mußten die großen Mächte um einiges kleiner geworden sein, damit die kleine um vieles größer werde«.

Maß zu halten lautet Ludwig Dehios dringender Ratschlag, die mittlere Linie nicht zu verlassen, die Spur des Ikarus zu meiden, dafür zu sorgen, daß – wie er in seinem erstmals 1955 veröffentlichten Essay »Deutsche Politik an der Wegegabel« mahnte – »Ungeduld und Mangel an Augenmaß« nicht wieder »Kennzeichen unserer verspäteten Nation« werden. Nicht nach irgendeiner – politischen oder militärischen, wirtschaftlichen oder kulturellen – Hegemonie zu streben, sondern in allem die Balance zu halten, ist die aus der Geschichte zu ziehende Lehre, das heißt aber auch: Im europäischen Zusammenhang unserer Tage könnte gerade ein allzu ungeduldiges Drängen nach Integration den an sich unbegründeten Verdacht aufkommen lassen, das Gespenst der Hegemonie gehe erneut um.

Und last but by no means least vermittelt dieser Klassiker der Historiographie, über die Auseinandersetzung mit dem Geschick der Deutschen und der Europäer hinaus, Einsichten in das Wesen des Humanen und des Historischen, die nach wie vor gelten: Die Geschichte, die so meisterhaft gedeutet wird, erscheint im Grunde als unbezähmbar, rätselhaft und offen. Gewiß, der in nicht unmaßgeblichen Symptomen endzeitlich anmutende Charakter der europäischen Verhältnisse in unseren Tagen könnte dazu geeignet sein, Ludwig Dehios kulturkritische Dekadenzdiagnose zu bestätigen: Die Geborgenheit verheißende Utopie des Sozialismus hat, in Rußland zur staatlichen Macht gekommen, alles in allem nur Zwang hervorgebracht und in die Hölle der totalitären Diktatur geführt; die Freiheit versprechende Vision des Kapitalismus läßt unter der säkularen Losung des »pursuit of happiness« in der schrankenlosen Jagd nach dem individuellen Glück ohne Zweifel Anzeichen des Exzeßhaften erkennen, und droht in der Leere des Materiellen zu verfallen.

Dessenungeachtet ist gar nicht zu verkennen, daß die Wirklichkeit über Ludwig Dehios von Düsternis durchzogene Prognosen, in mehr oder minder eindeutiger Widerlegung des Erwarteten, in vielem einfach hinweggeschritten ist und statt dessen dem eher Unerwarteten den Weg gebahnt hat, das dem vorausschauenden Blick des die Zukunft beschwörenden Historikers seinerzeit verborgen blieb. Der seit den Tagen der spanischen Habsburger bis in die Mitte des 20. Jahrhunderts verfolgte Ablauf der Geschichte, der in einen gigantischen Kampf mit militärischem Finale zwischen den Amerikanern und den Sowjets nahezu wie naturnotwendig einzumünden schien, ist auf gänzlich unerwartete Art und Weise beendet worden: Im »kalten Dauerkrieg« brach das sowjetische Imperium über Nacht zusammen, ohne daß es zu einem heißen Krieg gekommen ist. Mehr noch: Die Nationen haben sich, obwohl die zivilisatorischen Tendenzen zur One World unübersehbar sind, wieder zu neuer Kraft erhoben. Eine Dritte bzw. Vierte Welt, deren sich regende Existenz der Autor von »Gleichgewicht oder Hegemonie« kaum zur Kenntnis nahm, sind mittlerweile entstanden und stellen, allen voran das chinesische Reich der Mitte, eine weltpolitische Potenz sui generis dar. Und schließlich erinnern über das Materielle, Zivilisatorische und Ökonomische hinausreichende, ja deren Grundbedingungen in Frage stellende Herausforderungen die Menschheit insgesamt an das Endliche ihres Daseins.

Dennoch vermögen Ludwig Dehios an Ranke orientierte »Betrachtungen über ein Grundproblem der neueren Staatengeschichte« nach wie vor dazu zu dienen, gerade diese verwirrende Unübersichtlichkeit der gegenwärtigen Verhältnisse zu ordnen, zu deuten und zu erklären. Damit weist seine »zu Ende gedachte und zu Ende gehende politische Geschichte« auch in einem das klassische Werk des Autors überschreitenden Sinne »zur Urzelle aller Geschichte zurück, zum Menschen«. Mit diesem »Gleichgewicht oder Hegemonie« beschließenden Bekenntnis zur humanen, zur individuellen Disposition der Historie widersteht Ludwig Dehio in letzter Konsequenz dem sein Geschichtsbild scheinbar so übermächtig durchziehenden Determinismus einer Interpretation, deren bändigender Anspruch sich dem Unvorhersehbaren keineswegs verschließt. Denn die Geschichte, so lautet die erst jüngst getroffene, gleichwohl auch rückwirkend zutreffende Feststellung des Schweizer Historikers Peter Stadler, »setzt sich immer wieder zusammen aus Unwahrscheinlichkeiten, die eines Tages zu Realitäten werden«.

REGISTER

zu den Seiten 1 bis 378

Aachen, Friede von
 (18. 10. 1748) 157, 161
Abessinien 132
Abukir, Seeschlacht von
 (1. 8. 1798) 210 f.
Afrika 30, 197, 362
Ägypten 30, 132, 176,
 205–207, 210, 218, 222,
 287
Alaska 266, 271, 329
Alexander I., Zar von Rußland (1777–1825) 224,
 228, 236, 257, 258, 269,
 272, 362
Alexander II., Zar von Rußland (1818–1881) 303 f.,
 313
Amerika → Vereinigte
 Staaten
Amiens, Friede von
 (27. 3. 1802) 219, 221,
 242
Antike 30, 375
Antwerpen 67

Aragon 43
Armada, spanische Flotte,
 1588 von den Engländern
 besiegt 78 f., 83, 89, 93,
 97, 143, 145, 148, 165
Asien 30, 147, 197, 258,
 262, 269, 271, 322, 327,
 345, 349, 362, 368
Athen 22, 36, 55
Augsburger Religionsfrieden (25. 9. 1555) 91
Augustus, römischer Kaiser
 (63 v. Chr. – 14 n. Chr.)
 196
Austerlitz, Schlacht von
 (2. 12. 1805) 225

Balkan 272, 303
Bartholomäusnacht
 (24. 8. 1572) 200
Bayerischer Erbfolgekrieg
 174
Belgien 117, 199, 218, 244,
 305, 333

REGISTER

Bismarck, Otto von
(1815–1898) 16, 19, 21,
154, 294, 301–319, 356

Böhmen 48

Bolschewismus 258,
346–349, 360

Boulogne 223–226, 230,
237

Bourbonen 117

Brasilien 122

Burckhardt, Jacob
(1818–1897) 131, 375

Burgund 44, 46

Byzanz → Konstantinopel

Calvinismus → Reformation

Cambrai, Liga von
(10. 12. 1508) 51

Campo Formio, Friede von
(17. 10. 1797) 205, 214

Canning, George
(1770–1827) 264, 328

Cäsar, Gaius Iulius
(100–44 v. Chr.) 196

Cateau-Cambrésis, Friede
von (3. 4. 1559) 61

Cavour, Camillo
(1810–1861) 300

China 147, 322

Clive, Robert (1725–1774)
209

Colbert, Jean Baptiste
(1619–1683) 101, 104,
112, 122

Cromwell, Oliver
(1599–1658) 80f., 90,
96f., 110, 115

Dänemark 40, 146, 216,
225, 246f., 301, 303

Dekabristenaufstand
(26. 12. 1825–Jan. 1826)
269

Deutschland 17f., 21, 23,
29, 46, 48, 52f., 56, 59,
82, 90f., 103, 130, 142,
148, 156f., 197, 203, 212,
214, 221f., 225, 249,
291–340, 342–371

»Dolchstoß«-Legende 19

Domitian, römischer Kaiser
(51–96) 7

Drake, Francis
(ca. 1540–1596) 77f.

Drittes Reich → Nationalsozialismus

Elisabeth I., Königin von
England (1533–1603)
61, 69, 74, 79, 93, 96

Elsaß-Lothringen 312

Enghien, Louis, Herzog
von (1772–1804) 225

England 13f., 22, 35–44, 53f., 61f., 69, 72–75, 77–83, 90–98, 104–119, 123–125, 139–178, 183–248, 256–275, 283–290, 299–306, 312–370

Falange (Spanien) 359
Faschismus (Italien) 359
Februar-Revolution (1848) 263, 275
Finnland 246f.
Flandern 39, 216
Florenz 22, 38, 49
Florida 266
Frankreich 19–22, 39–62, 70–75, 80, 83f., 90–93, 97, 99–125, 129, 142–176, 254, 260–297, 340–370
Franz I., König von Frankreich (1494–1547) 100f., 108
Französische Revolution 176, 181–250, 256f., 260f., 278, 309, 346, 351
Friedrich II., »der Große«, König von Preußen (1712–1786) 148, 154–159, 173–177, 284, 301, 309, 321, 333

Friedrich Wilhelm I., König von Preußen (1688–1740) 155, 321

Gegenreformation 50, 61, 75, 100
Georg III., König von England (1738–1820) 166, 185
Gibraltar 210
Granada 72
Griechenland / Hellas (Antike) 30, 39, 131, 180, 375
Griechenland (Neuzeit) 176, 270

Habsburg 39, 44–49, 52–64, 70, 90, 92, 103, 111, 113, 155, 293
Hastings, Warren (1732–1818) 209
Hegel, Georg Wilhelm Friedrich (1770–1831) 196
Heilige Allianz 257
Heinrich IV., König von Frankreich (1553–1610) 84, 92
Heinrich VIII., König von England (1491–1547) 54

REGISTER

Hindenburg, Paul von (1847–1934) 352
Hitler, Adolf (1889–1945) 108, 224, 227, 355–365
Holland → Niederlande
Hubertusburg, Friede von (15. 2. 1763) 333

imperium (im Ggs. zu sacerdotium) 28, 33, 47
Indianer 122
Indien 70, 151, 161, 169, 207–209, 216, 222, 228, 241
Industrialisierung 183 f., 260, 297, 312
Irland 41, 61, 265
Islam 28, 31, 55, 58
Italien 32–43, 47–51, 56, 60, 65, 104, 117, 180, 205, 215, 221, 262, 273, 285–287, 291, 300, 305, 344, 351, 354
Iwan »der Schreckliche«, Zar von Rußland (1530–1584) 132

Jakob II. von England (1633–1701) 106, 111
Japan 322, '327, 331, 344 f., 349, 354, 362, 368

Jena, Schlacht von (14. 10. 1806) 225
Juden 42, 64
Juli-Revolution (1830) 263, 272

Kaisertum 27, 29, 33, 44, 292
Kanada 124, 159 f., 165, 169, 242, 266 f., 289–291, 328 f.
Karl I., König von England (1600–1649) 96
Karl V., Kaiser (1500–1558) 50–58, 60, 62, 64, 91, 103 f., 114, 124, 129, 237
Karl VIII., König von Frankreich (1470–1498) 205
Karl XII., König von Schweden (1682–1718) 144, 173, 238
Karthago 36, 77
Katharina II., Zarin von Rußland (1729–1796) 172–178, 198, 201, 204 f., 212–214, 238, 303
Kolonien, Kolonialpolitik 58, 64–66, 71, 73 f., 92, 101, 118, 120, 122, 150 f., 166, 168 f., 202 f., 206 f.,

Kolonien, Kolonialpolitik 218, 241, 263f., 326, 330, 365
Kolumbus, Christoph (1451–1506) 72
Kommunismus 352
Konstantinopel (Byzanz) 31, 36, 143, 175, 228, 258
Kontinentalsperre 230–233, 242, 263
Kreuzzüge 29, 55
Krimkrieg 278, 283, 302, 304, 313

La Hogue, Schlacht von (29. 5.–3. 6. 1692) 112–114, 123, 143, 226
Lateinamerika 265–268, 288, 290, 322
Leibniz, Gottfried Wilhelm v. (1646–1716) 132
Lepanto, Schlacht von (7. 10. 1571) 51, 62, 76
Louis Philippe, König von Frankreich (1773–1850) 274, 327
Louisiana 160, 222, 242, 266
Ludendorff, Erich (1865–1937) 332

Ludwig XI., König von Frankreich (1423–1483) 205
Ludwig XIV., König von Frankreich (1638–1715) 89, 99–125, 141, 143, 162, 191, 193, 195, 201f., 220, 227, 238, 243, 263, 363
Ludwig XV., König von Frankreich (1710–1774) 149
Ludwig XVI., König von Frankreich (1754–1793) 201
Luxemburg(er) 46

Malta 210f., 218
Mandschurei 349
Maria die Katholische, Königin von England (1516–1558) 61
Maria Stuart → Stuart
Marlborough, John Churchill (1650–1722) 115
Marne-Schlacht (5.–10. 9. 1914) 19
Maximilian I., Kaiser (1459–1519) 44f.
Mazedonien 131–133
Metternich, Clemens Wenzel von (1773–1859) 260, 298, 309

Mexiko 269, 287–289
Mittelalter 32f., 42, 44, 181
Monroedoktrin 265, 267, 271, 290, 328
Morisken (Mauren) 42, 44, 64, 72
Morus, Thomas (1478–1535) 201
Mühlberg, Schlacht bei (25. 4. 1547) 56, 84

Nantes, Edikt von (13. 4. 1598) 110, 200
Napoleon I., Kaiser von Frankreich (1769–1821) 13, 18, 58, 108, 143, 193–250, 254, 257, 260, 281, 290, 297, 303, 318, 324, 326f., 332
Napoleon III., Kaiser von Frankreich (1808–1873) 277f., 281–291, 303, 308f., 313, 315, 339
Narva, Schlacht von (20. 11. 1700) 144
Nationalsozialismus 18, 205, 355–370
Nelson, Horatio (1758–1805) 210, 216, 226
Niederlande (Holland) 35, 41, 45, 60, 65–69, 74f., 79f., 82f., 90f., 93–98, 101–112, 117, 119, 122, 125, 150, 153, 156, 158, 167, 201–203, 205, 208, 215, 218, 221, 233, 241, 244–246, 268, 274, 329f., 345, 362, 365
Nikolaus I., Zar von Rußland (1796–1855) 64, 302f.
Nordamerika → Vereinigte Staaten
Normannen 28
Norwegen 35, 246f.

Oranier, Familie 106, 110, 122
Österreich 45, 78, 91, 116f., 149, 156–159, 167, 174, 177, 199, 204, 214, 225, 246, 259, 270, 273, 283, 298f., 303, 312, 314, 323
Österreichischer Erbfolgekrieg 152f., 155, 160

Panamakanal 330
Papsttum 27, 29, 33, 44, 52
Paris, Friede von (10. 2. 1762) 161f., 266
Pariser Vertrag (30. 3. 1856) 304

Paul I., Zar von Rußland
  (1754–1801) 204, 212f.,
  215–217, 224, 227, 236,
  257
Perser (Persien) 55, 132,
  147, 327
Peter I., »der Große«, Zar
  von Rußland (1672 bis
  1725) 131–139, 141, 144,
  146f., 176, 212–214, 238,
  272, 284, 338, 347
Peter III., Zar von Rußland
  (1728–1762) 172f.
Philipp II., König von Spanien (1527–1598) 58–65,
  73–75, 83, 90f., 99, 104,
  108–113, 124, 162, 184,
  191, 195f., 220, 224, 227,
  237f., 243, 318, 333, 363
Philipp III., König von Spanien (1578–1621) 149
Philipp IV., König von Spanien (1605–1665) 149
Philipp V., König von
  Makedonien
  (238–179 v. Chr.) 131
Piemont 300
Pitt, William d. Ä.
  (1708–1778) 159, 166
Pitt, William d. J.
  (1759–1806) 177f.,
  199–201, 218, 225

Polen 82, 142, f., 146,
  157f., 173, 175, 178f.,
  198f., 218, 246, 259, 269,
  273, 303, 358
Polnischer Erbfolgekrieg
  149, 153
Poltawa, Schlacht von
  (8. 7. 1709) 144f.
Portsmouth, Friede von
  (5. 9. 1905) 331
Portugal 35, 43, 65f.,
  70–73, 92, 118, 122, 125,
  167, 246
Preußen 17, 45, 117, 146,
  154–159, 167, 172–178,
  199, 204, 214, 225, 259,
  273, 293, 298–300,
  303–307, 312, 317,
  320–323, 340, 354
Protestantismus → Refor-
  mation
Provence 83
Pyrenäenfriede (7. 11. 1659)
  89, 92, 162

Ranke, Leopold von
  (1795–1886) 9, 11–15,
  17–22, 53, 371, 374f.
Reformation (inkl. Prote-
  stantismus) 52, 56, 60,
  62f., 94, 155, 183
Renaissance 34, 63

Restauration 253,
256–259, 262–264, 273,
278, 280, 282, 297f., 336
Richelieu, Armand-Jean du Plessis, Kardinal
(1585–1642) 91
Rom (als Zentrum der Christenheit) 30, 39, 63
Rom (Antike) 30, 337
Rudolf II., Kaiser
(1552–1612) 60
Rußland (inkl. Sowjetunion) 13f., 19–22, 57,
130–149, 153–158, 162,
167, 171–180, 195,
198–201, 203, 206,
211–213, 216, 223–248,
257–259, 262, 266–278,
283f., 293, 297, 299–370

sacerdotium (im Ggs. zu imperium) 28f., 33, 47
Salamis, Schlacht bei
(480 v. Chr.) 78
Sardinien 43, 117, 246
Schleswig-Holstein 304, 313
Schopenhauer, Arthur
(1788–1860) 23
Schottland 41, 61, 79, 265
Schwarzenberg, Felix von
(1800–1852) 299

Schweden 91f., 100,
142–147, 173, 177, 228,
246f., 259
Schweiz(er) 78, 187, 215, 221
Seeley, Robert (1834 bis 1895) 21f., 333, 367
Sempach, Schlacht bei
(9. 7. 1386) 78
Sibirien 140, 271
Siebenjähriger Krieg 148,
152, 174, 208
Sizilien 40, 43
Spanien 22, 39, 42–52,
60–78, 80–85, 89–92,
97, 100–102, 113, 115,
118, 122f., 125, 149, 162,
167, 206, 222, 229, 232f.,
237f., 241, 247, 262, 264,
266, 273, 292, 317, 325,
351
Spanischer Erbfolgekrieg
114, 121, 141, 143, 150,
210, 263
Sparta 55
Spengler, Oswald
(1880–1936) 133
Stalin, Josef (1879–1953) 362
St. Petersburg 135, 246
Stuart, Haus 96, 98f., 109,
112, 120, 196

Stuart, Maria (1542–1587) 75
Suezkanal 210, 216, 287
Sully, Maximilien de Béthune (1560–1641) 85

Tacitus, Publius Cornelius (ca. 55–ca. 116) 7
Taine, Hippolyte (1828–1893) 164
Talleyrand, Charles Maurice de (1754–1838) 223
Tilsit, Friede von (7. 7. und 9. 7. 1807) 225, 227, 229
Totalitarismus 189
Trafalgar, Schlacht von (21. 10. 1805) 226 f., 230, 237, 330
Treviso 38
Tsushima, Schlacht bei (27. 5. 1905) 78
Tudor, Haus 95
Türken (Osmanen) 36, 44, 51, 53, 55–57, 62, 69 f., 83, 100, 108, 129 f., 142, 146, 149, 155, 173–177, 206, 211, 225, 228, 270, 284, 293, 314, 326 f., 351, 354, 359

Ukraine 225
Ungarn 28, 44, 48, 283
Utrecht, Friede von (11. 4. 1713) 118, 124, 148 f.

Venedig 34–38, 41, 51 f., 66–68, 71, 73, 76, 82, 96 f., 241, 345
»Vereinigte Staaten von Europa« 255, 276
Vereinigte Staaten von Nordamerika 19, 21, 33, 72, 95, 97, 119–121, 123, 140, 151, 159 f., 163–166, 168, 170, 173, 184, 187, 197, 208, 216, 222, 232, 241–243, 248 f., 264–268, 271, 283, 288–290, 304, 317, 322, 324–370
Verona 37
Versailles, Vertrag von (28. 6. 1919) 244, 334, 353 f., 367
Völkerbund 336 f., 344, 348, 367

Weltkrieg, Erster 18 f., 32, 281, 310–340, 361, 365
Weltkrieg, Zweiter 8, 224, 281, 286, 341–370

Westfälischer Friede
(24. 10. 1648) 92
Westminster, Vertrag von
(1756) 159
Wien 91
Wiener Kongreß 245 f.,
367
Wilhelm II., deutscher Kaiser (1859–1941) 316,
319, 333, 350, 365

Wilhelm I. von Oranien,
gen. »der Schweiger«
(1533–1584) 74
Wilhelm III. von Oranien
(1650–1702) 107, 109,
111–113, 115, 201
Wolsey, Thomas, Kardinal
(1472–1530) 54, 75

Zweistromland 30, 132

INHALTSVERZEICHNIS

aus der Erstausgabe von Dehios Werk (1948)

Einleitung 7
Erweiterung des europäischen Bildes Leopold von Rankes zu einem globalen unter Hervorhebung von Zivilisation und Expansion.

ERSTES KAPITEL
Das Staatensystem bis zum Scheitern des spanischen Hegemonialstrebens unter Philipp II.

Entstehung des Staatensystems. Karl V. 27
Einheit und Vielheit in der abendländischen Geschichte 31 – Das europäische Staatensystem und der Kampf um Italien; das italienische Staatensystem; das insulare Venedig 38 – Die Großmächte: Frankreich, England, Spanien, Habsburg 47 – Hegemonialstreben Karls V.; Untergang der italienischen Freiheit, außer in Venedig 50 – Scheitern Karls V.; Rolle der türkischen Außenmacht 56

Philipp II. 59
Die Aussichten Philipps II. bei Erneuerung des Hegemonialstrebens 64 – Die Seemächte Holland und England als Nutznießer der überseeischen Entdeckungen 74 – Die Kanalschlacht 1588 und ihre Folgen 83

INHALTSVERZEICHNIS

ZWEITES KAPITEL
Das Staatensystem bis zum Scheitern des französischen Hegemonialstrebens unter Ludwig XIV.

Das Staatensystem bis zum Antritt der
Selbstregierung durch Ludwig XIV. 1661 . . . 89
    Die Reiche der Habsburger 91 – Ihre Gegner: Frankreich und die Seemächte 97

Ludwig XIV. 99
    Die Aussichten Ludwigs XIV. bei Beginn des ersten französischen Hegemonialkampfes 102 – Die drei ersten Kriege des Königs; die Gegenwirkung der Seemächte 113 – Der spanische Erbfolgekrieg besiegelt das Scheitern des Königs 121

DRITTES KAPITEL
Das Staatensystem bis zum Scheitern des französischen Hegemonialstrebens unter Napoleon I.

Die drei Weltmächte
bis zur großen Revolution 129
    Die russische Außenmacht unter Peter dem Großen und der Osten 135 – England und der Westen; Frankreichs Niedergang, Preußens Aufstieg bis 1763 154 – Die Vereinigten Staaten von Amerika 169 – Neue Expansion Rußlands unter Katharina II. 175

Revolution und Kaiserreich 181
   Die wirtschaftliche Zivilisation in England 183 – Die
   politische Zivilisation in Frankreich: Revolution und
   Kaiserreich 195 – Der zweite französische Hegemonial-
   kampf: Beginn der Revolutionskriege 199 – Die erste
   Koalition 201 – Campo Formio 205 – Ägyptische Expe-
   dition 206 – Paul I. und die zweite Koalition 212 –
   Amiens 219 – Das Lager von Boulogne und die dritte
   Koalition 223 – Problematik der französisch-russischen
   Politik und der Fall Napoleons I. 240 – Friedensord-
   nung 249

VIERTES KAPITEL
Das Staatensystem bis zum Scheitern des
deutschen Hegemonialstrebens unter Hitler

Schrittweise Steigerung der Gegensätze
bis zur Umgruppierung der Mächte
zu Beginn des 20. Jahrhunderts 253
   Die Restauration 262 – Ihre Auflösung an den Rändern:
   Südamerika, Monroedoktrin 265 – Griechenland, russisch-türkischer Krieg 270 – Die Juli-Revolution 1830
   und ihre Folgen 272 – Die 48er Revolution und die turbulente Ära bis 1871 275 – Napoleon III. auf der
   Schwelle zu einem neuen Hegemonialkampfe: Krimkrieg, italienische Einigung, Mexiko, Sezessionskrieg,
   Napoleons Fall 277 – Der deutsche Aufstieg, Preußens
   Rolle vor Bismarck 293 – Bismarck zwischen den Großmächten bei Begründung des Reiches 301 – Seine konservative Politik nach 1871 308

Die Frage der deutschen Hegemonie;
der Erste Weltkrieg 310
> Bismarcks Möglichkeiten erschöpfen sich 316 – Übergang zur Weltpolitik unter Wilhelm II. 319 – Gründe des Scheiterns 323 – Die Konstellation des ersten Weltkrieges 331 – Der Krieg als aufgezwungener Hegemonialkampf 334 – Friedensordnung 337

Der Zweite Weltkrieg 341
> Risse in der Friedensordnung 350 – Deutschland als Sprengmittel, das Dritte Reich und der letzte europäische Hegemonialkampf 355 – Problematik einer neuen Friedensordnung, Vereinheitlichung des Globus 367

Ausklang 371

Zeittafel 379

Nachwort *von Klaus Hildebrand* 387

Register 416

Diese Buchausgabe der *Manesse Bibliothek der Weltgeschichte*
wurde aus der Berthold Bembo gesetzt,
im Offset gedruckt und in Fadenheftung gebunden.
Alle verwendeten Materialien entsprechen
alterungsbeständiger Qualität, und die Papiere
sind chlor- und säurefrei.

Die Deutsche Bibliothek – CIP-Einheitsaufnahme

Dehio, Ludwig:
Gleichgewicht oder Hegemonie : Betrachtungen über
ein Grundproblem der neueren Staatengeschichte /
Ludwig Dehio.
Zürich : Manesse Verlag, 1997
(Manesse Bibliothek der Weltgeschichte)
ISBN 3-7175-8220-8 Gewebe
ISBN 3-7175-8221-6 Ldr.

Umschlag und typographisches Konzept:
Hans Peter Willberg, Eppstein

Copyright © 1996 by Manesse Verlag, Zürich
Alle Rechte vorbehalten